双循环经济学

反周期和逆增长

李光斗 著

電子工業出版社
Publishing House of Electronics Industry
北京·BEIJING

图书在版编目（CIP）数据

双循环经济学：反周期和逆增长 / 李光斗著. —北京：电子工业出版社，2020.11

ISBN 978-7-121-39944-2

Ⅰ. ①双…　Ⅱ. ①李…　Ⅲ. ①循环经济－研究－中国　Ⅳ. ①F124.5

中国版本图书馆CIP数据核字（2020）第221297号

书　　名：双循环经济学——反周期和逆增长
作　　者：李光斗

责任编辑：李　影　liying@phei.com.cn
印　　刷：天津嘉恒印务有限公司
装　　订：天津嘉恒印务有限公司
出版发行：电子工业出版社
　　　　　北京市海淀区万寿路173信箱　邮编：100036
开　　本：880×1230　1/32　印张：10　字数：240千字
版　　次：2020年11月第1版
印　　次：2020年11月第1次印刷
定　　价：79.00元

凡所购买电子工业出版社图书有缺损问题，请向购买书店调换。若书店售缺，请与本社发行部联系，联系及邮购电话：（010）88254888，88258888。

质量投诉请发邮件至zlts@phei.com.cn，盗版侵权举报请发邮件至dbqq@phei.com.cn。

本书咨询联系方式：（010）88254210，influence@phei.com.cn，微信号：yingxianglibook。

目 录

Contents

序 言

Preface

罗马俱乐部[1]1972年发表了惊世骇俗的研究报告《增长的极限》，预言世界经济增长不可持续，石油枯竭和气候变暖将引发能源和生态危机，世界各国将陷入全球性灾难。

罗马俱乐部的成员大都是世界知名科学家、经济学家、社会学家、教育家和政治家，包括亚历山大·金（著名环境学家，可持续发展理念的首创者）、皮埃尔·特鲁多（加拿大前总理）等人。他们的预言在一年后变成了现实：阿拉伯产油国家采取石油减产、禁运、提价、对国际石油公司进行国有化等措施，致使国际石油价格暴涨，导致全球范围的“石油危机”。人们通常称之为“第一次石油危机”，这给西方工业国家造成极大的恐慌，引发了其“二战”后最严重的经济危机。

但是增长的极限并没有到来，尤其是自20世纪70年代末起，中国开始改革开放，经济实现了连续40年的增长，创造了“中国奇迹”，

1 一家关于未来学研究的国际性民间学术团体，总部设在意大利罗马

推动了全球化时代世界经济的新一轮增长。

世界经济增长没有受阻于石油危机，但却在2020年因为一个小小的病毒，“按下”了暂停键：店铺停业、机器停转、飞机停飞……全球没有石油枯竭而是石油过剩，甚至出现了自英国工业革命以来从未有过的负油价。

2014 年，世界刚刚幸免于一场埃博拉病毒的爆发。2015年，比尔·盖茨推着一个大油桶走上TED演讲台，称小时候家里就放着这样一个大桶，里面装满吃的、喝的，想着万一哪天核战争爆发的时候，就可以躲进地下室靠那个桶渡过危机。后来比尔·盖茨发现，未来最具杀伤力的不再是战争，而是具有高度传染性的病毒。他认为全世界很多国家投入了大量的精力、财力在对抗性核武器上，但是却没有为一场大疫情的发生做好准备。

一语成谶。2020年全世界的人们都因为传染性极强的新冠病毒闭关封城，全民宅家，囤积物资，戴上口罩。

如果说这场疫情还有有利的一面，那就是在人类不出门的日子里，生态环境变好了很多。

意大利威尼斯的河水变得清澈，天鹅、鸭子甚至是海豚重新出现，很多国家的街头被动物们占领，有爬窗户的黑熊、在人类居住的后院打滚儿的鳄鱼，穿过大街小巷的企鹅，下山找食物的猴子等。

由于全球疫情大流行，在各国政府封城期间，包括纽约、洛杉矶、马德里、伦敦、孟买、首尔和武汉在内的多个城市的空气污染水平同比下降了9%～60%。

天变蓝了，水变清了，动物又开始“占领”地球了，但是人们不得不面对国计民生的实际困难，全球都迫不及待地想要重启经济。

然而疫情让已经放缓的世界经济迅速进入了下行周期。

据美国劳工部公布的数据显示，截至2020年4月25日，自美国2月29日报告本土首例死亡病例约2个月时间内，失业人口已累计超过3000万人。白宫高级经济顾问凯文·哈塞特预计当时美国的失业率将升至20%。2020年5月10日财政部长史蒂芬·姆努钦更是悲观地表示，美国的失业率可能将高达25%，接近大萧条时期[1]，还可能会进一步恶化；如果不解除封锁措施，可能会导致“永久性的经济损害”。

美国大萧条时期，成千上万家企业关门，银行破产，会三种语言的人都找不到一份工作，数百万人住破棚子，盖报纸取暖。

新冠疫情引发的危机史无前例，这是一场现代化的危机。服务业是现代经济的重要组成部分，这次危机受冲击最大的是娱乐、旅游、航空、金融等现代服务业。而全球化的进程也受到重挫，有的国家开始重申经济主权，纷纷要自建产业链。

“帕累托最优”是经济繁荣期理想的资源分配状态，在没有人利益受到损害的情况下，人人获益。如果蛋糕越做越大，每个人得到的份额也就越多。

但经济萧条使得做蛋糕和分蛋糕的矛盾凸显：当蛋糕无法再做大时，人们就会在如何分蛋糕上动脑筋！

新冠疫情也将掀起一场新的财富革命和分配革命，产生新的朝阳产业和新的经济增长方式。

疫情期间增长最明显的就是互联网领域：网购、互联网工具、游戏、在线应用等出现了爆发式增长。

1 指1929—1933年发源于美国，后来波及整个资本主义世界的经济危机对于企业来说，如何在经济下行周期，实现逆增长？

1. 创造新流量

经济的繁荣程度取决于流量的活跃度，没有流量，经济就无法重启。疫情过后大城市的人们对堵车表现出了相对宽容的态度，因为封城宅家期间的水静河飞，让人们盼望尽快恢复城市的运转和流动。

人流如此，物流也是如此。疫情最严重的时候，中国国内大范围的物流都停滞了，疫情被遏制住后境内物流逐步恢复，经济才逐渐回暖。

过去互联网在中国为什么增长得那么快？就是因为流量红利，用户数量在不断增长，获客成本很低。现在人人都有手机，都有微信、抖音，曾经的互联网红利没有了。

要继续实现经济增长就要创造新的流量。比如原本作为办公平台的“钉钉”，疫情期间大家纷纷用它来开视频会议，用户都延伸到了小学生群体。

2. 粉丝变现

大家都在想办法吸引粉丝，并将粉丝变现。罗永浩抖音直播卖货就是粉丝变现的方式，粉丝变现还包括：主播打赏，微信文章付费、赞赏模式、电商卖货、广告代言等。

如今去餐厅吃饭，服务员会积极地加你微信好友，他发朋友圈也好，给你发私信也好，不停地向他人展示卖货信息，也是在将粉丝变现。

3. 营造场景

传统零售是场景消费。商业中心为什么喜欢引进电影院？因为电影院可以最大限度地带来客流量：人们吃饭，购物，再喝杯奶茶，买个爆米花，坐到影厅的座位上，看电影之前还得先看一段映前广告和贴片广告，这都制造了场景消费。

新零售重新定义了人、货、场，把“等用户进店”变为“找用户进店”。

疫情使线下场景消费减少，需要营造新的场景。于是人们开始云蹦迪、云喝酒，甚至是云健身、云旅游。疫情期间故宫进行直播，仅4月5日至6日新华网客户端就有3000多万人次在线云旅游，携程、飞猪平台都推出了直播旅游。

随着5G、VR等新技术的发展，人们的“云生活”将越来越丰富多彩。

4. 品牌赋能

“赋能”，顾名思义就是赋予某种能力和能量。通俗来讲就是，你本身不能，但我使你能。它最早是心理学中的词汇，旨在通过言行、态度、环境的改变给予他人正能量。

品牌就是给产品赋能。

疫情之后，人们终究还是要回归品牌消费。

疫情使奢侈品消费遭遇断崖式下跌，但是中国的疫情刚刚被控制住，LV就开始报复性涨价，香奈儿也随之涨价逾15%，很多国际一线奢侈品牌都跟风调价，幅度甚至超过往年正常水平。

有钱人群体买涨不买跌。听到涨价的风声，很多奢侈品店外又排起长龙。

2020年5月初，彭博新闻社援引业内人士消息称，过去3周，LV在中国内地的门店销售额较2019年同期增长了约50%。

奢侈品的营销策略就是制造稀缺，营造价值感。就算卖不出去，把它销毁，也很难打折降价。

5. 挖掘数据

大数据时代对信息的判断非常重要，要善于数据挖掘。

比如在疫情严重之时，在疫情高发地区买感冒、退烧之类的药物是需要登记身份信息的。但你可能想不到，把这些信息收集起来进行挖掘，就可能形成一份疫情预测报告。

Google曾推出一款预测流感的产品，叫“谷歌流感趋势”，为便于建立关联，设计人员编入一揽子流感关键词，包括温度计、流感症状（如肌肉疼痛、胸闷）等，只要用户输入这些关键词，系统就会展开跟踪分析，创建流感地图。为验证“谷歌流感趋势”预警系统的正确性，谷歌多次把测试结果与美国疾病控制与预防中心的报告做比对，结果证实两者的结论存在很大的相关性。

2016年美国总统大选，很多调查公司都曾看衰特朗普，但义乌小商品指数从竞选产品，谷歌从搜索关键词数量却给出了相反的答案。

6. 转换新赛道

在经济高速增长的时候遍地是黄金，顺势而为即可坐享其成，轻松就能赚钱。

有一个段子说，有三位成功的中国企业家登上了北京最高的一层楼，记者问他们是怎么上来的，一位说是跑步上来的，一位说是做俯卧撑上来的，一位说是揪着自己的头发上来的。其实他们都是“乘电梯”上来的，这个电梯就是中国高速发展的经济。

以前我们有句话：欢迎搭中国经济的便车。

但是遇上经济萧条的年代就要逆流而上，学会反周期生存。

杜蕾斯品牌诞生于1929年，正是大萧条年代。好莱坞也是在大萧条年代开启了电影业的黄金时代，卓别林、费雯丽都是那个时代广受欢迎的大明星。

管理思想大师查尔斯·汉迪提出了“第二曲线理论”，他告诫大家：“当人人都知道该往何处去时，你往往已经无路可走了。”

汉迪把从拐点开始的增长线称为“第二曲线”。他认为，任何一条增长曲线都会来到抛物线的顶点（增长的极限），持续增长的秘密是在第一条曲线消失之前开始一条新的S型增长曲线。企业拥有的时间、资源和动力都足以使新曲线度过它起初探索挣扎的过程。

人们通常把拐点当作公司的战略转折点。当苹果公司不再把自己称为电脑公司，当星巴克的Logo去掉咖啡……这就是我们常说的插位战略——另起一行，转换赛道，去开辟新战场，创造新的增长点。

7. 建立壁垒，快速增长

品牌资产是一个企业最宝贵的资产，营销的目的就是在销售的同时建立起自己的品牌“护城河”。

可口可乐的总裁曾说，即使可口可乐全球工厂一夜之间被大火烧光，仅凭“可口可乐”这个金字招牌，企业仍可以东山再起——银行仍然会贷款，供应商仍会把原材料送到门前，经销商也会在门口等待下线的产品。

名牌长久形成的品牌文化，再强大的对手也无法简单复制、超越。技术、标识、网络、故事、情感都可以让企业形成自己的品牌壁垒。

“让石头在水面上漂起来的关键因素是什么？”

答案是：速度。

《孙子兵法》中有：“激水之疾，至于漂石者，势也。”

如今，战胜竞争对手最关键的因素也是速度，不是大鱼吃小鱼，而是快鱼吃慢鱼。

冷兵器时代，蒙古骑兵能征服欧亚大陆靠的就是速度。闪电战是“二战”期间德国著名将领海因茨·古德里安创建的战争模式，充分利用飞机、坦克和机械化部队的快捷优势，以突然袭击的方式制敌取胜。闪电战的核心要素是：快速、奇袭、集中。战略上整体推进，全局性协同；战术上精妙奇特，灵活多变，以超出对手反应的速度对对手实行闪电般的打击。

8. 成为超级传播者

有一种营销叫作病毒营销，就是要学习病毒强大的传播力。企业做营销也要稳、准、狠，简单、快速、有效，成为超级传播者。

疫情期间老板们纷纷直播卖货，格力集团董事长董明珠第一次直播才卖了20多万元，面子都挂不住，但是她的精神是永不服输。第二次直播重打鼓另开张，在快手平台联合头部主播二驴夫妇卖货，二驴粉丝超过4000万，驴嫂粉丝超过2206万，这个阵容配置和流量扶持就不一样了。其实当天董明珠出现的时间并不长，开播不到半小时就离开了直播间，担任卖货主要任务的是二驴夫妇。这一次销售额达3.1亿元。

虽说这3.1亿元距离格力2020年第一季度亏损掉的300亿元来说是杯水车薪，但是用董明珠的话说，格力在寻找新的出路。

9. 创造梦想

企业家要有两个能力，一个是讲故事的能力，一个是创造梦想的能力。

小米创立5周年时估值增长了180倍。雷军这样计算小米的估值："小米有7000万用户，每个用户的价值为380美元，这样算下来，小米市值近300亿美元。"雷军对小米的估值就是用"市梦率"来计算的。

企业家要不断地创造新梦想。埃隆·马斯克就是这样一个创造梦想的企业家，他被誉为乔布斯真正的传人，打造的是想象力经济。

美国亚马逊最早的业务是卖书，但卖书很快就碰到了天花板，于是开始寻找盈利能力更强的产品，如今亚马逊已经是世界上最大的"在线超级百货公司"。而同样是卖书起家的中国当当网，却没能创造梦想，跨过品类的门槛再上一层。

10. 逆增长的路线图

1935年，英国生态学家亚瑟·乔治·坦斯利爵士提出了生态系统（ecosystem）的概念，是指在自然界生物与环境构成的统一整体。在这个统一整体中，生物与环境之间相互影响、相互制约，并在一定时期内处于相对稳定的动态平衡状态。

1993年，美国著名经济学家詹姆斯·穆尔在《哈佛商业评论》上首次提出了“商业生态系统”的概念。

所谓商业生态系统，是指以组织和个人（商业世界中的有机体）的相互作用为基础的经济联合体，是供应商、生产商、销售商、市场中介、投资商、政府、消费者等以生产商品和提供服务为中心组成的群体。它们在一个商业生态系统中发挥着不同的作用，各司其职，但又相互依赖、共生。在这一商业生态系统中，虽有不同的利益驱动，但身在其中的组织和个人互利共存，资源共享，注重社会、经济、环境的综合效益，共同维持系统的延续和发展。

与自然生态系统中的物种一样，商业生态系统中的每一个环节都是整个商业生态系统的一部分，每一家企业最终都要与整个商业生态系统共命运。

一损俱损，一荣俱荣。

现如今，一个企业靠单打独斗不行了，互联网新的“独角兽”都被阿里、腾讯收入囊中；京东也开始“拉帮结伙”。

海尔集团董事局主席张瑞敏提出了“物联网新思维”——万物互联，以场景品牌、生态品牌覆盖传统品牌；以人单合一的模式创造物联网时代新的增长引擎。

新冠疫情不会像非典一样一夜之间突然消失，我们要做好与这一“聪明狡黠”的病毒长期共存的准备。我们不得不放弃自己的隐私权，随时准备接受测温和体检；我们不仅关注自己的健康，还要时刻关注他人的健康；口罩成为我们的生活必需品，而且病毒每一次卷土重来，都使我们不得不再次陷入隔离的困境之中。

同时，我们的生活方式和工作状态都将发生巨大的变化。

互联网给企业赋能的关键是寻找入口、形成平台、固化关系、建立生态。消费场景化、品牌年轻化、营销线上化、数据赋能、私域流量越来越重要；新行业、新职业层出不穷，人人变成了厨子，医护人员变成了战士，老师变成了主播，公务员变成了门卫，汽车企业变成口罩生产厂家，而网红们也有了一个新名称——网络直播售货员。

“加快构建以国内大循环为主体、国内国际双循环相互促进的新发展格局”已成为中国经济发展的新战略。

科技创新成为中国国家发展目标，高科技行业迎来投资发展高潮，人工智能、量子科技、集成电路、生命健康、脑科学、生物育种、空天科技、深地深海等八个科技前沿领域成为“十四五规划”的重中之重。中国正积极推动“新基建”，包括了人工智能（AI）、5G、大数据、半导体、区块链、量子科技等高科技领域的创新发展，为了刺激经济，一场投资巨大的新基建正式开启，涉及特高压、城际高速铁路和城际轨道交通、新能源汽车充电桩、大数据中心、工业互联网等几大领域……

一个新时代已然拉开大幕。

第一章
Part 1

2020 全球风暴

01

大萧条、大变局、大洗牌和社会重构

从中国到全球，新冠疫情开启了一个百年未有之大变局，也是百年未有之危机。这次蔓延全球的疫情影响深重，堪比一场世界大战。

新冠疫情开启了百年未有之大变局

全球新冠疫情堪比一场世界大战

为什么说这次全球新冠疫情堪比世界大战呢？我们知道，第一次世界大战有30多个国家与地区参战，打了4年，最后于1918年11月

11日结束，因为爆发于当年春季的大流感蔓延全球，最终感染人数太多，导致没有足够的士兵上战场。第二次世界大战，中国是最早抗击日本法西斯的国家，珍珠港事件之后美国也加入了世界反法西斯同盟。“二战”共有61个国家与地区参战，打了6年，据不完全统计，损失达4万多亿美元。第二次世界大战之后出现了东西方冷战的世界格局。

而新冠疫情这场没有硝烟的战争已经席卷全球200多个国家和地区，除南极洲外，全球6大洲已无一净土。这不仅是一场健康战，更是一场经济战。2020年3月，美股两周内4次熔断，全球股市大幅下跌，多国失业人数创下历史新高。

虽然人们痛恨战争，期望世界和平，但战争属于消费刺激型灾难。政治家与经济学家都知道，“大炮一响，黄金万两”，一是因为战争中消耗的大量军火烧钱，二是战后重建家园，促进经济恢复。“二战”之后日本与被称为“亚洲四小龙”的经济体——韩国、新加坡、中国香港、中国台湾迅速重建了东亚经济体系，创造了连续40年经济增长的奇迹。美国的军工产业在“二战”中生产了10.84万辆坦克及自行火炮、238.23万辆各类车辆；6771艘各型作战舰艇（其中包括150多艘各式航母）；32.4万架飞机……[1]，除战争消耗，这些武器战后也被卖到了各个国家，成为世界各国主要的军事装备。在“一战”和“二战”中，美国在经济上大赚了一把。

1 [英] B.R. 米切尔. 帕尔格雷夫世界历史统计. 北京：经济科学出版社，2002

凭借强大的工业生产能力，美国成为“二战”中“反法西斯国家的兵工厂”

“二战”结束后，全球民族独立运动蓬勃发展。在当今的全球化浪潮下，233个国家和地区融入全球经济共同体中。

和战争不同，瘟疫属于需求抑制型灾难。人们捂紧钱袋子，只保留基本消费，也就是保命型消费——保障最基本的衣食住行的需要。在疫情下，餐饮、娱乐等行业大范围关门歇业，旅游、酒店等消费被彻底抑制，其中有很多消费一旦被抑制，很难得到恢复。

比如电影行业，2019年中国电影票房达600多亿元人民币。2020年随着春节贺岁档和一季度电影业停摆，起码100亿元票房收入打了水漂，而所谓的疫情过后会出现报复性消费很大程度上只存在于人们的想象中。如《唐人街探案3》《中国女排·夺冠》这类大体量影片，动辄需二三十亿元票房才能收回成本。各影片的幕后投资结构不同，收回成本的考虑也不同，不可能都像《囧妈》一样玩一把金蝉脱壳。

就算这些影片日后重新上映，由于时过境迁，普通的档期安排很难保证票房，而黄金档期又早已被后面的新片挤占，想要"补偿"谈何容易？旅游、餐饮等行业也是同样的道理：一年只有365天，人不可能从一日三餐变成一日四餐。

电影《肖申克的救赎》里有一句名言："一开始，你痛恨它们；慢慢地，你开始适应它们；时间一久，你会习以为常，这就是被体制化。"人都是有惯性的，在家宅久了，会发现原来很多社交需求是可有可无的。

还有一个最大的问题就是"脱链"。新冠疫情发生之后，世界各国纷纷封锁边境，闭关断航，大家各自为战，随之而来的是全球产业链转移。据联合国工业发展组织调查统计，中国是世界上工业门类最齐全的制造大国。按照国际标准工业分类，在22个大类中，中国在7个大类中名列第一。钢铁、水泥、汽车等220多种工业品产量居世界第一位。中国改革开放40余年来的财富积累在很大程度上依靠出口创汇。

自称"战时总统"的美国总统唐纳德·特朗普于2020年3月18日宣布启动《国防生产法》，迅速增加美国国内生产口罩和医疗防护用品的产量，对抗新冠疫情。特朗普上台以来一直致力于将制造业重新搬回美国，很多外资企业一旦从中国撤走，短期内将很难回归。

至暗时刻

新冠疫情在全球以指数级速度蔓延。确诊感染病例的人数达到首个10万花了67天时间，达到第二个10万用了11天，达到第三个10万仅用了4天，而达到第四个10万仅用了2天。2020年3月26日，二十国集团（G20）领导人以视频方式召开应对新冠疫情的特别峰会，网友说上一次这种开会方式发生在电影《2012》《后天》《生化危机》中。如同第二次世界大战，新冠疫情之后，国际政治经济秩序将重新改写。

关于第三次世界大战，坊间叫嚣了很久，但人们只在电影里见过，世界各大国都有制约他国的手段，威慑、平衡使得世界大战发生的可能性很低。然而，新冠疫情一下子就把全球经济都拖下了水，接下来人们该如何应对？

很多人认为，现在的经济已经见底了，美股第一次熔断的时候就有人准备抄底。

以前经济学认为世界经济呈现L型增长，是指经济跌下来后在底部徘徊，但是疫情影响之下的经济下滑却面临I型风险，即一路下跌，却不知道底在哪里。

第一次全球大萧条始于美国华尔街。1929年10月24日华尔街股市大崩盘，两年以后股市市值跌去90%。千万富翁“华尔街教父”本杰明·格雷厄姆以为抄底的机会来了，于是大肆举债加杠杆入市，然而格雷厄姆没想到的是美国股市在25年后才回到1929年道琼斯工业指数的380点高位，这次抄底让格雷厄姆彻底破产。

中国股市大盘在2008年奥运会之前是6000点左右，当时专家预测股市突破1万点指日可待，结果股市大跌，当时很多人也有抄底的心态，但是12年之后，中国股市依然在3000点徘徊。

2020年初新冠疫情刚爆发时，中国经济“按下”了暂停键，随着新冠疫情的全球蔓延，世界经济不仅“按”了暂停键，很多行业还“按”了删除键。重启后的全球经济面临着“重装系统”的巨大变数。在全球疫情最严重的时候，全球股市从高点下跌超过20%，3个月内市值蒸发了24万亿美元。而因闭关封城引发的大萧条正在重创实体经济，股灾之后，企业倒闭、关店、裁员等一系列经济次生灾害谁都躲不过。

“同呼吸，共命运”，地球人都在同一条船上，作为全球最大制造业中心的中国也无法独善其身。中国移动、中国电信与中国联通公布的2020年2月运营数据显示，共有上千万移动用户流失。影视娱乐、外贸加工等行业更是祸不单行，一个刚刚经历了行业整顿大地震，一个还没从贸易战的阴影中走出来。据《经济日报》报道，2020年第一季度，全国范围内有2200多家影院关门，5328家影视公司倒闭注销，行业龙头万达影业的亏损也达5.5亿元之多。当国内复工复产后，许多中小外贸加工企业发现很多海外客户“休眠”了，超过9成订单正在陆续取消，且很有可能再也恢复不了。

拉动中国经济的三驾马车是投资、消费、出口。而全球疫情的爆发加速了外资撤离和产业链重组，很多外企一旦离开，短期内将不会返回中国投资。

欧美疫情泛滥，经济停滞，使得很多中国出口加工型外贸企业面临大考。2月国内疫情严重时，很多外贸企业最难的是有产品但运不出去，到了四五月，外贸企业刚刚复工又遭遇大量欧美订单被取消的窘境。

2020年3月18日，拥有1200多名员工的东莞泛达玩具厂因欧美国家取消订单被迫关门。该工厂于1992年成立，2019年遇到中美贸易战，2020年又遭遇新冠疫情爆发，企业难以为继，资金链条断裂，无力支付工人工资，无奈宣布倒闭。

2020年3月的美国股灾使得苹果市值跌出万亿美元俱乐部，随着苹果全球专卖店暂停营业，其御用代工厂富士康也已经停止了招聘。

2020年3月，浙江绍兴的一份行业调查报告显示，有78.4%的纺织企业表示订单在减少，64.8%的企业反映已有的订单被客户取消。

新冠疫情肆虐全球，除了口罩、消毒液等防疫物资的销量和出口量逆袭增长外，其他很多生产、消费领域均受到重大冲击。2020年3月19日在中国商务部召开的网上新闻发布会上，商务部对外贸易司官员表示，在今后一段时间内，外贸企业将遇到外需不振、订单减少等问题。

过去的几十年，全球经济一体化进程加速，快速发展的中国在全球经济链条中发挥着重要的作用，尤其是中国制造业获益颇丰。受新冠疫情影响，很多跨国公司正在把产业链往东南亚、印度、墨西哥等地区和国家转移，甚至搬回本国，全球化又面临巨大的挑战。

不仅是外贸企业，受疫情影响“停摆”的两个月里，其他产业也受到较严重的影响。教育行业的IT培训机构兄弟连宣告破产，娱乐行业的北京K歌之王复工前夜与200多名员工解除劳动合同。据中国人民法院公告网显示，自2020年1月22日疫情爆发至3月底，已有逾1000家企业发布破产公告。

再说到遭受重创的餐饮业。国家统计局数据显示，2020年前4个月，全国餐饮收入8333亿元，同比下降41.2%，呈现断崖式下跌。国内疫情严重时期，西贝餐饮集团把员工“租给”盒马鲜生，大董餐饮的帝王蟹卖不掉，只好让员工自己吃了。

各行各业都期待着疫情赶快过去，迎来报复性消费。然而，2020年新冠疫情和2003年非典疫情有本质的区别，非典疫情并没有波及全球，当时中国的经济结构也和现在大不相同。2003年非典疫情期间，中国出口和投资基本不受影响，受影响的主要是消费，且消费在当年6月疫情结束后快速回升，增速明显超过疫情之前的水平。

而新冠疫情持续时间长，波及范围广，所谓疫情过后的报复性消费很难再现。西南财经大学发布的《中国家庭金融报告》指出，在中国，约75%的储蓄存款来自10%的家庭，约25%的存款来自另外35%的家庭。这意味着余下55%的家庭的储蓄占比权重微乎其微。对于普通百姓来说最迫切需要的是复工、赚钱、养家糊口。

新冠疫情对世界经济的冲击比1997年和2008年的金融危机要大得多。不仅中国的中小出口企业将出现大规模倒闭，像美国波音公司这样的“巨无霸”也同样面临破产倒闭的威胁。

山雨欲来风满楼。只有做最坏的打算，才能迎来最好的结果；只有直面危机，才能摆脱危机。

社交方式的变化

近40年来，中国的各行各业包括房地产都没有经历过长期经济下行。2008年发生“世界金融海啸”，中国通过4万亿元人民币投资的强刺激很快获得经济复苏。2020年新冠疫情发生后中国也是率先实现复工、复产，但大家切忌抱有一种盲目乐观的心理。

新冠疫情是一场全球性的危机，不是一个国家自己抗疫成功就大功告成了。面对疫情一定要抱最好的希望，但要做最坏的打算：一是长期与病毒共存，二是要做好迎接经济大萧条的准备。

第一，未来社会形态将发生变化，首先是转移社交阵地。人是群居动物，在西方国家很多人晚上不去酒吧就没法活，从英国首相鲍里斯·约翰逊的父亲不顾禁令去酒吧喝酒上可见一斑。但是越来越严重的疫情迫使大家关在自己的家中“在线生存”，于是衍生出“孤独经济”“隔离经济”“宅经济”，人最好的伴侣变成了自己。

人和人的社交距离加大。疫情正在改变人们的社交方式，在各种场景中人们自觉保持1米以上的距离，从国家领导人到普通百姓，人们将握手礼、贴面礼改成了双手合十礼，或者“给你个眼神，自己体会”。

第二，人们将改变饮食习惯。中国人最开心的事就是大家聚在一起吃一顿饭，不分彼此。过去，特别是家庭聚餐时如果饭桌上放一双公筷，大家会感觉有点生分，不舒服；但是现在我们知道，新冠疫情中的很多病例都属于家庭聚集型病例，病从口入。中国的餐饮行业很可能在就餐方式上形成一个革命，比如分餐制，中餐西吃。

新基建和商业重构

新基建如今已成为国民经济的一个热词。传统的基本建设是指人们常说的“铁公基”——铁路、公路、桥梁、房地产构成实体经济的基础；而新基建是指数字经济，即以5G、人工智能、大数据、工业互联网、物联网和区块链为代表的新型基础设施建设，本质上是信息数字化的基础设施。

就像手机已成为人体的“新器官”一样，网络也成为和阳光、空气、水、电、煤气等一样重要的人类基本生活保障。尤其对很多年轻人来说，断网等于断粮。

新基建将以5G为基础。5G即第五代移动通信技术，是最新一代蜂窝移动通信技术（Communication Technology，CT），与信息技术（Information Technology，IT）不同。后者更加关注计算，像我们平常使用的电脑以及软件开发；而通信技术则更加注重“连接”，比如我们的蓝牙耳机，甚至整个在线互联网。还有DT，指数据技术（Data Technology）。新基建将使CT、IT和DT进一步融合发展，产生巨大的能量和新的商机。

5G时代，不仅有人与人之间的连接，而且更多地延伸至人与物、物与物之间的连接，形成一个“万物互联”的世界。

新基建不仅会产生新的商机，还会引发商业的重构。

首先是组织的重构。毋庸讳言，在疫情过去之后，各行各业首先迎来的是什么？裁员潮。很多用人单位发现，其实企业不需要大量员工，甚至仅需过去1/3的人就能把同等的工作做完，所以企业裁员在所难免。

其次是管理结构的变化。大部分企业的管理模式都是自上而下的管理，企业领导者是管理者；员工是被管理者；员工的工作任务由领导布置，具有一定的强制性。而海尔实行的“人单合一”模式，将组织扁平化了，领导和员工之间的关系发生了变化，员工以用户为中心，领导提供资源，二者之间是合作、互相配合的关系，员工拥有了自我决策权。这样，海尔将8万多名员工变成了2000多个自主经营体，依靠海尔提供的平台资源，根据客户的需求，使员工真正参与到管理中，自我驱动，达到效益最大化，无论是员工或小团队（“原子”）还是企业（“分子”）都能实现双赢。

海尔互联工厂的“智能+5G”智慧园区

第三是重构产业链，产业链重构势必会带来反全球化。以前我们熟知的有一句话：“东莞一堵车，硅谷的芯片就要涨价。”现在大家都要建设自己的产业链，形成小而全的格局；而且会提升无边界的柔性能力，比如生产电动汽车的特斯拉公司转产呼吸机。

第四是在线生存能力。疫情的突如其来使得很多企业瘫痪，因为客户一下子没有了。但同时，我们看到腾讯公司在做企业微信，西贝集团的店长们加了3万多名客户的个人微信，努力建设自己的私域流量。在淘宝、京东开店，这个叫公域流量，要等客户进来；而私域流量是企业能够反复触达的，可以主动出击。未来考验企业的在线生存能力，就是要看你是否拥有自己的私域流量，私域流量会成为网络基本建设的一部分。

其实在互联网时代生意没有边界。新冠疫情让很多企业被迫转到线上，甚至学校的老师、各领域的专家也都从线下走到线上。

2020“新冠元年”开启新时代

《世界是平的》一书作者托马斯·弗里德曼称2020年为“新冠元年”，而人类的纪年将像公元前、公元后一样分为“新元前”（Before Corona，B.C）和“新元后”（After Corona，A.C）。

《人类简史》和《未来简史》的作者尤瓦尔·赫拉利在《冠状病毒后的世界》一文中表达了对人类“新元后”的忧心忡忡。他认为这是一场全人类的危机，意味着“二战”后开启的全球化之路就此终结，各国的“新孤立主义”重新夺回话语权。以前各国讲团结一致是真的希望携手共进；现在人们口口声声要共同抗疫，但实际上却是人与人、国与国之间各种“脱钩”。人类社会的开放程度、自由度和繁荣度都会降低；人们开始退缩回一个封闭、孤立、狭隘的世界，自己成为自己最好的伴侣。为了抵抗疫情，全民放弃了隐私。以色列用追踪恐怖主义的技术追踪新冠病毒的感染者，未来的生物手环技术不仅很方便地监测人的日常行踪，还可以随时随地了解人的喜怒哀乐。人类社会将进入一个较难达成共识的社会，人与人之间的信任遭遇危机，重建之路艰辛而漫长。“9·11事件”之后高强度的安检成为常态；新冠疫情之后，每个人都会提防别人，在每个公共场合都会安排身体检查，如同安检一样，身体检查和核酸检测将成为新常态，核酸检测员成为新的职业工种。

随着华尔街股灾、全球油价崩盘和美联储推出无限量的量化宽松政策，全球乃至各个国家内部都会出现新一轮的财富洗牌。

全球资产价格崩溃的明斯基时刻[1]是否已经来临？全球经济大萧条和失业潮是否会引发第三次世界大战？美国从此彻底衰落被中国超越，还是成为更加强大的单极超级大国？双边和多边的博弈都正在或明火执仗或悄然无声地上演。

一切都刚刚拉开序幕，大戏还在后头。

02

疫情引发的二律背反

二律背反（antinomies）是18世纪德国哲学家伊曼努尔·康德提出的哲学概念[2]。二律背反主要是指双方各自依据普遍承认的原则建立起来的、公认的两个命题之间的矛盾冲突。简单来说，是指两个命题都以真命题为前提，使用正确的逻辑，但得出的“定律”却彼此矛盾。俗话说：公说公有理，婆说婆有理，谁也说服不了谁。罗素认为：一切确切的知识都属于科学，一切超乎确切知识之外的教条，都属于神学。那么科学与神学可能就有二律背反的冲突。

新冠疫情的递延效应巨大而深远，引发人类社会各个方面的大变局、大变革、大洗牌和社会重构，二律背反这一永恒的哲学问题在疫后纪元中更加显性化——新冠疫情就像一面镜子，折射并放大了各种

1　Minsky Moment，美国经济学家海曼·明斯基提出的经济学概念，即资产价格崩溃的时刻

2　[德国]奥特弗里德·赫费.康德的《纯粹理性批判》.北京：人民出版社，2008

分裂。在疫情风暴之中，人人自危，信息过载与执念使得人们更难以达成共识，公婆皆不可信又不得不信。社会、组织乃至朋友圈，都可能由于执念陷入二律背反的境地。执念的本意是执着，即通过长期反复不断的寻找，得知自己内心真实的需求，同时自身的观念又被这种需求束缚，相互作用不断上升的过程。但执念再跨过去一步就可能是偏执。佛教的真谛之一就是让大家放下执念，不要总认为自己对，兼听则明。这才是二律背反题中应有之义，在全球新冠疫情之下尤显可贵。

线上和线下的二律背反

新冠疫情肆虐全球，严重影响整个人类社会的经济发展。中国之所以率先扛住了疫情的第一波冲击，取得显著的阶段性成果，关键在于中国人民严格执行了“全民宅家”，将其做到极致，经受住了疫情下的社交隔离压力测试。而全民宅家的中国人没有被憋疯，在相当程度上要归功于互联网，归功于移动互动网的普及。疫情之后，我们会迎来一个全面的线上化生存时代，大部分东西都能被搬到线上去，并成为一种常态。

中国的线上化生存“肇始”于“非典”。

2003年的非典疫情造成了中国的局部隔离。当时非典的震中在北京，对疫情重点区域实行隔离，有一部小说《非典时期的爱情》描述了那次疫情之下的人生百态。但也正是非典成就了阿里巴巴，当时阿里巴巴的一位员工去广州参加广交会，不幸染上了非典，阿里巴巴所在的整个办公楼都被封闭起来，马云也一同被隔离。在马云的带领下，阿里巴巴所有员工群策群力，又恰逢淘宝上线，开启了中国人线上购物的新纪元。从2003年开始，大规模互联网移民80后带动了60后与70后对网购的广泛参与，尤其是堪称“互联网原住民”的90后，网络化生存成为常态。从图书、服装到3C产品，线上购物的品类一步步扩大，渐成气候，进入中国人的线上化生存时代。

17年后的新冠疫情又一次成为中国人线上化生存的催化剂。

新冠疫情最大限度上成就的是生鲜产品。往日去菜市场买菜的老年人也不得不加入线上购物。更为重要的是，原来我们认为不可能完全线上化的社交，在疫情期间也实现了。疫情期间的人际交流包括重大会议都移师线上，腾讯会议、钉钉APP成为新的流行。更具代表意义的是线上化娱乐大行其道。本来娱乐并不具备大规模全面线上化的属性，切身体验才是娱乐最本质的需求。正常时期，不管是“前浪”还是“后浪”娱乐，都需要去玩、去浪、去作、去嗨、去蹦迪、去吃喝玩乐、去云游四方……而疫情期间网络游戏《王者荣耀》成为最大的受益者之一。据统计，《王者荣耀》2020年春节期间DAU（Daily Active User，日活跃用户数量）远超2019年平均水平。2020年包括春节期间的1月流水达92亿元左右，超过2019年包括春节期间的2月70亿元左右的月流水纪录。正是凭借在游戏和社交媒体等领域的主导地位，在新冠疫情期间，腾讯市值增加了逾490亿美元。

当所有人都宅在家里刷手机时，过去的网瘾不再被认为是病态。线上似乎成为中国男女老少们新的乐园。然而这也正是线上和线下的二律背反之所在。既然线上化生存大家玩得这么嗨，为什么还要急于复工复产，复商复市？因为单纯的线上化生存解决不了整个社会与人类的生存与发展问题。一个国家经济的发达程度要看服务业的发展程度，所以尽快复工复产必然是国家与社会的民生大计，我们还是需要恢复线下的生存。作为社会元素的人还是需要串联，要看电影，要泡酒吧，要出来吃饭，要各种社交。

疫情使得餐饮业损失巨大，但餐饮永远是人最大的刚需。餐饮企业只要能适应疫情，创新模式，及时转型，就可以生存下来。例如眉州东坡除了在防控疫情的前提下恢复堂食，也探索出新的商业模式，推出平价菜站，利用眉州东坡的供应链和在四川的资源，把四川的瓜果、蔬菜等以平价的方式服务社区；而自嗨锅则在餐饮的半成品模式上进行创新，开发自热型餐饮食品。除了餐饮业，疫情对教育行业造成的挑战与损失也很大。以前老师讲课就像巡视员，可以随时检视并提醒学生认真听课，在疫情期间教育培训全部转为线上，很多纯靠线下生存的教育培训机构在疫情冲击下面临灭顶之灾。

疫情也重创了医疗行业。人们以为疫情中的医院人满为患，医护人员白衣执甲，至少补助收入会普遍大幅提高；实际这只是表象，疫情中更多的医院是入不敷出的。因为整体上医院的病人锐减，医院门诊量、住院量大幅下降。据国家卫健委统计信息中心发布的2020年2月全国医疗服务情况显示：受疫情影响，2020年2月，全国医疗卫生机构诊疗人次同比下降近4成，全国公立医院诊疗人次达1.2亿人次，与2019年同期相比锐减47.1%。其中，三级医院受到的影响最大，诊疗人次同比下降了51.8%，只有5534.8万人次。另外，基层医疗机构也受到疫情的广泛影响，2月，基层医疗卫生机构诊疗人次约为1.1亿人次，同比下降21.9%。社区卫生服务中心（站）诊疗人次约为0.4亿人次，同比下降22.6%。乡镇卫生院的诊疗人次约为0.7亿人次，同比下降15.5%。同理，需要面对面接触的保健行业更是面临群体的冬天。

一方面是线上的欣欣向荣，一方面是线下的突围求存，线上的繁荣反衬着线下的危局，未来的社会线上和线下将共存共生，线上线下的二律背反更是一种常态。

隐私让渡与隐私保护的二律背反

自全国动员、全民动员集中力量办大事之后的三个多月时间内，中国就遏制住了新冠病毒快速蔓延的势头，取得了防控形势持续向好的成果。对所有感染病例的流行病追踪不遗余力、所有接触对象都进行隔离、对所有易感与重点人群进行轨迹验证是中国抗疫阶段性成功的重要法宝。相比之下，疫情在全球扩散，中国防控疫情的效果和经验引起世界各方的关注。

疫情之下，有病推定是常态。你是谁？你从哪里来？你要到哪里去？将不再是哲学的终极问题，而是每一个门卫都可以盘问你的问题。

疫情之下，你体温多少？你接触过谁？这是每个人必须诚实回答的问题。

为了应对疫情，从社会的整体角度要求个人让渡隐私权成为必然的选择。正如“9·11事件”之后，美国应对恐怖主义的一大措施就是部分牺牲个人隐私权，成立国土安全部，整合广泛的情报部门对潜在的恐怖分子进行监视与监控。特殊情况下，直接跳过了法院授权的程序，甚至有美国媒体指出：“9·11事件”之后，美国事实上进入一个全民监视的社会。而新冠病毒恰如新型恐怖分子，在业内，甚至被医生称为“流氓病毒”与“智能病毒”，对人类进行无差别攻击。疫情之下，社会有权对每一个人进行“有病推定”。要战胜病毒，就要在一定程度上让渡个人的隐私，提供自己的社交轨迹。当新冠病毒与人类长期共存时，疫情常态化也会带来管控措施的常态化。在“9·11事件”之前，在美国坐飞机就像坐公交车一样，安检非常薄弱，这就给了恐怖分子可乘之机；“9·11事件”之后，美国民航业的安检才变得严格起来。同样，在疫情常态化的情况下，需要将健康检查提升到普遍严格的状态。

在安检员成为大量吸纳就业人员的社会岗位之后，我国人力资源和社会保障部下属的中国就业培训技术指导中心，特地增加了一项核酸检测员（职业编码：4-08-05-08）的新职业与新工种，职业定义为使用仪器和试剂，对核酸样品进行管理、提取、检测并出具相应检测报告的人员。

未来身体健康检查和安检一样也会常态化，口罩就像手机一样，成为人的新伴侣与新器官。

但是，无罪推定与隐私权保护仍是现代社会法制与文明的基石。

让渡隐私权毕竟是特殊状态下不得已而为之的事情，没有人愿意主动成为一个透明人。2020年5月6日，脱口秀演员王越池（艺名“池子”）举报中信银行在未经其授权、未经任何司法机关合法调查程序的情况下，将其个人银行账户交易明细提供给与其发生经济纠纷的笑果文化，侵犯了个人隐私。虽然中信银行很快就认错道歉，撤掉涉事支行行长，却丝毫没有平复舆情的滔天巨浪。有人甚至通过注销、挂失、剪碎中信银行卡来表达不满。

其实“池子事件”也印证了隐私权让渡与隐私权保护的二律背反，激起了人们的共情心理，戳中了隐私保护之痛，消费者虽出让了隐私权，但是并不甘心。

新冠疫情加速了无现金社会与数字货币的发展步伐，但当现金完全被数字货币代替之后，每个人钱的来龙去脉都无所遁形，隐私权又会面临更大的挑战。在大数据的加持下，这样的一幕正在发生：只要你一使用银行卡或电子支付，警方马上就能查到你的行踪和交易行为。大数据时代，只要能联网的东西都可以数字化，而任何数据通过收集、整理，都可以成为分析一个公民日常行为的依据。大数据时代，任何公民在权力与资本面前都有可能“赤身裸体”，只不过法治社会能够制衡公权力的“窥私癖”。

东方自律与西方自由的二律背反

疫情让中国人更信任政府。儒家文化注重修身、齐家、治国、平天下。首先是修身，自己管理好自己，相比之下，中国人更易实现自律与自我管理。同时中国人自古看重生命，认为生存是第一位的。而疫情让西方人民越来越不相信政府，美国民众不相信总统特朗普而相信国家过敏和传染病研究所所长美国顶级传染病专家安东尼·福奇。美国疫情之所以严重蔓延，也在于许多美国人觉得自由比生命更重要。

要生存还是要自由，在东西方文化中展现出较大的差异。

严格隔离与群体免疫的二律背反

中国率先取得防控新冠疫情的成功，靠的是集体主义严格、严密的管理与自律，一声令下，全民宅家，群防群治；自上而下，水银泻地，防控指令直至居委会、物业、小区、门卫保安，环环相扣，通过网格化管理严格隔离，防住疫情。

与以严格隔离的方式防控疫情相比，欧美国家在疫情管理上却宽松得多，反应也缓慢得多，防着管着却慢慢走向了群体免疫，一定程度上也有不得已而为之的原因——不同利益群体之间的协调难度与成本巨大，使得欧美国家更难平衡——感染病毒可能会病死，但暂停经济，又面临生存危机，无论是政府还是百姓都遇到非常大的挑战。

品牌集中与品牌分散的二律背反

新冠疫情同样影响未来的品牌发展趋势。根据中国工业和信息化部统计，截至2018年底，中国中小企业的数量已经超过了3000万家，个体工商户数量超过7000万户，贡献了全国50%以上的税收、60%以上的GDP、70%以上的技术创新成果和80%以上的劳动力就业。另据国家统计局的数据，截至2018年底我国共有餐饮门店820万家，比酒店数量多了15倍。中国菜系众多、地域差异明显造成餐饮行业丰富度高，但集中度低，独立运营餐厅仍占据主导地位——中国许多餐饮店其实是规模很小的夫妻店，老公老婆再加个亲戚当佣工就能开饭馆。平日十几平方米一个小店，就能做餐饮，卖什么吃的都有可能维持生存。但是这类生意一旦停下来，很多小店就扛不住了，能够生存下来的是更大更强的连锁企业、头部企业。所以疫情之后品牌会越来越集中，强者恒强。这种情况不仅发生在餐饮行业，教育培训行业也是这样。很多教育培训行业的小公司已经倒掉。医疗机构也是如此，财政拨款和医院营收是医院收入的主要来源。财政拨款一旦减少，医院运营成本、人力成本的压力会增大，在疫情防控常态化下，很多医院更难以靠以前人满为患的就医数量来平衡收支，生存会越来越难。

在线下品牌越来越集中的趋势下，我们也会面临线上品牌越来越分散的趋势。网红品牌层出不穷，很多淘宝品牌应运而生，年轻人对大品牌的信仰在颠覆。以前消费者习惯用大品牌，牌子越大，东西越好卖。但是现在消费者心态发生了变化，倾向用跟自己有情感连接的品牌。这就是品牌集中与品牌分散的二律背反，为更多的年轻人创业提供了商业机会。

品牌战与价格战的二律背反

疫情在全球蔓延，对许多著名的大品牌造成了冲击，反而催生了直播带货的现象级营销方式，推动直播带货建立起一个新的传播渠道和交易平台。据淘宝网公布的数据显示，自2020年2月以来，每天约有3万个新商家入驻淘宝，新开播的直播间数量同比翻倍，新开播的场次同比增加110%。许多大牌明星们不能出席线下活动，也纷纷走进直播间。全民直播带货一时成为营销的绝对主流，但本质上直播带货，主要还是靠“全网最低价”这一法宝。直播带货更像是视频版的“聚划算”，商家让利做宣传，买家省钱得实惠。这就让很多以往把钱砸在硬广上的品牌商把钱投向了主播们。品牌愿意给出巨大的折扣力度在直播间里促销产品，这并非清仓大甩卖，很多时候是在“打广告”，给品牌店铺引流，既直播带货，又直播带品牌。这一花费比投其他硬广的费用要低很多，获客数据还是实打实的，只要产品品质好，消费者形成复购不是难事。这一方式非常适用于单价不高的快消类产品，对于百元以内的商品效果尤为显著。而那些高价商品、奢侈品在直播间的销售效果通常就不尽如人意了。

疫情风暴之下，奢侈品品牌受到的打击十分严重，炫耀性消费的需求不论主观上还是客观上都受到极大的抑制——在人人戴口罩的标配下，“颜值经济”大规模缩水，“三分天注定，七分靠打拼，剩下九十分全看脸”被“三分天注定，七分靠免疫”取代。在疫情严重、全民宅家的时期，各化妆品品牌受到重创，女孩子可以一个星期都不用洗头，也不用出去见人，洗发水的销量大幅度下降。香奈儿、LV纷纷转去生产洗手液、防护服；爱马仕也低下高贵的头颅，做起纯手工、限量款口罩；迪奥、纪梵希把香水生产线临时改为洗手液生产线。不过疫情期间的二律背反无处不在，人们对新闻的关注度显著提升，全家刷手机的同时自然也会匀出一定的时间给电视，电视新闻主播与网红主播的露脸率大幅提高。坐在主播台后露个半身亮相就好，还能带动正装的销售。

疫情催生了直播带货，似乎价格终于打败了品牌，但随着直播的常态化，消费者也必然会逐渐趋于理性，直播带货将成为销售商品的一种常规渠道。

疫情冲击之下中国年轻一代的民族自豪感和对国货品牌的认同感进一步加强。在疫情常态化下，企业与个人一样，最想获得的还是品牌长久的抵抗力和免疫力，我们更需理性地看待价格战与品牌战的二律背反。

无效社交与体验经济的二律背反

疫情之前，吃饭和逛街是许多人的生活方式；疫情来了之后，人们街也不逛了，饭馆也不去了，电影院的电影也不看了，这时，人们发现很多实体店其实是可以不去的，很大程度上减少与放弃了无效社交。

因这次疫情知名的复旦大学附属华山医院感染科主任张文宏医生曾告诫大家“不瞎混”是防控疫情最好的方式。疫情之下，人们自觉克制，能不见的人尽量不见，能不参加的活动尽量不参加，能不去的聚会尽量推掉。人的社交行为大量减少。

虽然疫情抑制住了人们的线下社交需求，但人是情感型动物，终究还是抵不住社交冲动的诱惑。报复性的社交需求仍会在疫情之后迸发。亚伯拉罕·马斯洛认为人的动机是由多种不同性质的需求组成的，包括生理需求、安全需求、社交需求、尊重需求和自我实现需求[1]。最基本的需求是人的生理需求，疫情之下更要吃饱饭，人人要有饭吃；疫情极大影响了每个人的安全感，“他人即地狱”，在这种情况下生活，人会出现很多心理顾虑；疫情之下，人们会遵从严格的管理，让渡一些个人权利，但被尊重的权利仍然是常态化的；人的需求的最高境界是自我实现，光有钱是不行的，比尔·盖茨之所以受人尊重，不仅在于他拥有的财富，更在于他为人类所做的贡献，其中包括对抗击疫情的付出。人类对精神的需求是与生俱来、人人都有的，且占据了绝大部分。

虚拟经济和实体经济的二律背反

以前企业的竞争优势在于门店数量的多少，现在不管是疫情之中还是疫情之后更在于企业的客户源于哪里。如果企业的客户只是源于大街上“金角银边”的现实人流，不但应对不了疫情的冲击，也无法适应未来经济的发展趋势。企业未来的竞争优势在于流量的有效转化。虚拟经济的优势是，用户越多，越能够大幅度降低成本，甚至降到接近于零；而实体经济随着开发与维护客户成本的日益提高以及疫情常态化防控成本的持续投入，总的投入也会提高。

疫情之前，实体经济已受到虚拟经济的冲击与影响；疫情之中，恢复最快的也是互联网企业。但我们不能因此放弃复兴实体经济的计

1 [美]亚伯拉罕·马斯洛. 需要与成长：存在心理学探索（第3版）. 重庆：重庆出版社，2018

划。实体经济对于一个国家的长久发展非常重要，虚拟经济和实体经济正如手心手背，只有虚实结合，两手都要抓，两手都要硬，才能形成国民经济免疫力与抵抗力的最大抗体来源。

全球化与经济主权的二律背反

受疫情冲击最大的无疑是经济的全球化。疫情已引起全球产业链和供应链的停滞与混乱，并对国际交往、旅游和商务产生巨大的影响，物流、人流、贸易流、资金流出现停滞。全球化价值链分工最深最广的欧美地区受到的影响最大，心理反应也最大，与中国制造脱链脱钩的趋势已经出现。新冠疫情无形中放大了各国对经济主权的诉求，强化了国家权力、民族主义与民粹主义意识，新孤立主义找到了重夺话语权的机会。疫情之中，许多管理机构都获得了采取紧急措施以防控危机的权力，疫情之后，自然也不情愿移交这些特殊时期扩张的权力。

新冠疫情由一只亚马孙雨林的蝴蝶演变成“黑天鹅”，接下来很可能异化成“灰犀牛”，威胁着全球化。但一个开放、繁荣与自由的全球化时代不应被新冠疫情阻断，人类不应退缩回一个自我封闭、孤立、狭隘偏见的世界。正如比尔·盖茨所言，面对全球新冠疫情，首要问题是加强国际合作，利用这场危机宣传排外的观点是不应该的。

抗击疫情的最终胜利，必然需要国际合作与国际主义精神。化解全球化与经济主权的二律背反的矛盾需要人类更大的智慧与远见。

衰退和繁荣的二律背反

对于新冠疫情对经济和金融的影响，经济学界的主流观点曾分为两派：一派认为疫情将导致全球性的经济大萧条，危机程度甚至超过1929年，并将造成长期的经济衰退；另一派则认为本次疫情只是突发公共卫生事件，在疫情受到控制的前提下，辅以积极的财政及货币政策，全球经济在短期内即可恢复。这其实代表了衰退和繁荣的二律背反认知。

起始于1929年、发源于美国的大萧条波及全世界，是持续时间最长的经济萧条，不仅导致长期的大规模失业，也改变了社会关系，削弱了欧洲主要国家的执政政府，德国的纳粹党趁机夺取政权，最终导致了第二次世界大战的爆发。大萧条之所以未能被有效控制，一个重要原因在于全球资金的枯竭。大萧条初期，当时美国的胡佛政府过于恪守经济自由主义的教条，放任市场自由调节，错过了干预经济危机的最佳窗口时期。时移境迁，虽然此次新冠疫情从规模和突发性上对全球经济的冲击堪比20世纪二三十年代的大萧条，但世界各国不约而同地及时进行了逆周期调控。西方国家尤其以美国为代表采取的强刺激政策一是无限量化宽松，二是直升机式地撒钱。中国也积极地进行逆周期调控，疫后经济刺激计划高达48万亿人民币之巨，从传统的基本建设“铁公基”转向新基建——以5G为代表的数字化建设，强化巨型国家投资行为，要把经济拉动起来。

各国应对的思路与方法虽然不一样，但都及时采取了措施，防范经济危机扩大化、持续化。

开放与封闭的二律背反

在新冠疫情冲击下，全球经济“按下”了暂停键，西方发达国家开始重申经济主权，美日甚至表示要不计成本将设在中国的企业撤离，重建自己国家的产业链。但无论疫情前后，世界终究离不开中国，中国也离不开世界。

40多年的改革开放与深度融入全球化为中国带来了历史性的发展红利，我们必须坚持这一原则，坚持共享发展的战略方向。

在未来相当长的一段时间里，新冠疫情与人类长期共存，人们固有的工作和生活方式会出现多方面的变化：线上和线下的二律背反，隐私让渡与隐私保护的二律背反，东方自律与西方自由的二律背反，严格隔离与群体免疫的二律背反，品牌集中与品牌分散的二律背反，品牌战与价格战的二律背反，无效社交与体验经济的二律背反，虚拟经济与实体经济的二律背反，全球化与经济主权的二律背反，衰退与繁荣的二律背反，开放与封闭的二律背反……

二律背反将成为后疫情时代社会关系与经济生活各个方面的普遍规律。

03

疫情风暴加剧经济滞胀

“黑天鹅”之后是“灰犀牛”，负油价对人们信心的打击比倒牛奶事件重演更甚。由新冠病毒引发的风暴正将全球经济由衰退拖入滞胀。

自工业革命以来，油价有涨有跌，地球上还没有经历过负油价。2020年5月，美国西得克萨斯轻质原油（WTI）期货结算价收于每桶-37.63美元，单日下跌55.90美元，跌幅为306%。这是人类历史上从未见过的一幕。

美国人民也想不到，这边失业大军都去领救济粮了；那边又是倒牛奶又是给鸡、猪安乐死，资本家当真把东西扔了也不肯让老百姓吃一吃吗？

2020年想不到的事情太多了，活着就是见证历史。

关于原油价格暴跌，我们来看导致原油价格暴跌的原因是什么，以及这种现象带来哪些经济警示。

在意大利刚宣布居家隔离的时候，很多民众跑出去排队给汽车加油，市长还专门录视频喊话：让你们待在家里，你们加油干什么？都回去！

美国加利福尼亚州的一处前空军基地上，也停满了因疫情飞不了的客机。

根据2020年4月海关总署公布的数据，中国2020年第一季度原油和天然气进口量分别同比增长5%和1.8%，较2019年同期8.2%和17.8%的增速，明显放缓。

原油被称为“黑金”，是现代工业的血液，被广泛用于生产汽油、柴油以及化工原料、建筑工业等。然而受到疫情的影响，飞机大面积停飞，汽车运输大幅度减少，全球大范围停工停产，失业率增加，收入减少，大众消费能力降低。而石油不像牛奶，可以倒进河里，现在不是富得流油，而是地球“穷得”没有储存石油的地方。

国际能源署发布的数据显示：2020年第二季度，石油需求比2019年同期每天减少了1780万桶。阿拉伯国家在这种情况下，还想着如何去抢对方的客户，谁都不愿减产。产能过剩引发库存危机，油价一再跌穿人们的心理价位。历史上从未发生过的负油价成为这次经济萧条的标志性事件，直接影响世界经济复苏的信心。

过去30多年，国际原油价格经历过三次暴跌。

第一次是1986年，由于全球经济放缓、需求下降导致油价暴跌。当年12月OPEC成员国决定，将政策重心从价格转移到占据市场份额，油价从31美元/桶跌至不足10美元/桶，跌幅达69%。

第二次油价下跌发生在2008年全球金融危机之后。油价从145美元/桶左右下跌至30美元/桶左右，跌幅约80%。

第三次下跌则从2014年持续到2016年。这一轮下跌主要是两方面原因造成的，一是因为美国页岩油开采技术革命导致原油供给增加引发的供需失衡，二是受到全球经济放缓的基本面影响。

可见历史上每一次原油价格暴跌都与经济问题息息相关，但是之前的哪一次暴跌都没有这一次来得凶猛，油价居然能跌成负数。

不过，不要奢望有一天加油站会贴钱卖油，或者免费让你加油。

1929年美国大萧条期间，奶农把牛奶倒进密西西比河的照片被放进教科书，人们通常把它解读为“资本家的冷血和贪婪”——为了保证利润，他们宁可把牛奶倒掉也不愿分给穷人。没想到2020年这一情景又重现了，美国最大的乳制品生产地威斯康星州牛奶出现滞销，很多奶农又开始倒牛奶，高峰时期每天至少倒掉22万加仑（约83万升）。

其实这些奶农离“资本家”还有很远的距离，他们的这一行为实属无奈之举。很多奶农对接的是餐厅、加工厂，疫情发生后人们更多时间宅在家里，囤了足够的粮食，减少出行，减少消费，于是餐厅、超市对牛奶的需求大幅减少，但奶牛的生产是不会停止的，鲜奶的保质期又很短，多出来的奶消耗不掉，运出去也是需要成本的，做成能够保存的奶制品则要改变生产链，增加储存设备，这些做法得不偿失，所以只好选择倒掉。

1929年美国大萧条期间，奶农倾倒牛奶的场景触目惊心

美国很多养殖户开始给猪和鸡实行安乐死也是这个道理。他们不是不想做腊肠，腌火腿，可是当时的猪肉加工价格已远高于直接宰杀生猪的价格，并且全美最大的猪肉加工厂之一史密斯菲尔德食品公司旗下位于南达科他州的工厂爆发了聚集性疫情，有600多名员工确诊感染新冠病毒，工厂只好宣布“无限期关闭”。这样一来，存栏的生猪更无法进行加工处理。

为了尽可能减少损失，养殖户们已经想方设法让猪长得慢一点了，实在不行只能对猪实施安乐死。但即使是这样，他们仍面临接踵而至的难题，被安乐死的家畜、家禽的尸体也难以处理。

2020年4月全美猪肉生产商协会测算，由于猪肉价格暴跌，每头上市的生猪将给养猪户带来约37美元的损失，这一现象带来的结果就是养殖户收入减少甚至破产，进而导致大量劳动力失业。接下来很快市场上又会出现猪肉短缺，价格上涨，而猪肉补充供应却不是立刻就能做到的，这就会形成恶性循环。

同时砸鸡蛋、埋蔬菜的情况也正在发生，种种现象带来比通货膨胀和通货紧缩更可怕的经济现象——停滞性通货膨胀，简称“滞胀”。

新冠疫情下，美国农民陷入丰产不丰收的窘境

滞胀在经济学，特别是宏观经济学中，特指经济停滞，失业率及通货膨胀率同时持续高涨的经济现象。通俗来说就是指物价上升，但经济停滞不前。

20世纪30年代美国经济衰退、美联储收缩货币政策、中西部地区持续十年干旱等多重因素带来一场经济大萧条，并最终蔓延到欧洲，促使德国法西斯夺取政权，进而爆发第二次世界大战。而新冠疫情在全球系统性风险上升的大背景下，引发全球恐慌，生产停滞，需求减少，经济下行。一方面失业率上升，经济萎缩；一方面从众心态导致股市多次熔断，原油暴跌，人们倒奶杀猪。

全球经济放缓现象其实早在几年前就已经出现，2020年新冠疫情加速了这一进程。国内外医学专家、有关机构多次预警新冠病毒可能与人类长期共存，无法彻底消杀。经济得不到有效刺激，市场长期无法流动起来，全球可能再次陷入大萧条。

04

新冠疫情改变新世代

疫情之后，世界已不是原来的世界，你还是原来的你吗？

繁华事散逐香尘，人们将不得不面临经济低增长甚至负增长、信任下降或崩塌，以及共识缺失的巨大挑战。

人人为生存而储蓄

蔓延全球的新冠疫情引发经济衰退，全球经济进入负增长，投机暴富、坐享其成的非理性繁荣时代结束了。新冠疫情给当下社会带来从未有过的全球性恐慌，对人们的生活方式、行为模式都产生深远的影响，习惯超前消费的新世代也对危机感同身受，开始为生计而精打细算，省吃俭用。

各行各业没有等来报复性消费，相反人们开始报复性存钱。

根据央行发布的《2020年一季度金融统计数据报告》显示，第一季度人民币存款增加了8.07万亿元，同比增加1.76万亿元，3月末余额首次突破200万亿元大关，其中居民存款总额突破87万亿元，人均存款6万多元。

中国的储蓄率一向较高，近年来更是远超发达国家。2016年数据显示，在经济合作与发展组织（OECD）国家中，居民储蓄率最高的3个国家瑞士、瑞典和墨西哥的储蓄率分别是18.79%、16.02%、15.45%，中国则高达36.1%，同时期美国的居民储蓄率仅为7.6%。

很多美国人不爱存钱，近一半人日常连400美元救急的钱都拿不出来，而这次疫情给全世界“按下”暂停键，很多人因此失去工作，没了收入来源，有钱就花的美国人也终于有了危机意识，开始存钱了。

美国商务部经济分析局的数据显示，2020年3月美国居民个人储蓄率为12.7%，到了4月，这个数字一下子达到33%，创下自20世纪60年代以来的最高水平。

牛津经济研究院首席经济学家格雷戈里·达科表示：“巨大的不确定性和对病毒的恐惧，抑制了人们像往常一样外出消费的欲望。”

也不光是美国人开始存钱，现在是全世界的人都学会存钱了。据欧洲央行和英国央行发布的数据显示，2020年3月，欧洲五大经济体中有四个经济体的储蓄率大幅上升，法国新增储蓄近200亿欧元，意大利新增储蓄168亿欧元，西班牙家庭储蓄增加了101亿欧元，英国家庭银行存款增加了131亿英镑，均远高于往年同期平均水平。

普通居民改变的不仅仅是个人的生活方式。试想，当大众都把钱存起来减少消费和投资的时候，必然带来经济滞胀，衰退会更加严重。

人人有洁癖

如果人人都有洁癖，世界将会怎样？

有洁癖的人会被医生称为“患者”，他们摸了哪儿都觉得手好脏，自己的东西别人碰了也觉得好脏，跟别人握手十分紧张。他们频繁洗手，每次洗手20秒以上是常态，不然就觉得焦虑，心里不舒服。

而现在，人人都成了洁癖患者！

在疫情最严重的时候，大家基本上非必要不出门，不得不下楼扔个垃圾、拿个外卖都是战战兢兢，手套、口罩、护目镜、浴帽、鞋套，一个都不能少，一进电梯恨不得屏住呼吸、闭上眼睛，只要电梯有人，宁愿等下一趟。回家第一件事是给自己从头到尾、从里到外狂喷75%医用酒精，然后再彻底洗个澡。

据称21天养成一个习惯，何况这种习惯人们保持了数月。

憋不住的中外友人开始想出奇招，有人套上巨大的轮胎出门喝酒；有人穿上充气宇航服、恐龙装备外出逛街；还有人发明了一米鞋，穿上这种鞋，谁也别想挨着谁。杭州一个小学在开学后还给孩子们戴上了一米帽。高铁上有一个不满一岁的幼儿小心翼翼地观察周围的人群，然后迅速摘下口罩往嘴里塞一口饼干，不到一秒钟，又赶紧戴好口罩。他还没有学会说话，但已经学会模仿周围的大人，警惕空气中的病毒。

看过《动物世界》的人都知道，猩猩、猴子之间表达结盟、信任的方式是抱在一起给对方梳理毛发，抓虱子；人是社会动物，所有的工作都需要彼此信任和协同才能完成。而疫情不仅让人们降低了对彼此的信任，也越来越难以达成共识。

新的模式正在改变世界，我们发现，当下凡是能给人提供安全感的商品或行为，都更容易被人们接纳。

存钱带给人安全感，于是全世界的人们都在努力存钱；隔离经济、无接触商业带给人安全感，于是机器人纷纷进驻医院、餐厅，方便食品大行其道；病毒看不见摸不着，个人消杀类产品供不应求，还会形成长期产业化。疫情之下各行各业都受到影响，但是线上经济、消杀防护类产品却逆势增长，赚得盆满钵满。

共识缺失

是社会隔离、经济停滞影响大，还是病毒的影响大？不仅人与人之间丧失信任，无法统一步调；国与国之间也产生不可弥合的分歧，难以达成共识。

很多企业和员工急着复工，成功发射了载人飞船的埃隆·马斯克就不顾美国加州的禁令，强行复工，还怒怼州政府，威胁要把工厂搬出加州；同时，没有停工的多家美国猪肉加工厂出现了聚集性疫情。

大事不能达成一致，小事也是众说纷纭。

比如张文宏医生不建议早晨喝粥，认为尤其是孩子要喝牛奶吃鸡蛋，生病更不要喝粥，得吃肉，这样才更有营养，更健康。但这个说法曾遭到部分网友的反对，甚至有人给他扣上不尊重传统文化、崇洋媚外的帽子。

病毒破坏了人与人之间的信任，世界更因此分裂。

当人类失去了共同的语言，通天的巴比伦塔只能存在于幻想之中。

假如不能积极应对、通力合作，人们不得不生活在一个没有共识的时代，各自为战。

05

疫情中倒下的第一个世界品牌

这场新冠疫情让全球所有人面临巨大的考验，对于有些企业来说，更是“人在家中坐，祸从天上来”。

畅销全球的墨西哥啤酒品牌科罗娜就不幸被波及，因为它的英文名Corona与新冠病毒corona virus几乎同名，2020年4月一度被迫停产。

科罗娜是墨西哥莫德罗啤酒公司旗下主力品牌，是世界第五大啤酒品牌，在美国和中国的进口啤酒中销量排名第一，名列全球100个最有价值的品牌。莫德罗啤酒公司创建于1925年，产品畅销全球150个国家和地区，母公司是全球酒业巨头美国星座集团。但是疫情发生之后，很多网友开始搜索科罗娜啤酒和病毒的关系，甚至有人担心喝了该品牌的啤酒，会感染新冠病毒，并在社交媒体上@Corona啤酒说：“科罗娜，你快管管病毒！”还有网友晒创意图片抵制科罗娜啤酒。

2020年2月底科罗娜啤酒发布了4款新口味含酒精气泡水的广告，广告语是“马上到岸”（coming ashore soon），又遭到网友们的抨击：这是在暗示病毒马上就要来了吗？

2020年3月，斯洛文尼亚一名设计师Jure Tovrljan绘图调侃：科罗娜啤酒“也许需要一个新名字”。

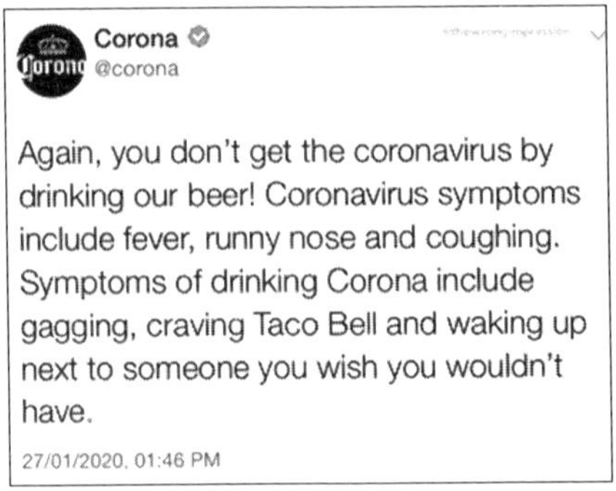

网友吐槽科罗娜啤酒

被网友恶搞的科罗娜啤酒——“在冰箱里”

很显然科罗娜啤酒当时对这场危机事件应对不利，只是澄清自己的品牌和新冠病毒没有关系。但人是情感动物，消费者选择商品或品牌的准则不再是“好”或“不好”这一理性判断，而是基于“喜欢”或“不喜欢”的情感判断。

尽管科罗娜啤酒相关负责人一再表示疫情没有对员工或运营造成任何影响，业务表现良好，停产是因为墨西哥官方宣布进入国家卫生紧急状态。但当时企业不得不面对的现实是大约有38%的美国消费者表示不愿再购买科罗娜啤酒。疫情爆发的两个月里，公司已经损失了约合20亿人民币。其母公司美国星座集团2020年1—2月市场营收减少2.85亿美元，利润缩水1.7亿美元。

遭受类似困扰的不止科罗娜一个品牌，中国成都著名企业新都冠生园食品也因为疫情被网友建议改名。

新都冠生园食品公司创建于1989年，以研发、生产、销售粽子和月饼为主，是西南地区规模最大的月饼生产厂家之一，以“新冠”为主打品牌。它有两条广为流传的广告语：“新冠把爱带回家”和“新冠让相聚更甜蜜”。

在受到争议后，该品牌一位负责人表示：商标已经用了十多年了，且具有一定知名度，不会更改，但是广告语确实还有优化的空间。

据国家知识产权局商标局的查问系统显示，多年来含“新冠”字样的商标申请已达303项。不仅不少品牌与“新冠”同名，青岛还有一条“新冠高架路”，云南也有“新冠村”“新冠路”。不论是对于企业品牌还是市政道路，只要命名符合相关法规当然可以不用修改，更何况一个知名的品牌对于企业的价值来说至关重要，是企业的无形资产。

但就在不少人对“新冠”字样非常敏感甚至排斥的时候，有的企业却在恶意抢注“新冠”相关商标。李文亮医生病逝当天，就有企业抢注名称为“李文亮”的商标，引发众怒。国家知识产权局商标局当即表示依法驳回。相关部门介入调查后，要求涉事企业公开道歉。

“雷神山”“火神山”“封城”“方舱”等与疫情相关的商标也纷纷遭到抢注，这种行为无疑是挑战公众的道德底线，偷鸡不成蚀把米。

在2003年非典疫情之后，也有不少企业申请过含有“非典”字样的商标。中国商标网统计显示，在当时非典还没有退去的时候，一些生产消毒、清洁类产品的企业就纷纷申请相关商标，但最终都没有获得批准，因为以疾病名作为商标不符合《中华人民共和国商标法》规定，不可能注册成功。

当灾难来临，无论是企业抢注与之有关的商标，还是消费者把品牌名和灾难相联系，认为Corona啤酒不能喝、5G会传播病毒，都是不理智的行为。但当品牌无法用理性改变消费者想法的时候，应该如何避免祸从天降、无端被波及呢？

过去，我们将营销的主题和对象都定义为“经济人”，认为人们在一定的经济利益刺激下会做出理智的行为，在决策前都会衡量成本和收益。如今，我们应该学会从“情感人”的角度进行剖析和探讨，因为“人比机器复杂”，其爱恨情仇、喜怒哀乐很难用固定的公式去加以分析，理智在情感面前往往站不住脚。因此，引导消费者的心智、在消费者的大脑里营造出某些好的情感已经成为营销新手段。

柏拉图在其著作《斐德罗》篇中描述说，人的行为就好比一辆由两匹马拉着的马车，一匹马代表理智，另一匹马代表情感。而神经学家指出，消费者在购买商品时，理智只是小马驹，情感则是高头大马。

在购买产品的时候，消费者不仅仅要求产品具有实用功能，更要求产品能够满足自身的情感需求。一旦消费者对某种品牌产生了情感，就会在潜意识里对该品牌的系列产品产生好感。这种好感一旦形成，就会让消费者价格敏感度降低，重复购买，并产生信赖、忠诚等一系列的连锁行为和情感反应。

神经学教授安东尼奥·达马西奥在《笛卡儿的错误》一书中展现的研究结果，为研究情感营销提出了一个新的佐证——情感导致人们做出决定，并且还影响理智做出决定的过程。也就是说，其实消费者满足自身情感需求的本身，也是理智的一部分，情感的就是理智的！

人们做出购买行动的时候，只有一个标准：“如果我这样做了，结果会如何？”如果不买，情感需求得不到满足，结果会如何？如果买了，情感得到满足了，结果会如何？情感得不到满足的结果是心情不好，情绪不高，注意力不集中，惶惶不可终日。所以，事实上消费者在做出消费决定的瞬间是理智的，即使消费是情感决定的，在某种意义上也是理智的。

过去的营销是“以理服人”，如今的营销应该在此基础上加上“以情动人”。消费者多数都是“通情达理”的，“通情”在先，“达理”在后；消费者是“感情用事”的，满足情感需求本身也是理智的；在过剩经济的时代，冰冷的产品如果不附上情感，无法打动消费者的心。所以，在这个“情感营销”的时代，企业要尽其所能打动消费者的情感，这样消费者才能对品牌“一见钟情”“一往情深”。

在情感经济时代，能否抓住消费者的情感，成为关系品牌生死存亡的决定因素之一。如果一个品牌不能让消费者喜欢，那么这个品牌离消失也就不远了。品牌只有活在消费者的心里，成为消费者生活中的一部分，才能持久地经营下去。

真正的品牌不在资产排行榜上，而在消费者的心中。

06

假如比尔·盖茨是美国总统

2020年3月末美国新增病例日均超过1万，成为全球新冠疫情确诊病例最多的国家。面对当时的严重局面，美国总统特朗普却多次公开催促美国人复工干活，希望美国经济能够在4月12日复活节到来前重启。美国民众不能干坐着，要动起来，认为如果美国的经济下行，死的人会比新冠疫情导致的死亡人数还多，必须赶紧恢复商业经营。

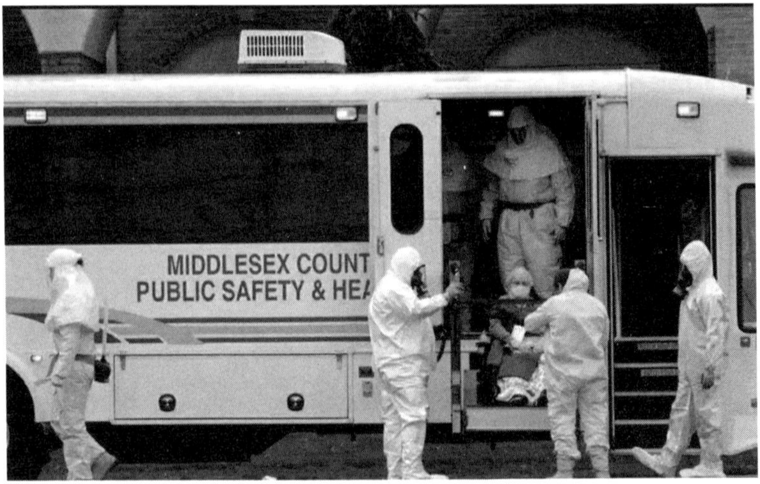

疫情风暴中的美国

特朗普的“复工论”一出就引起了美国各界的广泛质疑，比尔·盖茨对特朗普的批评尤为尖锐。他警告道，如果特朗普真的这么做，在病毒大流行期间就想着怎样解除对美国经济的限制，势必会带来严重的后果。当被问及“如果你是总统会怎么做”，盖茨指出，比起公众健康，他一定会把经济上的影响往后放。盖茨说，停工停产这种做法对经济的影响确实是巨大的。在他们的一生中，从未发生过类似的事情。可是恢复经济终归是可以做到的，但人死不能复生。因此，他们必须承受经济方面的痛苦，巨大的痛苦，而最大限度地减少疾病给民众带来的痛苦，以及死亡人数。对此，比尔·盖茨建议，美国企业应该再停工 6 ～ 10 个星期。

至少从应对新冠疫情上来看，比尔·盖茨更像是一个人们期待的美国总统。那么假如比尔·盖茨是美国总统，他会如何应对这场世界危机？

比尔·盖茨的神预测

对于新冠病毒，没有人能未卜先知，就算是先知也只能是做出赌博式的预言。但是了不起的比尔·盖茨却预测到了全球大流行病的风险，多年来一直向世人发出警告。早在2015年，比尔·盖茨就指出：人类面临的最大威胁不是核战争，而是全球大流行疾病。如果有什么东西可以杀掉上千万人，那更可能是个有高度传染性的病毒，而不是战争，不是导弹，而是微生物。在全世界范围内，大家其实都投资不足，研究不到位，更没有足够的准备来应对突发传染病。

盖茨进一步指出："无国界医生"[1]在动员志愿者上做出了很大的贡献。但即使如此，他们调动数千名工作者到疫区的速度还是难以让人满意的。大的疫情会需要他们动员数十万人员，但他们没有任何人在研究治疗的方向，也没有人在看诊断的方法，没有人在想该用什么工具。举个例子来说，人们也许可以抽取痊愈者的血液，处理过后，再将血浆注入人体内，来保护没得病的人。但是这个方法从来没有试过，所以有很多事都还没来得及做。

此后，盖茨曾多次呼吁全球充分认识到全球大流行病的巨大风险，做好包括疫苗研发、诊断检测、模拟演练等在内的系统准备。

可惜，比尔·盖茨的神预测没能警醒世人，新冠病毒的大流行最

1 1971年在巴黎成立，是一个由各国专业医学人士组成的国际性医疗人道救援组织

终还是不期而至。

抓住防范疫情蔓延的窗口期

正如特朗普曾经自言的“(应对疫情)我们在做着不可思议的工作”，一向恐菌的洁癖患者特朗普起初应对疫情反应并不慢，在武汉封城之后美国率先撤侨，第一时间暂停中国大陆赴美的所有签证，切断航班往来。但自2020年1月21日美国报告首例新冠肺炎确诊病例之后，特朗普政府却不可思议地乐观轻视，白白错失了美国本土防疫的最佳窗口期，直到发展到难以应付的地步，才最终承认局势的严重性。

比尔·盖茨对传染病与公共卫生安全的了解要比特朗普全面深刻得多。2020年2月底他就在《新英格兰医学杂志》撰写文章指出，新冠肺炎可能成为百年不遇的大流行病，紧急呼吁全球领导人立即行动，刻不容缓。而世界卫生组织直到3月11日才将新冠肺炎定性为全球大流行病。

比尔·盖茨批评美国的反应非常缓慢且混乱，已经错过了无须停工就能控制新冠疫情的机会。比尔·盖茨在参加CNN的全球会议时警告称，“我们还未到达峰值”，呼吁美国实施更严格的封锁措施，以防止疫情进一步蔓延，造成更多的死亡。他认为4月恢复常态是不现实的，确诊病例还在持续增加。只有在确诊数达到峰值，随后开始下降并稳定到某个程度的时候才可能恢复常态。

在盖茨看来，应对大疫，最好的措施还是备战，建立一套机制，随时随地准备好投入战斗。

更自律，严格实施居家隔离

比尔·盖茨曾说过：一个人必须是自律的，自控的。而他的自律能力举世公认。马云就曾感佩道：世界上只有一个比尔·盖茨，但是可以有很多个马云。比尔·盖茨有着超乎常人的自律和与众不同的行为处事方式。他自幼喜欢阅读，而且将这一习惯保持到老，如今65岁的他要求自己每年至少读50本书，每年他也会在个人博客上推荐自己最喜欢读的5本书。

比尔·盖茨每年都会在个人博客上推荐自己最喜欢读的5本书

更难能可贵的是，比尔·盖茨虽然比特朗普要年轻近10岁，却意识到那些喜欢“瞎混”的美国年轻人更易感染新冠病毒。他强烈建议，保持社交距离对于减少传播非常关键，实施居家隔离“非常痛苦”，但这是“优先选项”，实际上并没有什么中间立场。很难对人们说，继续去餐馆吧，去买新房子吧，忽略掉角落里那堆尸体。我们希望您继续花钱。某些人建议可以两全其美，这其实是非常不负责任的。事实是鱼和熊掌不能兼得。

有人说，疫情期间美国有的地方还是两个世界，医院内惨烈如战场，医院外却还有很多年轻人狂欢，在海滩聚会。美国公共卫生局局长杰罗姆·亚当斯就曾指出，新冠疫情在美国的情况“非常特殊”，其他国家都是年龄偏大的人会感染，美国正好相反，大多都是年轻人，这与其他国家的情况完全不一致。

张文宏曾指出：中国两个多月的疫情防控积累的第一条经验就是，疾控人员对病例的追踪不遗余力，但要在美国做到这样比较难。其次，年轻人有大量的社会活动，很多年轻人每天主要的事就是两个字——“瞎混”，“瞎混”就是感染最大的风险。美国人普遍不戴口罩，很多西方国家一到晚上酒吧里密密麻麻，人们拿着一杯啤酒可以聊一个晚上，这种情况下病毒传播的风险就极大。

人生永远不知道，明天和意外哪个会先来。或许比尔·盖茨永远不会做美国总统，但人类任何时候都不该失去独立思考的能力。

第二章
Part 2

被瘟疫改变的历史

07

庚子年瘟疫和美国排华潮

美国自建国之后，在应对瘟疫的历次斗争中，积累了丰富的经验，但美国的传染病防治也有黑历史。1900年旧金山爆发的鼠疫引发了美国全境的排华浪潮。旧金山鼠疫最终导致280人感染，其中172人死亡，在美国传染病史上，这是第一次在美国本土得到确认的瘟疫。

黑死病：欧洲人的梦魇

黑死病是鼠疫的俗称，是鼠疫杆菌引起的一种烈性传染病。被鼠疫传染上的病人，会因严重的呼吸困难和缺氧造成皮肤出血坏死，而且由于患者的皮肤呈现紫黑色，人们也叫它“黑死病”。20世纪初的美国，主体移民来自欧洲，对于黑死病，他们都有一种源自骨髓与种族文化基因的记忆恐惧。

史学界一般认为，在旧金山鼠疫之前，人类历史上曾爆发过三次鼠疫大流行：

第一次爆发于6世纪中叶，瘟疫最早可能出现在埃及的西奈半岛，之后在当时世界上城市人口最多的君士坦丁堡大规模爆发，随着众多来自亚洲、非洲、欧洲的商队和船队广泛传播，保守估计最终在欧亚大陆夺走2000万以上的生命。

1347—1353年，黑死病大瘟疫席卷整个欧洲

第二次世界性鼠疫大流行爆发于14世纪中叶，对欧洲整个文明的进程影响更大。仅在1347—1353年，这场黑死病大瘟疫就夺走了占欧洲总人口的1/3、高达2500万人的生命。这次大瘟疫引发了欧洲社会、经济和政治的大变动。大瘟疫引起了大饥荒，盗贼四起；天主教的威信受到极度沉重的打击，为日后的文艺复兴带来了契机。

第三次鼠疫大流行被认为于1855年在中国云南首次发生，1894年在广东爆发，随着航海交通这次瘟疫成为全球化的传染病。此次大流行死亡人数达千万人以上。

提到黑死病，欧洲人与美国的欧洲移民，无论贫富贵贱、男女老少，脑海中都会浮现出惨绝人寰、尸横遍野的记忆场景。

旧金山：鼠疫又来了

旧金山是美国最具特色的城市之一，被誉为太平洋的美国门户，又称“圣弗朗西斯科”或“三藩市”。19世纪中叶旧金山因美国西部的淘金热而兴起，据估计当时全美约有30多万华人移民，其中有相当比例都定居于此。华人亲切地将这一容身的希望之地称为“金山”。后来在澳大利亚墨尔本附近又发现了新的金矿，于是华人华侨开始把原来的“金山”叫作“旧金山”。

19世纪中叶美国西部淘金热

1899年12月，与旧金山隔海相望的檀香山发现了两例淋巴腺鼠疫病例，都发生在当地的唐人街，夏威夷卫生当局以“消毒”为名，把当地4500余名华人关入隔离营，甚至一把火把患者的房屋付之一炬。与瘟疫相伴的“恶之花”在人们心里悄然打开。

据旧金山市卫生当局的调查，疫情来自一艘叫“澳大利亚号”的美国商船，这艘商船1900年1月2日装满蔗糖从檀香山出发，携带着瘟疫病菌的老鼠也登上了该船，4天后商船抵达旧金山港。尽管这艘“澳大利亚号”也像所有进港船舶一样经过熏蒸灭鼠的消毒，但该船停泊的码头附近漂浮着的垃圾为老鼠逃窜到唐人街提供了便利。到了3月时，相当多的老鼠尸体出现在唐人街。

1900年3月，旧金山唐人街上一名叫黄初景的华人木材商成为第一个因黑死病死亡的患者。

《华尔街日报》医学撰稿人蔡斯在《巴巴里瘟疫：维多利亚时代旧金山的黑死病》一书中写道：“那些感染了瘟疫的老鼠在檀香山偷偷上了船，到旧金山后，它们从船上爬下来，就一直往唐人街跑。在那里，黑死病开始感染旧金山一些华裔居民。旧金山的官员当时不愿意承认这种致命的流行病已经在那里蔓延，竭力掩盖这件事。各家报纸也有秘密约定，要保持缄默。正如我们在整个历史过程中所看到的那样，一种流行病的存在损害了贸易和旅游业。经济上受到的破坏是相当严重的。”

在颟顸和拖延中，旧金山的疫情终于爆发！

蔡斯描述的鼠疫患者非常痛苦：“这种疾病的症状是剧烈的发烧和冷颤，患者感到头痛欲裂，奄奄一息地躺在床上，不能动弹。剧烈的疼痛蔓延到后背和四肢。腋窝和腹股沟出现红色的肿块，一旦触碰就会非常疼痛。皮下出现大量的出血点，最后形成黑色的血瘀。患者神志恍惚，不停地呻吟，烦躁不安地翻来滚去，反复抓扯床单。他们的狂躁不安只有在陷入休克时才会稍稍得到缓解，而只有死亡才会最终停止这一切。”

鼠疫这么可怕，那就找人来背锅

在人类文明的历史进程中，每当大瘟疫来临时，人性的善良与光辉总能彰显，但冷酷、邪恶与残暴也总是无处不在。中世纪黑死病期间，欧洲就曾掀起一波又一波迫害犹太人的浪潮，理由是犹太人到处流动，传播瘟病并四处投毒。在莱茵河畔的美因茨，1.2万犹太人被作为瘟疫的传播者而活活烧死，在斯特拉斯堡城内，1.6万犹太人被残忍地杀害。

1900年正值美国排华歧视登峰造极的黑暗时刻。面对“黑死病”，旧金山市陷入一片恐慌。当时在许多白人眼里，华人移民完全是异类，有人称华人爱吃老鼠，吃了带病的老鼠也不会死，只会传染给白人，这一谣言广为流传。

对华人的歧视借着瘟疫之名愈演愈烈，最终演变成大规模的种族歧视和排华浪潮。

黄初景死后，旧金山的卫生官员不等诊断结果出来，就连夜隔离唐人街，并一刀切地将罪名推给了全体华人居民。旧金山卫生管理部门既没有单独隔离黄初景住过的房屋，也没有排查跟他有过接触的人，甚至没有对唐人街里白人的商贸和对外交通采取限制措施。之后当地部门又进一步提议在Mission Rock岛建立监管棚户区，将华人强行搬迁到那里。更为甚者，由于唐人街位于旧金山的中心地段，一些无良房地产开发商人甚至叫嚣鼓动，以鼠疫为借口赶走华人，抢占地皮，大发国难财。据官方统计，从1900年3月到年底，有22宗死亡病例被确诊并上报为淋巴腺鼠疫。偏执与傲慢的旧金山卫生当局不时展开简单粗暴的运动式执法，对华人居住的房屋或消毒或摧毁，对活人强行接种，对死人强行验尸。

美国历史上的排华法案

1900年，唐人街的华人仅有13954人，是10年前的一半。这里面只有十分之一是所谓“归化”了的华裔公民。华人人数的下降是美国实行严苛的排华政策的结果。1879年，加州宪法称华人为“不受欢迎的”。当时的法律禁止燃放鞭炮，禁止敲打铜锣，也禁止华人购置产业。1882年，美国联邦政府通过了史无前例的《排华法案》，明文禁止华工及其眷属入境，华人移民也没有资格归化入籍成为公民，这是在美国通过的第一部针对特定族群的移民歧视法案。

1892年，美国又通过《基瑞法案》，将禁止华工入境期限再延长10年。这一法案不但将排华的期限一延再延，内容也一严再严。此法案直至1943年才被废止。

2012年6月18日，美国众议院全票表决通过，美国正式以立法形式就1882年通过的《排华法案》道歉。

08

西班牙大流感

历史是个粗心的编剧，总是重复相同的戏码。

一场来源不明的瘟疫突然蔓延全球，得了这种病的人会不停咳嗽，呼吸困难，浑身疼痛伴有高烧，重症患者的鲜血会从肺部往上涌。开始人们以为老人和孩子因为抵抗力较低，是易感人群，但很快发现青壮年更加危险。

有人认为病毒是从动物身上变异来的，但始终无法找到中间宿主；也有人固执地认为病毒是人造的……多少年后仍然众说纷纭。

没有特效药，许多病患开始在民间求访，有人用柠檬、威士忌、大蒜以及中草药，有人甚至相信喝蓖麻油、在糖块上滴一滴煤油吃掉就可以“起死回生”。

病毒从一个国家传播到另一个国家，快速在全世界蔓延。邮轮、兵营和监狱这些密闭拥挤的空间成为高危之地，医疗物资遭受严重挤兑，不仅医疗行业崩溃，殡葬业也经受了严峻的考验。商场、电影院等人流密集的场所被迫关闭，各个国家、城市相继发布隔离令，一些公共建筑如军械处、学校被改建成临时医院……但无论采取多么严厉的防疫措施，世界仍然没有任何一块大陆幸免于难。

疫情来得神秘，去得也神秘。但就在人们走上街头庆祝解封时，第二波疫情又汹涌而至，造成比第一波疫情更多的死亡。

病毒不仅在民间扩散，达官显贵也未能幸免，英国首相一度病情恶化无法下床，需要戴上呼吸器来渡过难关。

这场席卷全球的大型瘟疫不是2020年新冠肺炎，而是百年前贯穿1918—1919年、持续了两年多、反复发作了三波的“西班牙大流感”。

英国历史学者凯瑟琳·阿诺德在《1918年之疫——被流感改变的世界》一书中记录了一位美国护士谢莉·米拉德的日记[1]：

“我们疲于应对流感病例。我本以为流感不过跟伤寒无异，就

1 [英]凯瑟琳·阿诺德. 1918年之疫——被流感改变的世界. 上海：上海教育出版社，2020

是感冒而已，没想到要严重得多。这里的病人发高烧，体温高到我们根本不相信是真的，很多时候会再测一次以防弄错……病人中大约一半都死了，当他们病逝时，脸色呈现出让人毛骨悚然的深灰色，尸体即刻被抬出去焚化。”

整整100年前的这场大流感至今不知道起源在哪里，也没有特效药，它经过三波传染让约占全球三分之一的人口感染，流行病学者估计死亡人数可能高达5000万人。而当时人类历史上破坏性最强、波及国家和人口最多的第一次世界大战，伤亡人数也才3000多万人。

人类从出现到突破1亿人口大关用了数百万年，而从1亿到10亿只用了短短几百年。19世纪末至20世纪中期，随着第一次世界大战、西班牙大流感、经济大萧条、第二次世界大战的陆续爆发，全球人口增速才终于放缓。

1798年，英国人口学家托马斯·罗伯特·马尔萨斯匿名出版了《人口原理》，指出地球上的人口按几何级数增长而生活资源只能按算数级数增长，所以不可避免地导致饥饿、战争和瘟疫。马尔萨斯呼吁采取主动措施，遏制人口出生率：其中主动调节措施包括提倡晚婚、避孕、流产、节欲等方式；如果主动调节失效，被动调节诸如战争、瘟疫和饥荒将不期而至。在马尔萨斯看来，在人类发展史上，遏制人口快速增长起决定性作用的是战争、饥荒和瘟疫等[1]。

灾难会缩短生命，却能恢复被破坏的平衡。就如同2020年新冠疫情，当全球范围内的人们被闷在家里时，动物们则纷纷走上街头，天空又蓝了，水又清澈了。

---

1 [英]托马斯·罗伯特·马尔萨斯.人口原理.北京：商务印书馆，1992

马尔萨斯的“人口论”曾在世界范围内引起巨大的争议，可惜人们并没有从一次又一次的战争和瘟疫中学到太多经验教训。

历史总是惊人地相似，故事经常出奇地雷同。

为什么西班牙大流感会蔓延全世界

西班牙大流感是人类历史上首次席卷全球的大流行病。在此之前，由于交通不发达，各国之间互通并不紧密，病毒多是局部爆发，不容易恣意蔓延。

历史上首次最严重的传染病跨洲传播是哥伦布带去的。公元1492年，哥伦布发现新大陆，开启了与美洲的第一次接触，欧洲进入殖民海外领地的大时代。哥伦布在发现美洲的同时也带去了麻疹、白喉、流感、天花等疾病，当地的印第安人等土著居民从未接触过这些病毒，缺乏免疫力，很快就成批成批地死去，造成了人类历史上规模巨大的“种族灭绝”。

西班牙大流感前后主要经历了三波。第一波发生于1918年春季，死亡率并不高；第二波发生于1918年秋季，死亡率飙升；第三波发生于1919年冬季至1920年春季，死亡率介于第一波和第二波之间。

西班牙大流感第一波爆发时“一战”还没有结束，到处都在招募年轻人应征入伍。1918年3月，最开始是一名来自美国堪萨斯州养殖场的士兵感染了流感，但他自己并不知道，进入军队训练营之后负责伙食，几乎会接触到所有人，很快兵营里相继有人出现发烧、咳嗽、嗓子痛等症状，都被看作是普通感冒。当时人们还没有病毒的概念，只是把这些称为“细菌”。这名士兵后来被看作“零号病人”。

短短3个星期，训练营里有上千人呈现相同的症状，先后有38名士兵死于肺炎和大出血等并发症。军医不敢怠慢，急忙电告位于华盛顿的美军总司令部，但当局认为没有什么比赢得战争更重要，为了稳定军心，高层置若罔闻，不予理睬，疫情随即迅速扩散。

这些训练营里的新兵陆陆续续被送上前线打仗，他们从人口密集的美国东海岸各大港口坐船前往欧洲，病毒也被带到法国，法国又传入意大利，意大利再传到英国，疫情所到之地也因为消息封锁，并不知情。随后大流感在法国、英国、西班牙、中国等国相继爆发，到了1918年6月，英国陆军就有3万多人住院，英国舰队也有1万多名水手患病。人类历史上第一次席卷全球的大流行病随着士兵的进攻和战争的炮火四处迁移扩散开来。

1918年10月，美国因此病死亡的人数高达约20万人，这曾是美国历史上最黑暗的一个月。

美国作家约翰·M.巴里在《大流感——最致命瘟疫的史诗》一书中讲述了美军顶级医疗专家、医学界泰斗级人物威廉·韦尔奇到达德文斯军营后看到的景象：医院堆满了帆布床，床上躺着病人，到处都是血迹，士兵在咳血，或者从鼻子、耳朵往外冒血，停尸房里全是尸体。医生从早上五点半工作到晚上九点半，200个护士中有70个都病倒了[1]。

别看如今疫情之下很多外国人不爱戴口罩，在当时不论是军队还是民间，所有人都必须把口鼻遮起来，在很多地方，你要是不戴口罩出门会被认为是一种冒犯，甚至连猫狗都套上了口罩。在旧金山一名没戴口罩咳嗽的人甚至被警察当场击毙；当地一对度蜜月的夫妻害羞地向医生坦诚，他们做爱时什么都不穿，但会戴着口罩。

1 [美]约翰·M.巴里.大流感：最致命瘟疫的史诗.上海：上海科技教育出版社，2010

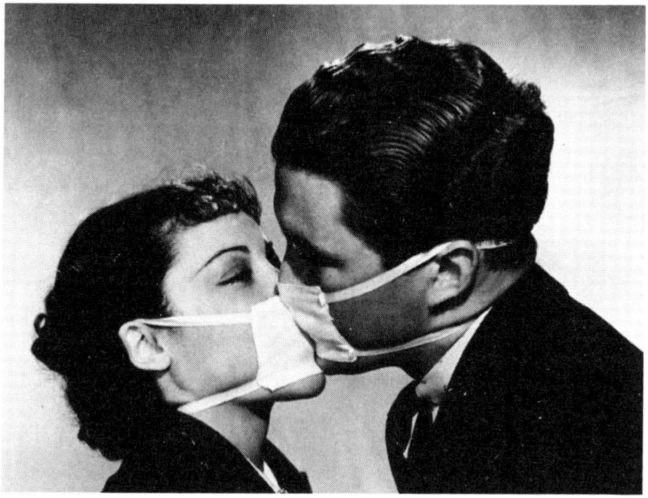

美国影星贝蒂·弗内斯和丹尼斯·摩根演绎戴口罩接吻的经典场景

战争前线原本生存条件就恶劣，由于患病人数越来越多，难以得到治疗，很快能上战场的人就越来越少，可以说大流感加速了第一次世界大战的终结。

英国《泰晤士报》曾悲怆地评论：“自黑死病以降，从未有如此可怕的瘟疫席卷全世界；或许，也没有哪种瘟疫像它一样让人类咬着牙承受了下来。”

原本“意气风发”的德军也很快溃不成军，由于太多的士兵咳嗽，发烧，躺进医院，流感传播的速度很快，没多久50万德国士兵都被感染。1918年11月11日，“一战”随着德国宣告投降而彻底结束。

士兵们欢欣鼓舞地各自返回故乡，又把病毒带给了更多无辜的人，为第二波大流感更猛烈的到来埋下了隐患。

在西班牙大流感的被感染名单上，除了士兵、平民，还有西班牙国王阿方索十三世、英国首相大卫·劳合·乔治以及当时的德国皇帝威廉二世、美国总统伍德罗·威尔逊、未来的美国总统富兰克林·罗斯福（时任美国海军助理部长）、沙特王子以及沃尔特·迪士尼等政要名流，谁都没有特效药。

政治家、思想家圣雄甘地也未能幸免。因为宗教原因甘地不吃肉，不吃鸡蛋，不喝牛奶。在他多次生病的时候，医生要求他吃肉、吃鸡蛋都被他拒绝，宁可慢慢等着自身的免疫系统赶走病魔。但是1918年大流感让他的免疫力难以抵抗，他的儿媳和孙子都死于这场传染病，甘地也病入膏肓，最后在医生的哄骗下喝下了羊奶，羸弱的病体才得以康复。

后来甘地在自传中这样写道：

> “我热切希望身体早点康复，可以尽早投入非暴力抵抗运动的工作，所以我暂时只满足于遵守誓言的字面意思，而牺牲其精神。我发誓时，虽然说的是牛奶，但实际包括所有动物的奶水……生存的意志战胜了对真理的虔诚，而一个信奉真理的人竟然因为热衷于组织非暴力运动而违背了神圣的理想。至今，我依然对此耿耿于怀，充满了懊恼。”

这场大流感为何被称为“西班牙大流感”

那么，为何这场大流感被称为“西班牙大流感”呢？一个世纪过去了，西班牙人还在为这个污名化的称号感到懊恼，仍然在不遗余力想澄清史实却收效甚微。当时其他国家因流感死亡人数激增时，1910年10月西班牙的一名医疗官员愤而在《美国医学会公告》上发表“马德里来信”，抗议用“西班牙”来命名流感。他说这种疾病在西班牙

“突然出现，过程简短，然后不着痕迹地消失了”，可惜这口锅当时没有甩出去。

其实1918年的大流感并不是源自西班牙，西班牙也不是发病率最高的国家，但是当地疫情确实也十分危急，据估计大约有800万人被感染，连时任国王阿方索十三世、总理和内阁的几名高官都被感染。在这种情况下，西班牙国内对疫情的报道很多，新闻和民间舆论允许自由讨论疫情，信息基本处于公开状态。

而还在战场上的其他国家为了不打击军队士气，担心造成恐慌，都不约而同地选择封锁消息，这样一来疫情报道不断的西班牙就成了“疫情最严重”的国家，再加上西班牙是“一战”中立国，自然而然就被扣上了“西班牙大流感”这顶帽子。人们将流感戏称为“西班牙女郎”，形容它们是“非常聪明的小野兽”。

各国之间“甩锅大战”也如火如荼地上演，在西班牙，人们说是法国大流感，声称是法国游客把它带到了马德里。还有人下结论说一定要追溯到德国，当时《纽约时报》援引一位美国士兵的话说：“这些德国特工可以轻而易举地在战区或者其他某个集结了大量人员的地方传播西班牙流感病菌。”

距离1918年越遥远，西班牙越难以“摘掉”这顶帽子。因为病毒起源于某地或在某地爆发而被冠名的国家和地区不在少数，如克里米亚—刚果出血热、中东呼吸综合征、埃博拉病毒等。

好在如今国际机构对疾病的命名考虑得更加周全。2015年5月8日，世界卫生组织发布了新的疾病命名指南《世界卫生组织命名新型人类传染病的最佳实践》，特别指出“尽量减少疾病名称的不必要负面影响”“避免冒犯任何文化、社会、国家、地区、专业或民族群体”，并特别建议不要用国家给疾病命名。

即使是像中东呼吸综合征这样比较泛指的命名，也被世界卫生组织列为反面教材，认为这个命名不合理，太突出地域特征。

相反，有助于提升国家和地区美誉度的命名就截然相反了，不仅是各国各地区竞相争夺的对象，其地理标志还被作为知识产权的重要类型之一。

西班牙大流感是如何结束的

关于西班牙大流感，100年过去了，人们依然既不知道它是怎么来的，也不知道它究竟是怎么没的。

持续18个月的大流感带走全球2500万～4000万人的生命又突然消失，究竟是什么原因造成了这场流感，它又是怎么消失的？

因为流感具有强传播性，短时间内又有大量人感染死亡，在当时，病患遗体的处理大都比较仓促，要么焚烧，要么胡乱埋葬，再加上医疗水平的限制和接踵而至的经济萧条、战乱，病毒研究一时难以取得进展，在大半个世纪的时间里，关于这类病毒的研究并没有任何突破。

直到1933年，英国科学家威尔逊·史密斯等三人才分离出第一个人类流感病毒，将其命名为H1N1，也就是从那时候起，人类才知道流行性感冒是由病毒引起的。到了1997年，美国科学家杰弗里·陶贝格尔研究认为，1918年的流感病毒与猪流感病毒十分相似，是一种与甲型（A型）流感病毒（H1N1）密切相关的病毒。

1998年2月，美国国防病理中心终于在阿拉斯加发现一具完整冰封了近80年的爱斯基摩女子的尸体，从中提取的样本中含有一些

1918病毒的基因物质，这才终于为研究西班牙流感带来了第一手资料。经过多年研究和动物实验，科学家认为，1918年流感的致死原因可能主要是免疫系统的过激反应。

从1920年春季起，一波三折的西班牙大流感神秘消失。或许是长时间、大范围的传播让更多的人具备了一定的免疫力，在没有疫苗，连电子显微镜都还没有发明出来的时代，西班牙大流感最终以“群体免疫”的方式宣告结束。

人类如何应对瘟疫

迄今为止，人类真正战胜的瘟疫只有一种——天花。

早在3000多年前的埃及木乃伊上面，人们就发现了天花疤痕。中国历史上清朝的顺治、康熙、咸丰、同治等皇帝都曾得过天花，其中顺治帝和同治帝还死于天花。

1976年，全球推行天花疫苗接种。1977年10月25日，人们在非洲的索马里发现了一个天花病人，之后整整两年中，全世界再没有发现一个新的天花病人，于是将1979年10月25日这一天定为人类天花绝迹日。

从古至今，人类的发展史始终伴随着战疫史。在数次杀伤力巨大的瘟疫面前，人类能采取的有效办法却始终只有一个——隔离。

公元541年，在埃及和拜占庭帝国发生了世界第一次大规模鼠疫：查士丁尼瘟疫。在医疗极不发达的当时，人们采用的处置方式也是隔离。

公元1347年，可怕的黑死病在欧洲大爆发，严重的疫情6年之后才逐渐缓解。但黑死病并没有彻底消失，在随后的300年里，时而如幽灵般出没，长久地笼罩着欧洲各地。当时人们采取的处置方式只能是阻断传染链条的隔离。

感染黑死病会引起人的淋巴系统发炎、发烧、意识不清，最后引起败血症，全身出现大片的黑斑，最后死亡，传播方式主要是飞沫、伤口传染，还有消化道传染。这种病感染性强，发病快，死亡率非常高，通常从感染到死亡不过一周时间，因此那时的欧洲可谓尸横遍野。

当时人们用Pest一词称呼黑死病，并在很多地方的墙壁上写上大大的P字警告那里有黑死病人，大家赶快躲开。威尼斯人还曾想出一项隔离措施：不准有疫情船只的船员登陆，船员须在船上隔离40天。

1918年大流感期间，疫情最严重的地区是美国费城。当时这座城市工业比较繁荣，但公共设施比较差，因为一场大游行很多市民被感染，流感的潜伏期一般是24～48小时，在游行结束后3天，也就是72小时之内，费城全城的31家医院全部爆满。游行结束的第三天，死于流感者达117人。

这场流感的特点是潜伏期短、爆发力强、致死快，教堂、学校和剧院因此关闭，街上也挂着标语："吐痰等于死亡。"由于感染致死人数太多，太平间里堆满了尸体也无法下葬。如何处理死者的尸体成了一件很棘手的事情，市政府派警察去收尸，结果很多警察被感染去世。整个城市都被恐惧笼罩，街上没有人，没有车。

百余年之后的2003年非典和2020年新冠肺炎，在发明疫苗之前人们采取的最有效的方法依旧是隔离。

其实在病毒侵袭人类的同时，人类也没少利用病毒，比如人类利用病毒杀灭或防制相关虫害，用噬菌体治疗烧伤病人的化脓性感染等。

大流行病如何改变世界

一次又一次的瘟疫也让人们看到病毒是不分地域国界、“没有种族歧视的”，尤其是1918年席卷全球的大流感更证明，在病毒面前，宗教、国家、年龄没有任何分别，甚至越年轻的人感染概率越大。病毒考验的是每个个体的免疫力、抵抗力和社会整体的应对能力。

当人类开始从原始狩猎方式转变为族群定居方式，也和很多驯养成家禽、家畜的动物们密切生活在一起，这就大大增加了动物和人之间、人和人之间疾病传播的机会。将人和动物的生活范围进行分离，是近代社会与现代文明社会生活方式的巨大转变。

受新冠疫情的影响，人们不得不出门戴口罩，按电梯时避免用手直接接触，随身携带消毒酒精，尽量将防护措施做到极致。

1988年上海爆发因食用毛蚶导致的甲肝流行病，大约30万人被感染。从那时开始，人们开始强调“饭前便后要洗手，细菌不会跟着走”，重视餐具的清洁和消毒。2003年非典后，很多公共卫生场所开始提供洗手液等清洁用品。

肺炎与腹泻这两种疾病更是5岁以下儿童死亡的主要原因。每年，全球有超过350万儿童因此丧生。2008年，促进用肥皂洗手公私伙伴组织（PPPHW）发起“全球洗手日”活动倡议，号召全世界各国每年10月15日开展用肥皂洗手活动，重视“洗手”这个简单但重要的动作；提醒公众养成用肥皂勤洗手的好习惯，传递“用肥皂或洗手液洗手可以拯救生命”这一重要信息；促使公众改善卫生行为，尤其是教导孩子们从小养成良好的卫生习惯；倡导政府和社区改善环境卫生包括洗手设施等。

勤洗手、戴口罩、不握手、保持社交距离成为当下全世界人民防疫的共识。

病毒还改变了人们的生活、工作方式。2003年非典刺激了淘宝网的快速发展，人们开始适应“在线生存”，如今在线教育、在线购物、在线开会，甚至在线谈恋爱、在线就医都成为常态。人们的思维模式和价值观也因此受到影响。

大流行病也倒逼了医学发展，尤其是欧洲黑死病之后，现代人体解剖、血液循环论、听诊器、显微镜逐一出现，极大地促进了现代医学的发展，这在很大程度上降低了人口的自然死亡率，提高了出生率和人类的寿命。

1976年全球推广天花疫苗接种之后，“预防大于医疗”的概念得到推广，接种天花疫苗在世界范围内成为一项政策。在欧洲，这项政策还为欧洲的经济发展和军事扩张做出了巨大贡献，是欧洲实力增长的重要因素之一。

大疫之后人们对个人和环境的卫生更加重视，行为习惯也开始改变，政府开始投入更多资源建设公共卫生系统，经济社会出现新的运行模式。但历史的悲剧在于，人类无法真正吸取教训，总是好了伤疤忘了疼，一旦疫情消退便故态复萌。

虽然历尽劫难，但人类仍无法做到比以前更聪明。一个世纪以前西班牙大流感中人类犯过的错误，如今又一个不落地重犯了一遍。

正如约翰·M.巴里在《大流感——最致命瘟疫的史诗》一书中所言：“1918 年大流感的始末不是一个简单的关于毁灭、死亡和绝望的故事，也不仅仅是一个社会如何与自然强加于人类社会的灾难做斗争的故事。它还是一个关于科学和探索的故事，一个关于人们应该怎样改变思维方式的故事，一个关于人们在近乎完全混乱的环境中应该怎样冷静思考然后做出果敢抉择并付诸行动的故事。”

大流行病之后，是旧帝国的衰落和新帝国的崛起。人们不仅要恢复健康，还要收拾人心，恢复信任，重建秩序，发展经济；大流行病蔓延的时间越长，对经济的伤害越大，经济复苏的难度也越大，衰退和萧条往往接踵而至。

1918年西班牙大流感之后，仅仅过了10年，全球陷入了灾难性的大萧条；经济未及回暖，又爆发了新的世界大战。

新冠肺炎病毒终归会离我们远去，但这并不意味着人类完全战胜病毒，而是神秘病毒暂时放过了人类。说不定哪一天，它又会卷土重来，希望下一次病毒来袭时，人类变得更聪明，应对更有章法。

09

加缪眼中的瘟疫危局

《鼠疫》是诺贝尔文学奖得主法国作家阿尔贝·加缪在1947年出版的代表作品。加缪是“荒诞派文学”的代表人物，也是有史以来最年轻的诺贝尔奖获奖作家之一，因荒诞文学《局外人》而世界闻名。《局外人》的主人公莫索尔是麻木的、冰冷的，对待世界的态度是绝望的、无所谓的。小说中，莫索尔对自己母亲的逝世以至自身的死亡都抱着局外人的态度。

在小说的结尾，莫索尔误杀了一个人，但法庭上没有一个法官讨论这个案件的客观性和真实情况。法官们判决莫索尔死刑的真正理由是：莫索尔不记得母亲的忌日，所以他一定是一个十恶不赦的、该死的罪犯。莫索尔所生活的那个世界荒诞、可笑、不可理喻，这正是加缪在那个阶段的思想映射：整个世界荒诞得无可救药。但在《鼠疫》中，加缪的思想发生了转变：这个荒诞的世界或许还存在着真理，存在着一丝希望。他在书中写了里厄这一人物——在北非一个叫奥兰的城市突发鼠疫时奋力抗争的医生。

加缪通过里厄医生的经历表达了自己的心声："我认为自己对当英雄和圣人都没有兴趣。我所感兴趣的只是做一个人。"

这一切里面并不存在英雄主义。这只是诚实的问题。与鼠疫斗争的唯一方式只能是诚实。

——加缪《鼠疫》

我们先来看看这部帮助加缪拿下诺奖的《鼠疫》讲了一个怎样的故事。

《鼠疫》开篇这样写道："四月十六日早晨，贝尔纳·里厄医生从他的诊所里走出来时，在楼梯口中间踢着一只死老鼠。当时他只是踢开了这只小动物，并没有把它当一回事就下楼了。但是当他走到街上，突然想起这只老鼠死得不是地方，于是再走回来把这事告诉了看门人。”[1]

看门人并不为所动。第二天死老鼠变多了，依然没有引起人们的关注。

几天之后，上万只老鼠开始集体死亡，越来越多的人也出现呕吐、发烧、淋巴肿大等症状，有的人来不及抢救就死了，一股恐慌情绪蔓延开来。

里厄意识到，这个城市可能遭遇了一场高致命性的传染病——鼠疫，他将自己的顾虑告诉记者。记者责问市政府是否在准备行动，计划采取什么紧急措施来对付这一令人厌恶的现象，以保障市民的健康。市政府却根本没有打算，也根本没有考虑过什么措施，只是先开了一次会进行讨论，为了不引起舆论，并没有进行宣传。

故事就像一面镜子。疫情很早就被专业人士意识到了，但却没有及时被重视起来。直到第一例患者痛苦死亡，奥兰市的官方依旧敷衍说："鼠患已经结束，请大家不要担心。"

里厄在询问了医院其他医生后得知，已经出现了20例重症病人，于是赶紧向上级汇报，请求把新发现的病人都隔离起来，却遭到上级的反诘："你怎么知道这就是传染病呢？"

---

1 [法]阿尔贝·加缪. 鼠疫. 上海：译林出版社，1997

鼠疫灾难中的鸟嘴医生带给了人们一线希望，但也是死亡的代名词

管不了更多的人，起码管管自己身边的人吧。于是里厄和他的医生朋友们只好叮嘱自己的亲朋好友做好防备，但最终疫情还是被捅到了行政长官那里。

行政长官叮嘱要内紧外松：“你们愿意的话可以迅速行动起来，但是不要声张。”他认为这肯定不过是一场虚惊。最终的决策是：再等等，万一不是鼠疫呢？或者只是个传染性不强的东西？

大敌当前，打不打先放一边，把“敌人”的名字弄错了可不行，这不是造谣吗？理当警告。

转眼之间，这场高居传染性首位的烈性病在城市中的蔓延已经势不可挡；在没有任何防范的情况下，奥兰的财力、物力、人力都有限，支援还没到，医院系统已经招架不住了。

疫情肆虐，行政长官终于醒过神来，一道命令传来——围城！

欧洲中世纪黑死病夺走了至少2500万欧洲人的生命

许多人被迫与自己的亲人、爱人分离，恐怖气氛与日俱增。也有精明大胆的人发现，利用恐慌和谣言可以发财，于是开始传播“喝纯葡萄酒可以杀灭细菌”“含薄荷片可以预防疾病”等信息，趁此机会发国难财，大赚一笔。

慌乱之中，人们得过且过，今朝有酒今朝醉。很快，物资开始短缺，食物要施行配给制，吃每顿饭都得先办登记，成批成批的人死去，棺材都成了奢侈品。良心、责任、爱恨，一切都成了浮云。

人们原本可以阻止这场灾难的发生，但官僚们自信鼠疫已经几十年没有在整个国家出现过了，它肯定灭绝了；麻木无知的百姓认为没有发生在自己身上的便不是问题。加缪在书中这样形容：“他们满以为可以自由自在，但是一旦祸从天降，那就谁也不得自由了。”

《鼠疫》不仅传达了一种在绝望中坚持抗争和正义的、伟大的自由人道主义精神，也探讨了一些深刻的哲学问题，比如个人幸福与社会义务的冲突。书中，记者朗贝尔想让里厄医生给他开具一张未染上鼠疫的证明，这样他就能逃离鼠疫与情人约会，但里厄拒绝了这一要求，朗贝尔便指责医生“生活在抽象观念里”。志愿者塔鲁提醒他必须在个人幸福与反抗鼠疫中“做出选择”。朗贝尔反问：“你们自己是否也做了选择，是否也放弃了幸福？”对于这个问题，“塔鲁和里厄都没有回答”，两人“静默了很长时间”，最后里厄“费力地挺直身体”说：“原谅我，朗贝尔，这个问题我说不清楚，”他又说，“世上没有任何东西值得人们为它而舍弃自己之所爱。但我不知道为什么，我也抛弃了我之所爱。”

这个片段显示了加缪个人思想的悖论与矛盾，当个人幸福与客观现实发生了激烈的冲突，究竟如何选择才是正确的？加缪也“说不清楚”“不知道为什么”。但最后加缪依旧借由里厄医生的表态，为这个问题找到一个“暂时的”答案，里厄医生说：“人不能够又治病，同时又知道一切。那我们就尽快治愈别人吧。这是当务之急。”加缪最终选择用抗争来抵抗荒诞。

《鼠疫》这部作品是加缪在1942年因为肺病复发，从炎热的奥兰转移到法国南部疗养时所写。小说中的奥兰市物质文明发达，但人们精神空虚，苟且偷欢，物欲横流，可谓彼时法国社会的一个缩影。

幸而里厄医生和他的伙伴们是清醒的，他们坚信“只有疯子、瞎子或懦夫才会对瘟疫逆来顺受”。瘟疫过后，人们开始锣鼓喧天地欢庆。倾听着城中震天的欢呼声，里厄医生陷入了沉思：

“鼠疫杆菌永远不死不灭，它能沉睡在家具和衣服中历时几十年，它能在房间、地窖、皮箱、手帕和废纸堆中耐心地潜伏守候；

也许有朝一日，瘟神会再度发动它的鼠群，驱使它们选中某一座幸福的城市作为葬身之地。”

10 霍乱时期的爱情

“多年以后，面对行刑队，奥雷里亚诺·布恩迪亚上校将会回想起父亲带他去见识冰块的那个遥远的下午。”

这是世界名著《百年孤独》开头的第一句话，很多人说，仅凭借这一句话，《百年孤独》就可以被评为“不朽神作”，因为在这句话里，马尔克斯创造了一种近乎前所未有的叙述方式——将“未来时态”与“过去时态”完美地融合在一个句子里，站在未来的角度回忆过去的日子，仿佛碰撞出一个穿越时空的隧道，让读者沉浸其中，细细品味时间、空间的深邃悠远。《百年孤独》被誉为“再现拉丁美洲历史社会图景的鸿篇巨著”，1982年，马尔克斯凭借《百年孤独》拿下了诺贝尔文学奖。

文学界有一个奇特的现象，即很多文学家在获得诺贝尔奖后就再也写不出更好的作品了。但马尔克斯并没有陷入这个“怪圈”，在获得诺贝尔文学奖3年后，马尔克斯就出版了他的另一部著作《霍乱时期的爱情》。

《霍乱时期的爱情》这本书的故事并不复杂：

穷小子弗洛伦蒂诺爱上了一个衣食无忧的富家小姐费尔米娜，两人通过书信往来互生爱意。但很快费尔米娜的老爸发现女儿早恋，一气之下将费尔米娜送到了远方的舅舅家。和所有陷入爱情的年轻人一样，家里的反对反而让弗洛伦蒂诺和费尔米娜爱意更深，两人做起了笔友，通过更多的书信往来传达爱意，甚至决定结婚。

费尔米娜心目中的弗洛伦蒂诺是非常完美的，但两人再次相见后，费尔米娜却发现他离自己心目中的“白马王子”差了十万八千里，书中这样写道：“（费尔米娜）惊慌地自问，怎么会如此残酷地让那样一个幻影在自己的心间占据了那么长时间。”费尔米娜最终拒绝了弗洛伦蒂诺，但她自己也因为遭受了重大打击而染上了霍乱。

此时，男二号乌尔比诺医生出场了。

乌尔比诺医生是小镇最有名气的医生，因为给费尔米娜治疗霍乱而开启了两人的缘分。不久后，两人结婚。弗洛伦蒂诺得知心上人嫁人后，下定决心成为上流人士，他从公司小职员一路做到了董事长，风光无限。他始终在等待一个机会，能够再次向自己的女神费尔米娜表白心意，但这一等就等了半个世纪。在这半个世纪里，弗洛伦蒂诺每天沉溺在温柔乡里，醉生梦死，但在心灵上，他始终保持着对费尔米娜的爱。

结束他漫长等待期的是乌尔比诺医生的意外死亡。一天，年迈的乌尔比诺医生因为爬梯子抓鹦鹉摔死了。已经步履蹒跚的弗洛伦蒂诺听到这个消息之后，放下所有事，飞速来到费尔米娜家，向她表白心意，费尔米娜终于答应弗洛伦蒂诺，随他坐船出游，两个老人重坠爱河。但费尔米娜非常担心两人的再次结合会变成一桩丑闻被人们四处散播，一旦他们的旅行结束，现实生活和流言蜚语会把他们打入无边的地狱。

这艘船是弗洛伦蒂诺的，为了让费尔米娜继续享受旅行，弗洛伦蒂诺决定把船上的其他人都赶下船，但需要一个合适的理由。船长被他们跨越了半个多世纪的矢志不渝的爱情感动，于是想到一个好主意：当时正是霍乱流行时期，如果有船只挂起黑黄相间的旗帜，就意味着这艘船上的人感染了霍乱。因此，船长升起了一面代表霍乱流行的黄旗，顺利将其他乘客赶下船，让这两个老人享受着只属于他们的浪漫爱情。

有意思的是，又过了一段时间，费尔米娜想要靠岸回家，却因为船上挂着黄旗，当地人坚决不允许船只靠岸。两个老人只好继续旅行，去哪儿呢？其实对他们来说，去哪儿都无所谓。只要彼此相守，将这份等待了“51年7个月零4个日日夜夜的”爱情一直持续下去就好。

一部《霍乱时期的爱情》写尽了爱情、死亡、回忆的主题

《霍乱时期的爱情》是20世纪最重要的经典文学巨著之一。作品讲述了一段跨越半个多世纪的爱情史诗，穷尽了所有爱情的可能性：忠贞的、隐秘的、粗暴的、羞怯的、柏拉图式的、放荡的、转瞬即逝的、生死相依的……被誉为“人类有史以来最伟大的爱情小说”。虽然剧情比较简单，但小说的时间跨度非常长，从19世纪80年代一直延续到20世纪30年代，立意深远。《华盛顿邮报》曾这样评价《霍乱时期的爱情》：“一部华丽炫目的作品，写尽了爱情、死亡、回忆的主题。”

小说以弗洛伦蒂诺和费尔米娜之间持续了半个世纪的爱情作为主线，描述了危及哥伦比亚的三大灾难：战争、霍乱以及个人与社会之间的冲突。战争和霍乱在时刻威胁着拉美人民的生命，而个人与社会之间的冲突让每个人都没有安全感，像飘在水中的海草无依无靠，产生了一种强烈的孤独感。人与人之间、人与社会之间像是隔着巨大的鸿沟，无法逾越，无法交流。比如爱情，它不应该受到社会条件的制约，不应该被物质、财富等捆绑，但在现实社会中恰恰相反：爱情受到一切因素的制约。

这也迫使弗洛伦蒂诺产生了强烈的孤独感，面对费尔米娜的父亲以死亡来威胁时，弗洛伦蒂诺说出惊人的誓言：“没有比为爱情而死更光荣的事情了。”但没有人理解他的这一想法，人们只觉得可笑。所有的沟通都是无效的，人与人之间的隔阂有时候连死亡都无法解决。

在那个时代，霍乱被人们看作一种传染性极强的瘟疫，如果患上霍乱，活下去的可能性非常小。而小说中的“霍乱”不仅代表着一种像今天的癌症一样无法治愈的疾病，更具有一种象征意义——爱情。

马尔克斯借着“霍乱时期的一场旷世爱情”告诉读者，陷入爱情的人就像得了霍乱，每个人都无法招架，无法摆脱，没有退路，但依旧有人为之抗争，冲破时间的枷锁、伦理的束缚，在荒诞和绝望中寻找希望。

在天灾人祸面前，人类是渺小的、脆弱的，但这并不代表人类是麻木的，听之任之的。越是艰苦的条件，越能够激发起人类的抗争意识。正如海明威在《老人与海》中所说：“一个人可以被毁灭，但不能被打败。”

无论是瘟疫还是灾害，文学作品中的灾难，其实都在隐喻现实社会。人类在过去、现在甚至未来始终摆脱不了战争、瘟疫、疾病等重重灾难；它们时时刻刻在提醒着人类，没有任何理由盲目自傲自负，更没有任何理由肆意破坏赖以生存的大自然，践踏文明进步的良知。

恩格斯说：“没有哪一次巨大的历史灾难不是以历史的进步为补偿的。”

11

大萧条时代和查理·卓别林

美国历史上有两个胡佛：一个是以胡佛水坝闻名的总统赫伯特·克拉克·胡佛；一个是让总统都害怕的、创立了美国联邦调查局（FBI）并任第一任局长的埃德加·胡佛。

1899年赫伯特·克拉克·胡佛被派到中国河北唐山开滦煤矿“打工”，而后弄了一份有争议的合同把煤矿据为己有，赚取了人生第一桶金，为日后的政治生涯奠定了坚实的经济基石，并最终在1929年3月4日就任美国第31任总统。结果甫一上任就遭遇了美国历史上最惨痛的经济大萧条时代。

1929—1933年的大萧条对于美国来说犹如一场噩梦，8万多家企业倒闭，上万家银行破产，大量工人失业，无数人一生辛劳所得化为乌有……人们不得不在“世界上最高标准生活水平”的大标语下排队领救济粮。

大萧条时代，美国人在“世界上最高标准生活水平”的大标语下排队领救济粮

1929年10月24日，黑色星期四，美国股市崩盘，一上午就有11位银行家和投资客绝望自杀。在大萧条最惨淡的时候，美国大约有四

分之一的劳动力失业，没有失业的人工资也普遍减少大半。累计破产企业8万多个，倒闭银行11 000余家，失业人口逾1400万人，超过200万人成为流浪汉，甚至很多富人积累了几代的财富，也在这场危机中消耗殆尽。人们用破铁皮、粗麻布搭起棚户区，称其为“胡佛村”，把旧报纸盖在身上取暖，称其为“胡佛毯”。

大萧条时期，美国失业家庭聚居的“胡佛村”

美国历史学家威廉·曼彻斯特在《光荣与梦想》中这样描述穷人的艰辛：男人的刮胡子刀片磨了再用；自己动手卷纸烟抽；为了省电，改用25瓦的灯泡。孩子们捡汽水瓶到铺子里退钱，一个两分；上面包店排队买隔夜的面包。妇女们把旧被单剪开再把两边缝接起来，这样就把中间磨损的地方分移到两边去了，还有把自己的衣服改一改给女儿穿。许多人家把收到的圣诞贺卡保存起来，第二年改寄给别的朋友。

许多没有食物来源的家庭为了解决生机，在自家的花园里种植蔬菜、草药，努力实现自给自足，而一些城镇也允许将空地进行改造，居民们可以自行在那里种粮食。

不过，经济大萧条却让好莱坞电影迎来了黄金时代。1929年，奥斯卡金像奖举行首届颁奖礼，此时，幽默喜剧成为人们躲避无奈现实的避风港，喜剧大师查理·卓别林在电影界大放异彩，他获得了首届奥斯卡特殊荣誉奖。

破礼帽、小胡子、肥裤子、大头鞋，再加上一根从不离手的拐杖……这个英国小个子用表情和动作把默片带上了巅峰，卓别林制作并出演了大量大萧条时代背景下的小人物。《城市之光》《摩登时代》《大独裁者》《凡尔杜先生》等，都在世界电影史上拥有举足轻重的地位。

卓别林在荧幕上塑造了最为经典的流浪汉形象，他镜头中的流浪汉是绅士、诗人、梦想家……是渴望浪漫和冒险的独行侠。卓别林的喜剧作品充满对小人物命运的同情关注、对社会问题的深刻思考，还有对时代弊端的辛辣嘲讽。

卓别林的电影呈现的是“含泪的笑”，在电影《淘金记》中，饥饿的主人公把蜡烛当成美味的蛋糕，把旧皮鞋炖成一锅“牛肉大餐”，把鞋钉想象成美味的牛仔骨，用嘴津津有味地吮吸……卓别林告诉世人：“所谓幽默，不仅仅来自只有玩笑性质的痛苦，而是在貌似正常的现象中看出不正常的现象，在貌似重要的事物中看出不重要的事物。幽默还增强了我们生存的意义，使人头脑清醒。”

然而若干年后，另一个胡佛，担任美国联邦调查局首任局长的埃德加·胡佛却设计将卓别林驱逐出美国。

大萧条时期，美国失业率曾创下25%的峰值

1931年，卓别林历时3年拍摄的《城市之光》终于完成，影片用荒谬戏谑的手法讲述了大萧条时代流浪汉和盲人卖花女的感人故事，揭示了严重的经济危机下穷人的生活惨状，同时又在悲伤中给人留下对美好生活的向往，他让卖花女最后双目复明，给悲惨的黑暗世界带来了一丝光明。

接下来，卓别林对现实的抨击更加尖锐，也使得他的电影不仅停留在艺术表达的层面，而且有了更深刻的社会意义。

《摩登时代》是卓别林电影生涯中最具影响力的作品，讲述的是20世纪30年代美国经济大萧条时期，人们为了生计苦苦挣扎的故事。

主人公查理作为社会最底层的劳工，只有每天像机器一样在流水线上拼命工作，才能勉强填饱肚子。然而即使这样，资本家依然觉得工人们的劳动量不够饱和，甚至在厕所里安装监控来查岗，人们没有丝毫喘息的时间。

影片《摩登时代》中，老板对员工的监控无处不在

被过度压榨的查理开始精神异常，看见螺丝形状的东西就想拧，即使双手离开操作台也不能停止抖动。更可怕的是，为了让工人们节省吃饭时间，老板还弄来一台自动喂饭机，好让工人们一边吃饭，一边还可以不停地工作。

自动喂饭机的试验失败了，查理也失去了工作；他跟随着失业大军无奈地在街上游荡，无意中捡到一面示威运动的旗帜，没想到被当成反动派关进监狱。查理因祸得福地发现，监狱竟然是一个再

> 也不用担心被饿死的地方。后来被释放以后，查理还是想尽办法哪怕替人顶罪也想重回监狱生活。
>
> 查理入狱不成，倒是结识了一名可怜的流浪女孩，俩人之间产生了爱情。一无所有的他们风餐露宿，只能靠幻想住进一所漂亮的房子里，幻想伸手就能摘到美味的果实，开门就能喝到新鲜的牛奶……但睁开眼又不得不为生计奔走。
>
> 他们好不容易找到一份在餐馆表演的工作，好日子刚刚开头，又遭遇追捕。当他们再次一无所有地在街上流浪，女孩忍不住号啕大哭。

卓别林最初给这部电影构思的是以悲剧结尾，但最终还是决定留下一个光明的尾巴。查理安慰女孩说："努力，永不言弃，我们能应付一切的！"

爱因斯坦在看过卓别林的电影后非常欣赏他，给他写信说："你的电影《摩登时代》，世界上每一个人都能懂，你会是个伟大的人。"

卓别林回信给爱因斯坦说："你的相对论没有多少人能懂，但你已经是一个伟人了。"

在《摩登时代》中，一直排斥有声电影的卓别林用一首歌结束了自己的默片时代。也因为这部电影赤裸裸地揭露资本主义的罪恶、统治阶层的荒诞和底层人群的不幸，他开始遭遇攻击。

1952年，卓别林和妻子、孩子们前往伦敦出席其电影《舞台生涯》的全球首映礼，趁此机会，美国移民局取消了卓别林再次入境美国的签证。

44年后，1972年奥斯卡金像奖以卓别林"对本世纪的电影艺术所做出的不可估量的贡献”再次授予他特别荣誉奖，83岁的卓别林重返美国，拿到的是仅为期两个月的一次性入境签证。

在奥斯卡颁奖典礼上，全场起立长时间鼓掌向他致敬，已经白发苍苍的卓别林忍不住热泪盈眶。

最高级的喜剧是悲剧。有一本关于卓别林的自传就叫《查理・卓别林：悲剧之王》，卓别林的作品对于很多人来说“年少不知曲中意，再听已是曲中人”。

卓别林曾给自己写下这样一段话：

> “我们思考得太多，感受得太少；比起机器，我们更需要人性，比起精明，我们更需要善意和亲切，没有这些品质，人们只会过上暴力迷惘的生活。”

第三章
Part 3

双循环大变局

12 后疫情时代的7大变局

新冠疫情对中国和全球都产生了巨大而深远的影响，是百年未有之危机。疫情会在未来相当长的一段时间里存在，人们的生活方式、生产方式、娱乐方式、营销方式、服务方式、传播方式、管理方式都将发生巨大的变革。

疫情带来的经济压力

中国是世界制造业中心，由于疫情的影响，我国的外向型经济面临收缩的压力。

随着复工复产力度的加大，很多企业已经恢复正常生产，但是复工复产之后我国很多外贸企业却遇到“订单取消”的问题。

疫情会导致全球化经济向内需型经济转变，好在中国经济有韧性强、能自我循环的特点，有较强的自我修复能力。

疫情让人与人之间的交往变成一种半封闭的状态。以前企业做活动、开展论坛等主要是在线下举行，而现在都需要转移到线上。这就需要企业提升在线生存能力。1999年，梦想家中文网举办了中国首届“72小时网络生存”测试，让12名志愿者分赴北京、上海和广州，在完全封闭的状态下，依靠网络生存72小时。当时中国的互联网还是一片荒芜，即便是在最繁华的三座城市，仅仅依靠一台电脑维持生存也如同鲁滨逊荒岛求生般艰难，有的测试者在网上连一包方便面都买不到。然而，到了2003年，面临非典隔离的挑战，阿里巴巴网购业务突飞猛进，很快成为世界互联网巨头公司。

2020年的新冠疫情，更是一种极端环境下的网络生存考验。在这种情境下，我们挺过了压力测试，这有赖于中国的网络基础建设。但是随着复工复产和隔离经济的出现，全国范围内无数企业都在进行线上办公、线上会议，这才发现，原来我们认为足够使用的4G网络很难满足全国企业线上办公的需求，这也将推动中国5G的建设，而5G技术是新基建的基础，从而也会加快新基建的步伐。

如今摆在我们面前的是疫情常态化的问题。这不是一个国家面对的问题，而是全球范围内所有人都要面对的问题。中国在短时间内基本控制住了疫情的蔓延，但是国际上的疫情管控不容乐观，因此，在未来相当长的一段时间里，病毒将与人类共存，疫情常态化也会带来管控措施的常态化，我们将有可能长时间戴着口罩工作和生活。

未来身体健康检查和安检一样也会常态化。

那么疫情引发的社会大变革具体有哪些？我们又该如何适应这种变化？

七大变局

由于疫情的影响，经济生活方面将会出现多种变革。

1. 生活方式的变革：从群居到独居

在业内，新冠病毒被医生称为“智能病毒”，通过飞沫、接触、气溶胶、粪口、血液传播，存在无症状感染，甚至会出现能“欺骗”

核酸检测、显示假阴性的情况，为防控与治疗带来困惑并增加了很多未知因素。当重症监护病房的人数激增时，政府会采取严格的限制措施，当病患人数下降后，限制措施会逐渐放松。

疫情防控常态化之下，人们的生活方式也会形成一种常态化的隔离状态。如非必要，人们会选择少出门，出门也尽量避免去人流量大的地方。

2. 娱乐方式的变革：从众欢到自嗨

疫情之前，人们聚会吃饭喜欢选择包间，大家可以高谈阔论。娱乐则多以群体聚会、“众乐乐”的方式来实现，如去线下娱乐场所——KTV、酒吧、电影院等。

疫情之后，人们的娱乐方式变成自嗨型的“独乐乐”模式，并且更多地转移到线上进行。

3. 生产方式的变革：从大规模生产转向柔性生产

中国具有全球最完备的产业链，是世界上工业门类最齐全的制造大国，疫情之前仅年产50亿口罩的产能就占到全世界总产量的一半。

以前中国企业多是在自己熟知的领域里进行大规模生产，现在全世界都有建设自己的小而全产业链的冲动，这必然会促进无边界柔性生产能力的需求。中国企业要破解生存压力，将不能再局限于熟知领域的产品生产，而是应根据市场情况做出柔性调整，生产市场需要的热门产品，如口罩、呼吸机等。

2020年1月1日至2月7日，全国已经有超过3000家企业新增了“口罩、防护服、消毒液、测温仪、医疗器械”等业务。能源企业中石化因拥有大量口罩原材料熔喷布，改造了11条生产线开始生产口罩。国外也有行动迅速的企业，比如，特斯拉造呼吸机，香奈儿生产防护服等。

4. 销售方式的变革：从线下到线上

传统的线下销售开始集中向线上销售进发。目前的线上销售，除了借助第三方平台销售之外，我们看到直播卖货再一次拔高到新的高度。

新冠疫情进一步放大了在线生存的巨大商业价值，哪怕你是麦当劳、星巴克，如果你的客户不是从线上来的，意味着企业未来会遇到非常大的挑战，因为年轻人已经习惯了在线生存。除了云吃饭、云喝酒，还有不少人足不出户云健身。健身连锁品牌“黄金时代”尝试把服务从线下搬到线上，通过微信群直播，覆盖会员和潜在客户约20万人，每天大约有超过10万人次观看。

为共同抵抗疫情，“凯叔讲故事”品牌创始人王凯启动公益活动，产品对全国所有孩子免费开放，捐出春节期间的所有收入，这一举动获得了广大用户的点赞和响应。在线办公期间，作为管理者的王凯没有丝毫焦虑，他发现，一方面疫情期间人们对在线教育的习惯程度大大提升，另一方面，“结果管理法”让团队的办公效率不降反升。

使用直播平台，可以一瞬间把几吨农产品销售出去；采用线上会议，可以节约许多沟通成本。中小企业应该依托技术，运用互联网思维，主动适应、把握和引领由生活方式改变而形成的新的商业业态。

5. 服务方式的变革：从密切接触到隔空投送

疫情之后，面对面的服务方式将进一步转变为隔空服务。服务方式从一对一变成一对多。企业数字化转型将进一步提升企业的效率。

疫情之前，生鲜电商的推广其实并没有完全达到预期效果，很多人尤其是中老年人喜欢到实地挑选食材；但在非常时期下，人们在线买菜成为一种新的生存技能，疫情正促进零售业的进一步变革。

在线支付、隔空投送、机器替代等大行其道。目前中国无人机的生产制造水平和应用处于世界领先地位。无人机在这次疫情中成为多元场景运用的“超级神器”，不仅承担起物流运送的任务，还在疫情监控、治安巡逻、消杀、检测等领域大显身手。

无接触商业一方面呈现为基础性的无接触产品交换，另一方面呈现为在线服务和知识经济。

从基础方面来说，网络购物前端在线完成后，配送环节的时效性、安全问题成了重中之重，小区施行封闭式管理也倒逼各超市、京东、美团、饿了么等企业纷纷走起“无接触配送”路线。永辉超市第一时间在APP上挂出建议用户选择“无接触配送服务”的说明；苏宁推出“无接触配送”+“到店模式”两种选择；每日优鲜则在覆盖城市陆续为社区免费安装配送点货架，方便顾客无接触取货。据不完全统计，永辉超市的“到家服务”2月1日全国订单量首次突破20万单，销售额突破2000万元；“苏宁菜场”的订单量增长6～8倍。

无人零售、无人餐饮、远程医疗将成为未来的新业态。商店里没有销售员，餐馆里没有服务员，人们在家里与医生连线看病，这些场景距离我们并不遥远。

6. 传播方式的变革：从公域流量到私域流量

对于企业来说，最可怕的是一夜之间客户消失了，却不知道客户去哪儿了。企业获取流量的成本越来越高。正如美国麦当劳的店喜欢开在高速公路边，最好是十字路口，为的是让路过的人都能看到，如今随着无论是线上流量还是线下流量成本的快速提升，想找到好的位置，想吸引更多的眼球已越来越难。线上生存的关键在于获取大量而稳定的流量，但是线上的流量也越来越贵，维护老客户与拓展新客户的成本压力越来越大。个别企业为了吸引客户下载APP，甚至采取发钱的恶性竞争手段。

而私域流量就是要把这些客户变成自己的，可以反复触达和沟通交流，变成企业能自主掌控的。

疫情期间，具有更广阔私域流量的企业拥有更强大的生存能力来化解危机，通过私域流量打通线上和线下，即使面对面的交往被隔离了，但生意却没有隔离。

私域流量是相对于公域流量的概念，简单来说，是指不用付费，可以在任意时间、任意频次直接触达用户的渠道，比如自媒体、用户群、微信号等。这里涉及两个概念：KOL和KOC。现在的网红又称KOL（关键意见领袖），指在特定群体中具有较大影响力和话语权的人，该群体范畴没有绝对的限定，可以大到一个行业、一个亚文化圈，也可以小到一个兴趣小组。从具体的营销实践中可以得出，目前KOL在品牌营销中有两大重要作用：一是带货，就是有卖货实力，能够增加产品的销量；二是可以增加品牌曝光度，提升品牌知名度。

因此，当品牌在选择KOL时往往以粉丝量为标准，判断所选的KOL能实现多大的商业价值，能否达到利益最大化。有粉丝基础的网红首先具有流量价值，保障了商品拥有一部分消费群体；其次能实现购买价值，挑选并推荐产品，粉丝一呼百应，购买效果明显；再次，体现宣传价值，KOL给产品做背书，粉丝信任KOL，产品的推广效果好；最后，以粉丝量为基础，提升品牌的魅力价值，通过网红的人格魅力吸引更多的路人转粉，产生更多潜在的消费者。

除了网红代言，KOC也开始引起企业的重视，其英文全称为Key Opinion Consumer，即关键意见消费者，一般指能影响自己的朋友和粉丝产生消费行为的人。简单讲，就是使用过该产品的粉丝或顾客。私域流量时代，KOC有很大的可发挥作用的空间和机会。

KOC有几个比较明显的优势：

第一，KOC接地气，真实。KOC本身就是消费者或者产品的使用者，与其他消费者之间零距离。来自真实消费者的体验相比隔着屏幕的专业推荐更有说服力。或许这些KOC的文案不够优美，但代表的是真实的消费状态。就像人们淘到好东西自然会在朋友圈分享，推荐给身边的朋友，与消费者产生现实共鸣。

第二，KOC“物美价廉”，既便宜又具有传播爆发力。虽然与KOL相比，KOC的粉丝基数很少，可能只有几千人甚至几百人，但凭借着“走心”的分享和真实体验，可以迅速与消费者（可以是身边的朋友、粉丝）建立信任；经过一段时间的经营，所带来的影响力和传播效果也是极强的，“蚂蚁多了也能打败大象”。

第三，KOC极易培养。不是所有人都能成为KOL，但人人都可以成为KOC。想要成为KOC，门槛并不高，人人都有手机，有无数个社群，也常发朋友圈，录制抖音、快手等短视频，每个人都可以通过这些平台分享好物、美食和打卡景点等。但要想成为KOC，还需要输出优质内容并长期坚持，普通人不易做到。

私域流量时代，内容营销也在发生转变：由产品性能推荐向消费者体验转变。KOC的低成本、强渗透力使其未来的发展具有更多的可能性，KOC会成为一种新的营销方式，但仍需要品牌商不断挖掘和培养，保护好KOC的真实性和接地气的特点，一旦KOC变得高高在上，很可能瞬间被消费者抛弃，失去其存在的意义。

2020年1月，西贝餐饮通过企业微信添加了3万多名客户，200多家门店的客户经理每天都会通过群发、朋友圈等途径及时提供商品信息给顾客，实现外卖送餐、食材订购一站式服务。西贝及时调整销售方式，从而避免了坐等账面资金“蒸发”的被动局面。

眉州东坡是一家集餐饮、娱乐、休闲、购物、旅游等多种业态为一体的餐饮连锁品牌。1996年在北京开设第一家酒楼，全国现在有100 多家线下门店，员工8000多人。疫情期间，眉州东坡探索出了一条新的商业模式，把店开进超市，建便民菜站，销售半成品，上线每日优鲜等，为拓展更多的渠道，选择试水“超市+菜站”的新渠道。眉州东坡在北京的物美超市内开了四家新店，与物美、每日优鲜等比较缺人手的零售企业达成合作，开启“共享员工”的模式。眉州东坡董事长王刚介绍说，在疫情的非常时期眉州东坡还推出了平价菜站，把四川的瓜果、蔬菜等以平价的方式服务社区居民。

7. 组织的变革：从科层制到自组织的扁平化管理

疫情不只考验企业的经营成本和业务拓展能力，还考验团队的凝聚力和战斗力，很多企业的领导层也放下身段，从金字塔顶端走到员工中间，实行扁平化的管理方式，与团队打成一片。

在数字技术的驱动下，企业组织关系发生了很大的变化，尤其在数字时代成长起来的新一代年轻人进入职场后，传统的朝九晚五的工作让他们感受到束缚，不能够释放他们最大的工作潜力，因此许多年轻人为寻求“自由”，出现了许多“斜杠青年”、自由工作者，同时催生了更多为这类人群提供服务的平台，像领英网。

各种互联网平台的出现提供了前所未有的多样选择，无论是员工与领导的关系，还是企业与用户之间的关系，抑或是企业与企业之间的关系都从根本上发生了改变。

未来的工作将更加开放、碎片化，细化为多个任务或者独立的项目，并通过平台完成。未来的管理也越来越趋向扁平化、网络化以及柔性化。企业领导和员工的角色发生巨大的改变，企业领导从过去的监督者、管理者、控制者向提供者、帮助者转变，未来的企业管理更多的是提供工作场所和环境，吸引更多有创意、有个性的员工，给予他们空间，激发他们的热情和想象力，创造出更大的价值。员工从被管理、被束缚中走出来，向更自由、更自我发展；而这其中，连接他们的就是数字化技术，数字化平台让企业和员工之间实现工作交流与沟通。

面对疫后重要变局，企业应该调整转型，争取生存，寻求发展。很多行业会出现“剩者为王”的情况，只要挺过了疫情，就会迎来远大的前程。在疫情期间，企业应该锻炼如下能力，来适应疫后经济的变化。

1. 柔性生产能力

企业要学会柔性变通，不执着于以往的成就。如果不变通，以往的业务模式在疫情之下受到限制，就可能陷入难以支撑下去的境地。

2. 在线生存能力

企业应进行数字化转型，从上至下，所有业务流程都要进行数字化，布局全面线上运营系统。只有这样，才能具备强大的抗疫能力。

3. 隔空交付能力

这是数字化转型的结果体现。企业要做到不与客户面对面地接触或者较少的接触就能完成产品和服务的交付，那么企业就能够保持正常运转，甚至还能得到良好的发展。

4. 品牌价值的输出能力

通过数字化转型，企业应建设线上品牌输出渠道，打造企业网红，持续地制造内容和热度，不断地输出自己的品牌价值。无论是做直播还是打造网红，对企业而言，都是为了建设自己的品牌。

企业应虚实结合，不单要有实际产品，还要有虚拟产品。比如在线咨询和知识付费，就是一种虚拟产品。无论是中小企业还是大型企业，都需要打造虚拟经济，这是未来企业的发展趋势。疫情让这种趋势更早地到来，企业家只有与时俱进，才能与疫情做长期的斗争并最终取胜。

13

报复性消费是个伪命题

在国内疫情缓解后，有消费者迫不及待地“报复性消费”，却遇到店家“报复性涨价”。

一位北京的食客在海底捞吃完火锅后，愤怒地晒出账单：“人均220+，毛血旺半份从16元涨到23元，八小片，半份土豆片13元，合一片土豆1.5元，自助调料10块钱一位，米饭7块钱一碗，小酥肉50块钱一盘，涨价涨得满脸问号，过分了啊。”

很快响应者纷纷，“海底捞复工后涨价6%”的话题上了热搜。无独有偶，西贝的涨价行为也被顾客晒了出来。

舆论压力之下，两家企业火速出来道歉，并把价格调整为春节前的水平。

当然也有人表示吃顿饭排两三个小时的队，这种体验实在太糟糕了，通过涨价分流掉一部分人也挺好的。但这种声音很快就湮没在“涨价可耻”的浪潮中。

西贝、海底捞这两家超级连锁品牌以服务和味道著称，口碑一向很好，在餐饮行业里扮演着领头羊和风向标的角色。它们一涨价，让不少人潜意识里开始发慌。要不是成本压力太大，想必它们不会这么着急涨价。长达两个月关门谢客，基本全靠外卖维持，开门后每天还要消毒杀菌限人流，这都是成本。

好在消费者总是宽容且健忘的，两家企业道歉之后门前又排起了长龙，甚至海底捞又得排上两三个小时才能吃上一顿。

疫情防控还没有结束，报复性消费就已经开始了吗？

疫情缓和后，大家之所以迫不及待地冲出家门去吃饭，主要有两方面原因：第一，前段时间憋得实在太久了，做饭做怕了，需要出去吃一顿调节一下，但是顿顿出去吃，那是不可能的。甚至想要恢复到疫情之前的外出就餐频率，也需要相当长一段时间；第二，必要的社交需求，不管是维护客户关系还是维护亲友关系，人和人之间不能只靠在线联系，在相对安全的条件下见个面，聊一聊，是十分必要的。

这种现象只能说是补偿性消费，跟报复性消费完全不是一个概念。海底捞线下堂食排长龙，线上自提可享69折却并不十分火爆，也说明了这一问题。

更值得注意的是，从海底捞和西贝涨价事件可以看出，消费者对价格的敏感度更高了，单品涨价一两块还能接受，再多的话，无论是心理还是钱包都是承受不了的。

人们更期待的是打折。

瑞幸咖啡造假事件后，很多消费者趁着便宜纷纷涌进去买一杯超便宜的咖啡，瑞幸APP被挤爆。2020年4月6日，麦当劳推出只要39元的会员日半价桶，热情的人们又把麦当劳APP挤爆，去门店自提都要排队1～2个小时。有人就说了，这时候不吃白不吃。肯德基推出的充200元现金送88元券活动，同样广受欢迎。甚至有五星级酒店为了资金回笼，开始搞现在付一天房费，以后住两天房的跳楼大甩卖活动。

这些现象都不能说报复性消费来了，只能说商家急需回笼资金保证现金流，而消费者则更热衷于报复性"薅羊毛"，先把便宜占了再说。

至于打完折依然贵的商品，人们普遍不会选择优先购买。比如2020年4月10—13日高端化妆品零售品牌丝芙兰做8折优惠活动，商家早早在各店铺门口布好长长的围栏，标好一米间隔线等待顾客蜂拥光临。要是在以往，8折优惠期间热门店面还需要调更多临时人员做导购，但是这次排长队的现象并没有如期而至，进店人数屈指可数。

对于广大消费者来说，主要的消费意向无非是吃、住、行、游、购、娱。餐饮行业里龙头企业开始重新抬头，更多的中小企业则游走在关张的边缘。住和行方面，购房、购车的大宗消费会复苏，但是难以出现报复性消费的现象。

还有一个更残酷的现实是，一些人的饭碗因疫情影响而没有保住。2020年初疫情发生后，全球范围内不少企业宣告破产、裁员、降薪。美国特朗普集团裁员1500人，迪士尼4.3万名员工放无薪假，俄罗斯超26%的公司裁员或让员工休无薪假。海信集团在疫情期间也传出大量裁员的消息，虽然海信相关人员出来辟谣，但也发声明确认采取了高管带头降薪、通过末位淘汰加速员工队伍“优胜劣汰”等措施。

那么，奢侈品涨价是报复性消费吗？

要说2020年受打击最大的行业，除了旅游、餐饮等，奢侈品也是重灾区。全球两大奢侈品巨头LVMH集团和开云集团一季度营收分别下滑15%和15.4%。疫情逼得各大品牌要么转产医疗防护用品，要么网上开卖。乔治·阿玛尼、卡地亚、普拉达等多个奢侈品品牌2020年首次登陆天猫开起网店。

但是就算面临危机，高端品牌的调性不能变，价格该涨照样涨。每年3月一众奢侈品牌都会进行一波价格上调，2020年例外的是这个价格不仅调了，还调了不止一次，上涨的幅度比往年还大。上海恒隆广场的香奈儿品牌店内，一款经典款手袋从人民币42 600元涨至48 900元，涨幅约15%。

没想到的是，因为大幅涨价，奢侈品竟然迎来了“春天”。在中国和韩国很多城市的奢侈品门店前，消费者一大早就排起长龙赶在涨价前抢购，很多品牌的经典款几乎销售一空，韩国政府为了避免人群聚集感染新冠病毒，甚至一度计划让香奈儿闭店。

这波奢侈品涨价显然比海底捞的操作高明得多。究其原因，一方面购买动辄过万元的奢侈品的人群本身有一定的消费能力，对价格并不敏感；另一方面，品牌先放消息让人抢一波再涨价，主动让消费者占便宜，满足其“薅羊毛”的心理，可谓双赢。

而且奢侈品不同于一般消费品，它还具有一定的保值功能。稀缺限量的奢侈品还具有增值功能。在佳士得拍卖会上，常年有各大品牌的限量手袋、腕表、珠宝等以惊人的价格成交。

当然不是所有品牌的任何一款都能保值、增值，如果没有足够的消费能力和对奢侈品的鉴赏能力，不要在这方面贸然投资。

人们往往“越涨越买”，因为担心它以后更贵更难买，要先下手为强。有品牌和市场价值的商品，人们希望它涨价来彰显自己的身份，甚至希望它兼具理财产品的属性，比如茅台酒、房子。

相对于报复性消费，人们反而更多地选择“报复性存钱”。

2020年的疫情让更多的年轻人体会到生活不易，口罩要抢，食品、生活用品要囤。以前出门人人光鲜亮丽，现在出门的标配换成了人手一个买菜的小拉车，日子过得更加有计划性，更加精打细算。生活方式和消费理念正在悄然发生改变。

未雨绸缪总是好的，万一真正的大危机还没有到来呢？

14

回不去的中产

新冠疫情产生的蝙蝠效应波及全球，影响到每一个人的生活。

二月不剪头，三月不健身，逼得Tony老师[1]和健身教练们不得不骑上单车做起快递员。据美团发布的数据显示，自2020年1月20日

1 网络流行语，理发师的代名词

至2月23日，美团外卖配送平台新招聘的7.5万名外卖骑手中，有37.6%来自包括健身、餐饮在内的生活服务业，27.2%来自制造业企业，13.8%来自小微创业者，其中不乏健身教练、网约车司机、摄影师、在校大学生等群体。

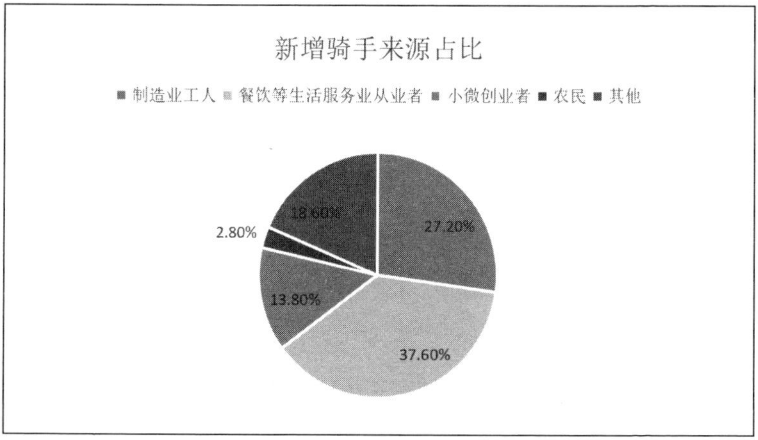

来自美团网统计的数据

第一波深受疫情影响的人群开始逐渐寻找到替代性的岗位，而随着疫情产生的后续连锁反应——通货膨胀、货币贬值、股票乏力、地产波动、行业危机，新中产阶层开始面临巨大的考验。

今天的钱不敢乱花，明天的钱还不知道到哪儿去挣。

无论处在哪个阶段、哪个程度，所有个人、家庭、公司、国家或多或少、或长或久都受到了2020年疫情的影响。中国的经济体量仅次于美国，位居世界第二。据国际货币基金组织（IMF）的数据显示，2019年中国为全球经济增长贡献了39%。另据世界银行的统计数据，虽然在全球家庭消费中中国仅占10%，但增量巨大，已达全球家庭消费增长中38%的比例。这其中中国中产阶层的消费崛起与升级贡献最大，正是在中产阶层的引领与推动下，中国才有了快速增长的消费市场。然而另一方面，中产阶层面临的危机感和焦虑也在增大，疫情之下所受的冲击更大。

所谓“中产阶层”，始终难有确切的定义。他们大多居住在一二线城市，年收入15万～30万，具有良好的教育水平、审美品位，对生活品质有一定要求，有房有车，也可能同时有贷款，上有老下有小，具有超前的消费意识和强劲的消费能力。所在职业普遍为企业高薪白领、金领或专业领域的自由从业者。

中产阶层是各大商家必争的人群，甚至有“得新中产者得天下”的说法。在商家不断给新中产阶层灌输消费观念、贴标签的过程中，他们也很快认同了只有高品质的生活才配得起自己的人生。

疫情之前中国正处于第三次消费结构升级转型的过程中，这也驱动着相关产业迅速发展。在这个过程中，消费增长最快的是教育、娱乐、文化、交通、通信、医疗保健、住宅、旅游等方面。在2019年“十一黄金周”期间，中国多项消费数据创下新高，全国零售和餐饮企业销售额同比增长8.5%，国内旅游收入同比增长8.47%，国庆档电影票房创同档期历史新高……消费持续成为中国经济发展最重要的驱动力，处于消费高峰期的新中产阶层做出了巨大的贡献。

但实现“车厘子自由”[1]和实现“财富自由”完全不能画等号。

2020年3月初，世界首富杰夫·贝佐斯一夜之间财富蒸发70亿美元。仅按照比例计算，他当时不过是暂时丢掉了100块钱里的6块钱。

1 网络流行语，是指个人收入较为可观，可以随心所欲地购买车厘子。

随着疫情在全球的不断蔓延，人们更加依赖网络，线上更加活跃，网购及云端服务需求更加旺盛，亚马逊随之逆势增长。据美国争取税收公平协会与政治研究协会的调查研究显示，在美国实施疫情封锁的两个月（2020年3月中旬至5月中旬）里，贝索斯的财富不减反增，增加了346亿美元，同期Facebook创始人扎克伯格的财富增加了250亿美元。后疫情时代贝佐斯有望成为人类历史上首位“兆亿富豪”。而对于中产阶层来说，财富损失70万元可能就会给生活带来巨大的打击。

中产阶层也是工薪阶层。他们的房子、车子以及孩子教育、老人赡养等各项硬性支出都有赖于稳定的高收入。一旦收入出现波动，支出并不会减少，就会出现财务危机。

由于受疫情影响，多数企业经营情况不好，企业现金流出现困难，裁员、降薪在所难免。上汽集团旗下的大通汽车有限公司、携程公司、凯德集团等企业纷纷发出或裁员或降薪的通知，不少企业从员工到高管都要降薪。国航已给大多数空姐放无薪价。58同城甚至强制安排一部分员工停薪留职。

中产阶层有房有车有贷款，疫情全球蔓延、失业率高等原因会加剧其生存压力，致使这部分人在理财和消费上变得谨慎。

可以预见，新冠疫情对中产阶层的负面影响将出现长时间的递延效应。

15

如果删除人脑中的不快记忆

新冠疫情在人类社会的大面积蔓延，导致出现很多心理健康问题。2020年5月13日联合国发布的调查报告指出，新冠疫情不仅对人们的身体健康造成威胁，同时增加了人们的心理痛苦——失去亲人的悲伤、失去收入来源的震惊、社交隔离措施的限制、对未来不确定性的恐惧等，加重了包括抑郁和焦虑在内的心理健康问题。中国2020年2月中旬一项全国性的调查显示，当时新冠疫情不仅造成中国超过84 000人感染，还令很多人备受精神煎熬。调查期间已有超过三分之一的人遭遇精神卫生问题的困扰，其中，女性、18～30岁和60岁以上年龄段的人、受过高等教育的人、农民工和华中地区的居民受到的影响较为突出。为此，2020年5月中国人力资源和社会保障部发布《关于对拟发布新职业信息进行公示的公告》，在“心理咨询师（职业编码：2-07-09-03）”职业下拟增设“心理干预指导师”工种。

联合国秘书长安东尼奥·古特雷斯还特别呼吁各国政府重视心理健康问题：“目前，对精神健康领域的投入，在应对新冠疫情的总开支中平均占比仅有2%。精神卫生服务是政府新冠疫情应对措施的重要组成部分。精神卫生服务必须扩大规模并获得充分的资金支持。我敦促各国政府、民间团体、卫生部门和其他各方采取紧急措施，齐心协力解决新冠疫情大流行期间的精神卫生问题。”

另据世界卫生组织统计，有超过80%的人在经历精神健康困扰时不能获得高质量、可负担的干预服务。如果不治疗，抑郁症和焦虑症导致的生产力丧失每年给全球造成高达1万亿美元的损失，相当于全球每人每年130多美元。在中国，与抑郁症相关的缺勤、医疗费和丧葬费估计每年给中国造成78亿美元的损失。

人为什么会悲伤？因为人是有记忆的，包括群体记忆，难忘那些不堪回首的往事。但当下的先进技术已经可以做到精准删除大脑的特定记忆。

科幻电影《记忆裂痕》讲述了未来人们可以像删除电脑资料一样有选择地删除大脑中的记忆。金·凯瑞和凯特·温丝莱特主演的奥斯卡获奖电影《美丽心灵的永恒阳光》，男主角发现前女友借助先进仪器删除了大脑中两人曾经的不愉快记忆后，自己也决定去找洗脑公司洗去这段记忆。如今，删除记忆的技术不再只是科幻，已经走向了现实。

2006年8月，美国麻省理工学院神经系统专家马克·贝尔和纽约州立大学神经学家托德·萨克特领导的科研团队把一种名为ZIP的化学物质注射入老鼠脑部的海马体，削弱老鼠脑部海马体内细胞之间的联系，从而成功地“清洗”了老鼠的记忆，让实验老鼠不再避开旋转平台的“震荡区”。

脑神经科学家通过药物注射，可以在不损害大脑的前提下抹去老鼠脑中的长期记忆。北京大学神经科学研究所万有与伊鸣团队利用基因编辑技术，在实验大鼠的脑中实现了特定记忆的精准删除。相关研究成果于2020年3月发表于《科学》子刊《科学进展》。

科学家可以删除已被存储一天乃至一个月的记忆，就像从计算机硬盘上抹去数据一样。而且，从大脑中抹去记忆并不妨碍老鼠重新学习、获得记忆的能力，就像被格式化的电脑硬盘还可以重新使用一样。

人的大脑中的记忆甚至是可以被分成一小段一小段，然后自由进行增添、删减或编辑。这听起来仍然像是科幻小说，但研究人员相信有朝一日将可能出现效果非常显著的记忆清除药物。

实际上，为人类“删除记忆”，科学家们早已有所尝试，不过，所谓“删除记忆”实验主要是为了治疗创伤后应激障碍（PTSD）。在一些临床实验中，科学家们偶然发现，一种用于治疗心脏病的药物“心安得”有一定的“忘却”效果。加利福尼亚大学的詹姆斯•迈克表示，强烈的情绪——爱、恨和恐惧等——触发了压力激素（如肾上腺素）刺激大脑扁桃核，从而产生超常清晰的情绪化记忆。而“心安得”的成分可以阻止扁桃核中压力激素的作用，从而阻止情绪化记忆的形成。

或许有一天，技术已可以精准控制人们只许快乐，不许忧伤。这些场景不禁让人不寒而栗。科技的发展给人类生活带来了巨大的变化，但所引发的相关伦理问题也值得人们给予充分的重视。

16

危险的人脸识别和手机使用风险

在娱乐圈中，明星偶像都希望自己的粉丝越来越多，但是有一种粉丝却让明星感到头疼。这些人对自己偶像的关注到了一个极端的地步，经常会做出跟踪、偷拍明星等疯狂的行为，这样的粉丝被称为“私生饭”。

据日本NHK电视台报道：2019年9月1日晚11点多，日本偶像松冈笑南在晚间回到公寓时，突然被一位男粉丝从背后用毛巾捂住嘴偷袭，不仅遭受猥亵，还受了伤，在她挣扎呼喊后，嫌犯迅速逃跑。

嫌犯真名叫作佐藤响。因为喜欢松冈笑南，佐藤响非常希望见到自己的偶像。于是他放大了松冈笑南在网上发布的个人自拍照片，在她的瞳孔中发现了一栋建筑。然后他用谷歌的街景功能一个个排查相似的建筑，成功地找到松冈笑南平时经常去的车站，并且蹲点埋伏，锁定了松冈笑南居住的公寓，进而对其进行骚扰。

自从2002年诺基亚推出内置摄像头的手机之后，手机拍照逐渐流行起来，拍摄功能成为现代智能手机的必备配置。随着手机技术的进步，智能手机拍摄出来的图片越来越清晰，这也导致人们泄露个人隐私的风险大大增加。

现在，指纹识别技术早已不是新鲜的话题。作为一种方便快捷的密保方式，指纹广泛地应用在人们的日常生活中，逐渐替代了数字密码。家门、手机和电脑等很多地方都会使用指纹密码，但是指纹真的安全吗？

人们平常除了用社交软件聊天外，还喜欢在各个平台分享一些自拍照，殊不知这些自拍照存在很大的安全隐患。一些人在拍照时往往会摆出剪刀手的姿势，指纹也被留在了照片上，而现在有剪刀手的照片，就可以破解出指纹。

上海信息安全行业协会副主任张威曾做过相关的实验：1.5米内拍摄的剪刀手照片能100%地还原出被拍摄者的指纹，在1.5～3米的距离内拍摄的照片能还原出50%的指纹，超过3米拍摄的照片才难以提取指纹。

指纹信息通过照片被提取后通过专业材料能够制作成指纹膜，很容易被不法分子利用。如果一个人的指纹信息被不法分子获取，那么指纹门锁和指纹支付密码就像一张薄纸，一捅就破。所以在日常拍照时我们一定要注意保护自己的指纹信息，不要在3米内拍摄剪刀手照片，不要在网上随意发布带有自己指纹信息的照片。

为应对新冠疫情，日本的计数器厂商GLORY公司研发了一套“可识别佩戴口罩的人脸”的系统。这一人脸识别系统，即使被识别对象佩戴口罩或墨镜，也能根据眼睛、额头及鼻梁等部位的特征进行识别。同时日本总务省引入利用人脸识别的体温测定系统，设置在中央联合大楼2号楼与总务省2号大楼。利用红外线照相机，即使距离测定对象1.5米以上，也能在0.5秒内以±0.3℃的精度检测来访者的体温异常，并及时向管理者发送通知，即使来访者戴着口罩也能粗确测量。

在我国，人脸识别技术也越来越广泛地应用在疫情防控与复工复产的各种场景中，扫码识别、人脸识别和测温终端有机地融合起来，有的产品区域通行模块可以识别出戴口罩的人的身份，戴口罩的人只要露出50%的鼻梁，通过率可达85%，从而快速地进行身份验证与疫情排查。

作为支付领域的前沿技术，人脸识别在手机上也得到了广泛的应用。因为每个人的脸和虹膜都是独一无二的，凭借这种唯一性，人们认为将人脸作为支付密码是非常安全的。

但与指纹识别相同的是，人脸识别也存在着可复制性，人脸造假让刷脸支付暗藏巨大的风险。

人脸识别作为一种具有唯一性的安全认证方式，比起数字密码来说，会给用户带来更大的风险。电脑和手机上设置的数字密码都是可更换的，但是人脸信息一旦被不法分子获取，我们就很难对其进行改变。

刷脸支付的风险早已被验证过了。早在2016年，美国北卡罗来纳大学的技术团队通过技术手段将人脸照片建成人脸3D模型，然后利用这个模型去测试人脸识别系统，结果80%的人类3D模型“骗过”了系统的检测。在2017年我国的315晚会上也曾曝光过手机刷脸支付的漏洞，晚会重点揭示了人脸识别活体检测的漏洞，直观地告诉人们想要攻破一般的人脸密码非常简单。

央行科技司司长李伟指出：人脸是非常敏感的个人信息。一旦泄露或者被盗取，会带来非常大的影响。现在有技术可以在三公里之外识别人脸，如果出现一个场景，客户没有主观付款的意愿就被“刷脸”是多么可怕的一件事情。

此外，人脸识别技术还面临个人信息保护的挑战。现在视频造假很常见，AI换脸软件在2019年一度火爆，其中仅AI换脸软件ZAO就被爆出存在涉嫌侵犯用户隐私等安全问题。通过换脸软件，用户可以将自己的脸换成明星的脸，也可以将明星的脸换成自己的脸。但是在使用软件的时候，用户的人脸信息被记录了下来，如果这些人脸信息被“有心人”获取，会对软件用户造成巨大的负面影响。

如今科技在不断进步，手机的像素逐渐提高，照片变得更加高清，可许多安全隐患也随之而来。剪刀手暴露指纹，自拍照中的瞳孔暴露位置，就连人脸也可以被随意更换，清晰的照片背景直接告诉了别人你在哪里。

事实上，往往通过一张照片就能准确定位拍照者的位置，因为在照片文件里有一个名叫EXIF的信息，如果拍摄者在拍摄照片时开启了手机的GPS定位功能，照片的EXIF信息就会包含非常准确的经度、纬度、高度，然后通过百度地图等相关搜索软件就可以精确定位到具体的拍照位置。像这样包含位置信息的图片在微信分享原图时会被原原本本地呈现出来，所以不要轻易给陌生人发送原图。

大多喜欢用手机拍照的人会在手机中保留许多照片，但有些照片绝不能存在手机里，因为一旦手机丢失，这些照片就会泄露个人隐私。

现在办理手机业务时会用到身份证，甚至连一些账号注册都需要上传身份证照片进行实名验证，这时人们会用手机拍摄身份证或银行卡的照片。很多人为方便下次使用，选择把照片存在手机中，孰不知这样的做法是错误的。如果手机中的身份信息被不法分子利用，进行各种违法犯罪活动，将会侵害个人的财产和人身安全。

手机除了拍照容易暴露个人隐私，在使用时还有许多其他的隐患需要防范。

1. 随意连接公共场所WiFi存在隐患

无线网络的使用极大地方便了人们的生活。现在大多数公共场所都覆盖了无线网络，一些餐馆、商店为了吸引顾客消费都会安装公共的无线网络，但是这些无线网络经常被不法分子利用，他们会在公共场所设置与附近店名相似的钓鱼WiFi信号，一旦有人连接上，他们就可以窥探WiFi使用者的隐私。

当有设备连接上这些免费的WiFi之后，通过数据传输，不法之人可以轻松盗取用户手机和电脑中的照片、电话号码和通信地址等个人隐私信息，甚至可以通过植入木马病毒，把WiFi使用者手机支付宝和微信中的钱转走。

2. 直接用手机浏览器进行购物、支付存在隐患

在手机网购兴起之前，很多人习惯在电脑端进行网购，并把网页购物的习惯带入手机中。其实，在任何浏览器上进行网购支付都存在很大的安全隐患。一般来说，浏览器会自动保存用户输入的账户密码等重要信息，这一点很容易被别人利用。

手机支付为人们的生活带来了诸多便利，现在很多人为了支付更加快捷，开启了支付宝、微信的免密支付和自动扣费的功能。最常见的就是用手机打车，下车之后司机可以直接扣除车费。虽然开启免密支付功能确实方便快捷很多，但是其中也存在着严重的盗刷风险。

3. 随意将自己的手机借给他人存在隐患

现在人们几乎都在手机里安装了支付宝、手机银行客户端和一些社交软件，如微信、QQ等。为了方便使用，大多数人选择使用自动登录，或者让软件记住密码，这样在别人使用自己的手机时，极易将个人的账户和密码信息暴露，一旦手机“所托非人”，后果将不堪设想。

此外，手机里往往还会存有一些个人的隐私信息，比如聊天记录、消费记录、照片、视频等，如果把手机借给别人，很可能会泄露自己的隐私和许多重要的信息。

4. 更换手机时，未删除重要信息存在隐患

在更换手机时，不清除手机上的数据就将其卖出或者送人都是很不安全的，因为手机中存在的账户信息和个人隐私很容易就被不法分子盗取。所以在更换手机时一定要将手机中所有的个人信息全部删除。

17
“后浪”中的不和谐音

“二战”后，美国“垮掉的一代”失去了人生的信念；而如今出现的一个群体，却连生活的欲望都失去了——他们不出门、不工作、不交友、不生娃，甚至连婚都懒得结，俗称“家里蹲”。疫情之前这些“家里蹲”有个很文艺的名字——蛰居族，是指那些从社会抽离，足不出户，不上学也不工作，除家人外，不与他人交流的人。

日本年轻人“家里蹲”的现象越来越普遍

2019年10月，日本《中文导报》报道，根据日本政府相关调查，日本“家里蹲”的总人数可能已经超过百万人。筑波大学医学系教授斋藤环甚至警告称，若无恰当对策，若干年后，全日本的“家里蹲”人数会超过1000万人！而按日本厚生劳动省的定义，闭门不出的状态至少要持续6个月，才会在调查中被定义为“家里蹲”。

“逃避虽可耻，但有用”

睡觉、打游戏、吃外卖成为当今“互联网垮掉的一代”的蜇居三部曲。

当大部分人每日都在为工作、生活奔波时，他们却从繁忙拥挤中提前离场，认为“世界不会因为我们的一举一动而变得更好”，与其面对疲软无望的未来，不如逃避。

“逃避虽可耻但有用”这句话出自同名日剧《逃避虽可耻但有用》，剧中的女主角森山实栗研究生毕业后职场屡屡受挫，自我意志消沉，不就业不工作，每天待在家里无所事事，后来经父亲介绍，到35岁的单身上班族津崎平匡家中做家务，才摆脱了“家里蹲”的状态。

而森山只是日本蛰居族中小小的缩影，也是幸运的一个，父亲没有纵容她自暴自弃，她也重新找到了新的职业——家庭主妇。

“逃避虽可耻但有用”这句话实际上是匈牙利谚语，意思是生活中有些事情不要太勉强自己，虽然逃避是可耻的，但活下去是更为重要的。一位蛰居族说：“逃跑，只有逃跑的时候，我才是我自己。”

日本为什么出现这么多的“家里蹲”

一是学业或职场上碰壁后，看不到未来和希望，失去奋斗的动力。电影《被嫌弃的松子的一生》中有一句台词：“小时候，谁都觉得自己的未来闪闪发光，不是吗？但是一旦长大，没有一件事会遂自己的心愿。”这句话映射出大部分蛰居族的心理。其实，他们都曾为自己的人生努力过，奋斗过，然而折腾半天仍无成效，他们接受不了自己一事无成，心里的期望与现实之间的落差让他们开始厌倦这个世界，“躲起来，似乎更好一些”。

二是社交障碍。蛰居族有一个很明显的共同特征：拒绝社交，拒绝沟通。有些蛰居族是因为遭遇过校园霸凌，有的是遭受过职场欺凌，进而对人产生恐惧；而大多数人一旦选择蛰居，就会自动与社会解除联结，不愿接触社会，更不愿与社会上的人交流，小小的房间是他们的安居之所，也是他们的“避难所”。

三是互联网可以解决一切生活问题。经济越发达，科技越进步，线上生活越方便。日本的蛰居族最早可以追溯到20世纪80年代，那时的互联网技术发展不如现在，蛰居族为了解决吃饭问题，偶尔还会去便利店；可随着互联网为人们提供的生活服务越来越方便，“宅”也可以生活得很好，这也是日本“家里蹲”人数逐年上升的重要原因之一。

日本九州大学教授、精神病学专家加藤孝宏称：“其实他们（蛰居族）身体没有什么问题，只是有意识地把自己封闭在家里，每天就是看书、上网、玩游戏。”

互联网催生“宅经济”

“我们将毁于我们所热爱的东西！”

——尼尔·波兹曼《娱乐至死》

互联网越发达，蛰居族越难走出家门。日本人Yoshiko在22岁那年成为蛰居族，最初他还会出门买东西解决自己的生活需求；后来网购越来越方便，从此他不再出门，一切都从网上订购，如今他已55岁了。

蛰居族从另一个层面上说也是“懒人”代表，而懒人为社会经济贡献很多，因为人类所有的发明都是为了更懒一点。有句话说：“宅人不一定懒，但懒人必定宅。”互联网进一步推动“宅经济”的发展。

互联网改变的不仅是商业模式，更多地改变的是人们的生活方式。与其说是懒人为互联网带来了发展机会，不如说“宅经济”是互联网发展的必然结果。

2019年天猫“双十一”大促交易额达到了2684亿元的天量，众多网友又再一次参与了一场“千亿级项目”。待大家冷静下来后，发现“一顿操作猛如虎，最后便宜三毛五。”

佛系不是自暴自弃的借口

狄更斯在《双城记》中写道：“这是一个最好的时代，也是一个最坏的时代。”

数据分析机构尼尔森2019年11月发布的《2019中国年轻人负债状况报告》曾指出：在中国的年轻人中，总体信贷产品的渗透率已达到86.6%，其中90后的实质负债率达12.52%。

网红经济时代，随着直播和短视频的崛起，游戏直播、淘宝直播、抖音、快手等软件都在努力瓜分人们兜里的钱，互联网的发展变成了资本的狂欢，只有消费者兜里的钱越来越少。

“佛系”一词最早起源于2014年，日本一家杂志介绍了“佛系男子”，之后在网络上传播，“佛系”的主要意思是无欲无求、不悲不喜、云淡风轻而又追求内心平和的生活态度。后来又衍生出“佛系青年”“佛系子女”一系列词语。

互联网的发展促进了社会进步，催生了很多在家办公的新职业，他们不再需要一个固定场所完成工作，他们只需要网络，任何地点都能成为他们的办公地点。当人们的人际交往、工作方式、生活方式都虚拟化之后，年轻一代更有理由宅在家里。“佛系青年”自称，大部分事情都想按照自己喜欢的方式和节奏去做。

然而，也要看到有很多年轻人打着“佛系”的幌子，行着“啃老”的事实。“互联网垮掉的一代”越啃老，越避世。“佛系青年”，看似是一种看破世俗的人生态度，其实不过是被美化的“自暴自弃”。

苏格拉底曾说：“未经反思的人生不值得过。”如果个性和棱角已被生活磨平，不想工作，只想早点退休；不想努力，只祈盼早日实现财富自由；不想改变社会，只求安逸平稳，必将误人误己。

18

互联网下的造假乱象

“8块钱就能开豪车，10元钱游遍全世界”，听着是否有些让人心动？这是一种产业——代发朋友圈。你恐怕想不到，也许那些在你的朋友圈中一会儿晒豪车，一会儿晒大餐，一会儿晒国外旅行的“富人”，其实是一个“精修人设”，而他们所有的炫富行为不过是一场秀。

经调查发现，这些在朋友圈展现富裕生活发布的高品位图片和视频，在某电商平台上，花很少的钱就能买到。朋友圈配图、文案、定位等一系列素材，一气呵成，在朋友圈打造虚假“高逼格生活”，形成一条完整的产业链。

精修的朋友圈，巨大的陷阱

在某电商平台输入“微信朋友圈”“朋友圈展示面”等字眼，就会出现相关代发朋友圈的购买内容。

购买后，店家会保证：每周10张展示面，只求质量不求数量；定期拍摄热点地标，精修后期解决方案；有计划拍摄，每月2～4场热门网红地打卡，包括美食店、酒吧、咖啡馆、演唱会等服务。

如果嫌图片还不够“真”，也可以购买相关视频。几元就可以购买几十个豪车短视频，豪宅别墅的短视频也只需要10元左右，如果想把自己的声音加进视频中，需多交几元钱，还能实现全球定位功能等。五花八门的素材，只有你想不到的，没有花钱买不到的。

选择代发朋友圈的有哪些人呢？一是微商或者初创业者，他们需要这样“精致”的生活来表明身份，有自己的商业目的。二是有虚荣心的人，啃着泡面花10元钱找人代发朋友圈，向大家炫耀自己过得多么好，多么有格调。还有一种心怀不轨的人，利用微信这种“精修”服务进行各种诈骗，甚至可以包装出一个完全不存在的人的朋友圈。

某报记者曾在记者微信群里提到自己被一个自称是同报社网站的某编辑借了钱。随后，群里的多名记者纷纷表示自己也被这位编辑借了钱。最后调查发现，该报社根本就没有这个人，他是个假记者、真骗子，甚至有真记者被骗了五六万元！

这个假记者是如何骗到一群真记者的呢？诀窍就是这位自称本社记者的人，不仅经常在朋友圈转发本报社相关稿件，还带有报社地址的明确定位；而且还参与了各种线下媒体活动露脸，和其他记者打招呼，攀关系；一个“完美而真实”的人设就这样建立了，并且做足了全套的戏码，让人辨别起来还真不容易。

技术有多发达，造假就有多“真”

正常的微信版本中，发朋友圈定位仅支持地图当前位置定位，即便自己手动搜索添加，发送出来的朋友圈定位仍显示当前所在城市/区域。简单来说，手动修改不了微信朋友圈的位置定位。因此，就有部分用户需要通过购买此服务来修改朋友圈定位。

他们是怎样修改朋友圈定位的呢？经调查，买家在拍下定位服务后，卖家需要买家先自己编辑好朋友圈的内容和图片，然后发送到仅自己可见的朋友圈；再向卖家说明自己想要的定位是哪里；卖家通过远程登录微信账号，买家只需扫码同意，卖家就可以通过外挂软件修改定位，最终一条“国外旅行”定位的朋友圈就呈现出来了，完全以假乱真。

而外挂这种技术，不仅能修改定位，还能批量添加好友、自动化批量发朋友圈、一键点赞、一键评论，简直就是“微营销”神器。

微信官方回应称外挂是明确的违规行为。除此之外，微信外挂是极不安全的因素，当代发朋友圈的买家将自己的微信授权给卖家时，无法保证微信里的个人信息不被泄露，不被不法分子利用。

对此，微信官方处理了上百万违规账号。这种外挂软件不仅破坏了微信平台的生态平衡以及正常运营，还为恶意营销提供了便利，对正常用户来说造成了骚扰，使用外挂软件也对隐私以及财产安全带来了各种风险。

滤镜加持，美女如云；换脸技术，以假乱真

人们在享受技术带来的便捷时，不知不觉间进入了虚假的世界。

抖音上美女为什么那么多？其实都是在软件滤镜和特效的美化下才出现的。一旦没有了滤镜特效，全部现原形。

斗鱼平台曾有一个主播叫“乔碧萝殿下”，主要直播游戏和唱歌。每次直播她都会用表情包将脸部挡住，只露出魔鬼身材和甜美的娃娃音，俘获了众多男性粉丝。

有一次，乔碧萝殿下和另一位美女直播连麦PK时，直播中出现了事故，遮挡乔碧萝殿下的表情包图片突然不见了，露出了她的真容，只见她素面朝天，十分憔悴，后来网友得知，她竟是一个58岁的大妈。

2019年8月30日，陌陌推出一款换脸软件ZAO“躁”动一时，刷爆各大社交平台，上线仅一天时间，就登顶苹果应用商店免费APP的下载排名。ZAO使用的AI换脸技术，仅需用户一张照片，就可以将影视剧中明星的脸换成用户的脸，也可以将用户的脸换成明星的脸，并且人脸融合的效果非常好，几乎可以以假乱真。

但同时该软件也对个人的肖像权使用带来了一定的风险。这款软件在注册协议中有一条霸王条款：“肖像权将不再属于你个人”。而这样的后果就是，如果你使用人脸识别付费，你的账户可能就会被盗取；如果有诈骗犯冒充你的肖像，骗你的父母或者朋友，后果不堪设想。

大数据下的假流量

最近几年，中国互联网进入了急速发展阶段，从“内容为王”到“流量为王”，从门户网站上投广告、电商平台买排名、百度和360搜索引擎上买关键词获取用户流量，到“两微一抖”狂揽社交流量，流量代表了一切。

大数据时代，流量就意味着利益。在利益的驱动下，流量造假这条灰色产业链为此提供了“捷径”。

对于明星而言，流量的多少很大程度上决定了他/她在娱乐圈的地位和知名度。

明星流量的大小主要体现在其作品中，是否能带动电视剧的收视率，是否具有票房号召力。2017年播出的电视剧《三生三世十里桃花》总播放量突破了500亿，成为中国移动互联网时代播放量最高的电视剧。根据2019年中国互联网络信息中心（CNNIC）发布的《中国互联网络发展状况统计报告》，截至2018年12月，中国网民规模达8.29亿人，这样算下来，平均每个网民点击播放60多次。然而，实际上真的会有人看这么多次吗？这个数据遭到了很多网友的质疑——是否有人“购买”了虚假的收视率？

据各大平台综合统计，2018年我国共有7部电视剧网上播放量破百亿。2018年播出的电视剧《娘道》就因为收视率与豆瓣评分不符，引起舆论关注，随后导演称电视剧收视率有造假乱象。他透露这部剧因没有向“某操纵收视率的大神”交每集90万元的“收视率保护费”，险些未播出。

为什么要进行收视率造假？因为高收视率能一定程度上证明电视

剧质量的好坏，更是直接与背后的商业利益挂钩。明星也能通过一部作品爆红，去收获更多的流量，然后就有机会拿到更多甚至更高端的代言等一系列好处。

流量数据造假成为互联网行业的一条灰色产业链。网红为了证明自己有流量，就会花钱买点赞、好评加关注，“刷票”行为由此出现。粉丝为证明自己喜爱的偶像很有人气，也会采取这种行为，包括电影上映时造假“刷好评”，或者为了宣传电影而进行票房造假——先大量在线订票，造成该片特火的迹象，然后利用退票机制在影片上映前紧急退票，利用观众的从众心理引诱观众购票观影。

除了娱乐圈，很多电商平台的店铺为了证明自己的店铺有人气、质量好而“刷单”；某些微信公众号为了证明“运营实力”，花600元就能买到10万+的阅读量，花500元可增加1万粉丝；新上架的APP为了推广，通过大量虚假好评、虚假下载量等造假行为来提升的APP在应用市场中的排名。这些行业对造假的需要催生了刷单、刷量、加粉等灰色产业链。

疫情期间的防疫物资造假

作为防疫的重要物资之一，口罩已经成为全球硬通货，但自2020年疫情爆发之后，知假贩假、偷梁换柱的现象层出不穷。

2020年年初新冠疫情在中国最严重时，中国制造面临国际贸易产业链脱链与订单锐减的双重压力。之后虽然中国率先控制住了疫情，但海外疫情的快速蔓延，使得口罩、防护服、检测试剂盒、体温检测仪、呼吸机、监护仪等防疫用品和设备出现了巨大的缺口，防疫物资生产厂商迎来了新的机会。然而多国出现对中国防疫产品质量问题的质疑与抱怨，又让中国制造遭受挑战。

早在2020年3月3日，世界卫生组织总干事谭德塞在日内瓦总部的新闻发布会上表示，为应对新冠疫情，世界卫生组织预计全球每月需要使用8900万个医用口罩、7600万副检查用手套和160万副护目镜。

而中国是世界最大的口罩生产国，产能占全球一半以上，中国国家统计局公布的数据显示，在2020年3月末中国口罩的日产量已超过1.16亿片，是疫情爆发前供应能力的12倍，中国医疗物资出口为当时的全球防疫带来的是希望之光。

君子爱财，取之有道。有的钱能赚，有的钱却不能赚。有时黑心侥幸赚到一笔，但最终却会砸了所有人的饭碗。

全球新冠疫情之下，防疫物资等同于军需品，不是谁想生产就能生产出合乎质量与标准的产品。最怕的就是不良商人混杂其中，不择手段赚快钱，毁掉中国制造的声誉。中国外贸行业有一种说法，亚马逊50%的卖家来自中国，中国50%的卖家来自深圳。然而到了2020年4月初，亚马逊上却有一批口罩因为卖家夸大产品效果而被下架。在东莞一位张姓商人居然在社交平台组群号召其他厂家一起做假测温枪卖给美国，发反人类的“世难财”。结果，一方面，由于全世界停摆，中国出口企业遭遇退单潮；另一方面，因为不法商人的粗制滥造，中国制造的声誉受到严重影响。

在防疫物资的生产与销售上，如果监管不严，就可能让不良商家有机可乘，东拼西凑制造出防疫产品，损害中国在全球的信誉。

19
疫情下的“口红效应”

所谓“口红效应”是指在经济不景气的时候，人们对基本生活用品依然有强烈的消费欲望，但是会选择购买廉价的商品，以口红为代表的廉价商品，恰恰是对消费者有“安慰”作用的产品。

但人们没想到，在疫情和经济的双重压力下，“口红”消费也被抑制住了。

在坚持要自由不要口罩的美国，洛杉矶终于在2020年4月7日发布行政令：“遮住脸部，拯救生命。”

看脸的时代结束了，化妆品还怎么卖？

早在2020年初，管理咨询公司贝恩以及天猫的调查数据显示，2020年春节期间（1月25日—2月6日），美妆品类线上销售额整体下降30%，高端美妆品类受影响更大，下降40%。其中雅诗兰黛在2月8日—2月21日的两周内销售额同比下跌75%以上，资生堂旗下四个顶级品牌春节期间在中国的销量均削减了一半以上。欧莱雅、花西子、完美日记等平价化妆品成为更多人的选择。

如果说护肤类产品还能保持一定的销售份额，那么彩妆类产品尤其是口红，在一片口罩的覆盖下几乎无用武之地。商场里各大品牌的口红试色区空无一人，连热门影视、综艺节目的弹幕上讨论色号的人都少了。

另据电商大数据机构ECdataway的统计数据显示，2020年春节后（2020年1月24日—2020年2月23日）彩妆品类整体比春节前（2019年12月24日—2020年1月23日）的销量环比下降99%，销售额下降42%，综合销量也比2019年同期下降27%，其中受影响最大且消费恢复最慢的就是口红。

这时候打折促销作用也并不大，年轻人对彩妆的潮流敏感性很强，如果现在花钱囤了货过几个月不流行了，岂不是赔了夫人又折兵？因此即使把销售主场搬到网上，销量能逆势走高的也只有极少数经典款单品。

不仅是女性消费受到抑制，男性消费也同样如此。

女人化妆化半张脸，男人西装可以只买半身，反正宅在家里不用穿得很整齐，开视频会议时只把出镜的上半身武装起来就可以了。

随着疫情在全球蔓延，线下门店也纷纷关闭，失业率随之上升，人们不得不捂紧钱包。不仅是化妆品，各大奢侈品牌的销售也遭受重创。

波士顿咨询集团（BCG）发布报告，悲观地预测2020年全球奢侈品销售额将同比下降1000亿美元（约合7000亿人民币）。人们宅在家里，没有了炫耀性消费，加上随之而来的经济压力，2020年将成为全球奢侈品市场的转折点。

人们不仅不消费各类非必需的商品，也无法消费带来自我麻醉和安慰的“精神口红”。

美国大萧条期间恰是好莱坞电影崛起的黄金时期，一张电影票用不了几个钱，但却能给人们带来极大的精神满足，这项花费低廉的大众娱乐一时间成为人们造梦的地方。

2020年的电影市场被“按下”暂停键，全球影院关门停业，几乎所有院线电影无限期延迟上映，中国也一再发布公告宣布电影院等密闭性娱乐场所继续歇业。

2020年3月，全球最大电影院线AMC关闭了旗下1000多家门店，CEO也“被放假”，600多名员工开始了漫长的无薪假期，同时AMC也向合作的各位“房东”发出延迟缴纳场租的申请，并向美国联邦机构提出申请救济金的要求——如果没有足够的资金支撑，这家院线可能熬不过夏天。而这家承接众多影片售卖和场地租赁的公司一旦倒下，带来的后续影响不可估量。

“口红效应”没有凸显，向人们走来的是“土豆效应”。

“土豆效应”是指在大萧条期间，消费者舍弃高端奢侈品转向中低端的产品，导致后者需求上升，从而推高了中低端产品的销量和价格。既能当菜又能当主食、还比较便宜的土豆就成了中低端产品的代名词。

人们可以不买化妆品不买包，但是不论在什么情况下不吃饭是绝对不行的。中国是世界三大粮食进口国之一，需要养活14亿人口，大豆、小麦等农产品一定程度上依赖进口，在美国、巴西等大豆出口国纷纷受疫情重创时，人们不禁开始为口粮担忧。

疫情期间，部分社区附近的小超市为了防止抢购还竖起了牌子，呼吁人们理性购买。

面临萧条，你是准备买口红还是买土豆呢？

20
男性消费意识觉醒

疫情期间，全民的厨艺都有大幅提高，但一说到做饭，男人首先想的是买什么样的食材，女人却关注餐具美不美，厨房的照片拍出来好不好看。

男人来自火星，女人来自水星。自古楚河汉界，泾渭分明，但疫情让男女都圈在家里，男女的人、货、场同时在线，必然矛盾丛生。

一直以来，女人长期占领着购物的主导权，男人一旦加入便形同水火。

犹太人做生意瞄准的就是女人和小孩，中国的阿里和腾讯也十分重视女性客户。女人舍得为自己花钱，更舍得为自己的小孩和家人花钱。

大部分女性都是勤俭持家的，但也有时候冲动购物，其中很大一部分原因是受广告和消费主义的宣传影响。

商家通过广告告诉女人：想要变瘦，就吃瘦身丸和肠清茶，用燃脂机；想要变美，就要打美白针，做整形；想要变自信，就要上瑜伽课、插花课、绘画课等。

消费主义擅长创造需求，将一种对生活品质的追求变成极端的需求，无时无刻都在引诱着女性消费者购物。

在市场中有这样一种消费排名：少女 > 儿童 > 少妇> 老人 > 狗 > 男人。男性被市场定义为消费链的最末端，是低消费人群。但男人的消费远比人们想象中的更厉害。

淘宝发布的《2018年中国男性消费报告》显示：中国年轻男性平均每天刷7次淘宝。

从“好看的女生自带烧钱属性”到“精致的男生花起钱来真要命”，体现出的不仅是从“她经济”向“他经济”的转变，也是消费市场规律发生的重大变化。

男性消费意识崛起，氪起金[1]来真没女人什么事。

随着女性社会地位的提高，逐渐打破着许多传统性别偏见的同时，男性也在社会中有了不同的形象。尤其在消费市场中，消费的性别边界正在逐渐模糊。

随着新一代年轻群体成为消费主力军，消费市场的格局正悄然发生着变革。于是，我们感受到了“他经济”时代的到来。

首先，男人开始愿意为自己的颜值花钱，越来越注重自己的个人形象管理，不再是一瓶大宝就可以满足的。2018年欧莱雅与天猫联合发布的《中国男士理容白皮书》显示：使用化妆品的男性数量呈现上升趋势；其中，约有70%是34岁以下群体。在他们购买的美妆品中，面膜销售指数最高，其次为护肤套装和洁面产品，甚至出现了更多比女人还讲究的“精致男人”。

男人在美妆方面的消费需求有多大？淘宝发布的2018年《中国男性消费报告》显示：男士彩妆品类年成交额增长140%，其中粉底

1 氪金，原为“课金”，指在网络游戏中的充值行为。这里延伸为花钱的意思

液、遮瑕膏、眼线笔是“精致男人”们最爱的三件单品。所以，女生不要小瞧身边的男性朋友，也许他的化妆技术比你还熟练。

爱美不再是女性的专属，男性对化妆品的需求已经从单一向多元化转变，直接带动着美妆产品的增长，并且呈现低龄化趋势。

当然，男性对自己颜值的消费投入也不仅仅限于化妆品领域。在医美方面，据行业调查数据显示，男性医美消费者占比为11.12%，女性消费者占比为88.88%，男性虽占比较小，但平均客单价是女性的2.75倍。未来男性将成为医美市场的新风口。

男人追求潮流时尚，个性化消费特征十分明显。对于大部分男人而言，潮鞋是他们追求时尚的最重要环节。男生爱买球鞋就像女生爱买口红一样频繁，而且男性买鞋与女性买口红最大的不同是，很多球鞋不是用来穿的，是收藏的；而女生买口红大部分都会用，涂在嘴上才能实现口红的价值。

男人花钱是“不买则已，一买惊人”。男人对潮流时尚的追求是多种多样的，不仅表现为对潮鞋的热爱，还表现在十分喜爱潮服，穿搭凸显个性化。更愿意购买轻奢产品，像范思哲（VERSACE）、途明（TUMI）、杰尼亚（Zegna）等大牌是男性消费者的最爱。“包”治百病，治愈的不只是女生，男生买起包来也绝不手软。海购电商平台考拉2019年数据显示，在轻奢领域，男包的增长是女包的57倍。

男性消费者在潮流时尚方面更愿意为自己配置“高级产品”，各种大牌尖货、限量款潮鞋、潮流轻奢等好物才是他们的选择。

随着消费升级，男人的娱乐方式也随之进阶。游戏是单身男性的“伴侣”，也是夫妻的“第三者”。经常有妻子这样问丈夫：“你是选择我，还是选择游戏？”因为玩游戏要投入相当大的一笔钱。游戏硬件配置好的，支出就大；买游戏角色道具或皮肤还要花钱，又是一大笔花费。

男性消费意识崛起，为诸多企业和商家挖掘新的增长点带来了商机。

男性游戏发烧友为电脑升级打怪，不惜血本

21

李子柒和她的“文化输出”

“生活不止眼前的苟且，还有诗和远方。”

疫情期间的全民隔离让我们更加憧憬与珍视诗和远方的美好。平日里，有多少人奔波于工作，而忘记了热爱生活？

近几年，一位名叫李子柒的小姑娘因拍摄自己在农村的田园生活、日常起居，成功圈粉几千万，火遍全世界，广受全球网友的赞誉。所谓“人红是非多”，李子柒也曾招来网友的质疑。

李子柒是谁？

李子柒的田园生活

李子柒是中国知名视频博主，视频风格具有浓浓的中国风特色，依据中国传统文化的节气、节日、民风民俗确定选题，以美食为主线，涵盖从采摘到制作的全过程。视频没有过多的旁白，配乐以大自然原声及传统曲风相互交织，整体呈现出淳朴、清新的田园生活。许多网友表示：看过李子柒的视频后，自己的心灵都被治愈了。

不仅如此。在视频中，李子柒虽然身躯娇柔，却是无所不能：割稻子、犁地、砍竹子、做手工、骑马，样样拿手。

李子柒在微博、B站等各大网站拥有几千万粉丝，海外频道

YouTube的订阅人数超过750万，有人说她在海外的影响力超过10个CCTV4（中文国际频道海外版）。2018年，李子柒的原创短视频获得YouTube银牌奖；2019年8月，获得超级红人节最具人气博主奖、年度最具商业价值红人奖；2019年12月14日，获得中国新闻周刊“年度文化传播人物奖”；2020年1月1日，入选中国妇女报“2019十大女性人物”。

许多国外网友表示：因为李子柒，爱上了中国文化。

而李子柒的争议也源于此。由于她在海外的影响力极大，有自媒体人夸赞李子柒的视频吸引来了国外网友对中国文化的关注，称这是“文化输出”；随后，便有网友提出反对意见，认为李子柒“背后有公司团队运作”“她这些都是摆拍”“她这些都是美化后的农村，包装出来的”等言论，声称外国网友喜爱她的视频不是因为中国文化，而是她的视频符合他们心目中的中国形象——“土”。

李子柒的视频为什么吸引人？很多网友回复道：“每次看她的视频，都有一种被治愈的感觉，内心无比宁静。”因为，在城市快节奏工作的重压下，人们的内心越发渴望回归自然，过上悠闲自得的田园生活，而李子柒视频中那些真实的劳作、朴素的衣着、热气腾腾的美食，恰恰契合了人们心中对理想生活的追求。

那么李子柒的视频算不算“文化输出”？

当今中国经济崛起，对于许多外国人而言，一提到中国就会想到“MADE IN CHINA”。中国制造流水线工作的画面，就像纪录片《美国工厂》中描述的一样：福耀集团的外国高管来中国参观学习，看到中国工人像机器一般，技术娴熟，动作整齐迅速，令人惊讶；更令他们无法想象的是，中国工人每天要工作12小时，每月只休息1～2

天。外国人看到了中国人肯吃苦奋斗的那股劲头。

如今，我们常谈让中国品牌“走出去”，走向世界，具有国际化，却往往忽视中国品牌也是中国人走向世界的一种途径。通过一个中国人喜欢上中国人的生活方式，不也是一种传播中国文化的方式吗？

这就如韩国的K-POP和韩剧、日本的动漫、美国的迪斯尼一样，以音乐、偶像组合、卡通人物/物品、影视作品等方式让我们了解并喜欢上这些国家的文化；而李子柒以自己的理想生活方式赋予中国年轻一代全新的形象，不仅代表着中国年轻人的精神追求，也让外国人看到了不一样的中国故事。

但往往“理想很丰满，现实很骨感”，真正能做到像李子柒视频中的一样放下城市的繁华生活，回到田园从事农耕生活，会有几人？这种生活方式会不会形成一股历史潮流？

据国家统计局数据显示，截至2019年底，中国大陆总人口约14亿人，城镇化率为60.6%，城镇常住人口约为8.48亿人。但是中国城镇化率与欧美发达国家相比，仍是很低的，传统的农业方式仍是要摆脱的，更多年轻人也还是向往大城市的都市生活，生活方式也更为年轻化——网购、点外卖、看电影等。

李子柒遭到质疑，也反映了事情的一体两面：这种诗意的田园牧歌生活代表着人们的一种追求和向往，可大家却回不到原来淳朴的生活当中去了。这也是现代人的矛盾，一方面享受现代科技进步带来的好处，另一方面还想回归大自然，鱼和熊掌自然不可兼得，人们更没有陶渊明“久在樊笼里，复得返自然”的勇气和决心。

22

空巢青年和孤独经济

从前只有空巢老人，移动互联网时代又出现了新的社会现象——“空巢青年”，全球新冠疫情又将这一现象放大到极致。

很多人的朋友圈都出现过一张“国际孤独等级表”，从一个人逛超市、一个人去快餐厅到一个人做手术，孤独被分成了10个等级。现在，这些一个人做事情的孤独表现已成为空巢青年的日常生活。

“国际孤独等级表”

第1级	一个人逛超市	第6级	一个人去KTV
第2级	一个人去餐厅	第7级	一个人去看海
第3级	一个人去咖啡厅	第8级	一个人去游乐园
第4级	一个人看电影	第9级	一个人搬家
第5级	一个人吃火锅	第10级	一个人做手术

据中国统计年鉴数据显示，2017年中国空巢青年人数已达5800万人。脉脉数据研究院曾对上万名职场人进行孤独感调查，结果显示有近61.47%的人平时会感到孤独。在感到孤独的原因中，背井离乡排名第一。阿里巴巴旗下的闲鱼也曾出具了一份《闲鱼空巢青年租房数据》，分析了闲鱼上空巢青年群体的生活状况，数据显示，租房用

户中32%是空巢青年。

这些与父母及亲人分离、单身且独自租房居住的年轻人被称为空巢青年。他们远离故乡和家人独居生活，缺乏感情寄托，独自在大城市奋斗打拼，而大城市的繁华映衬得他们更加孤独。

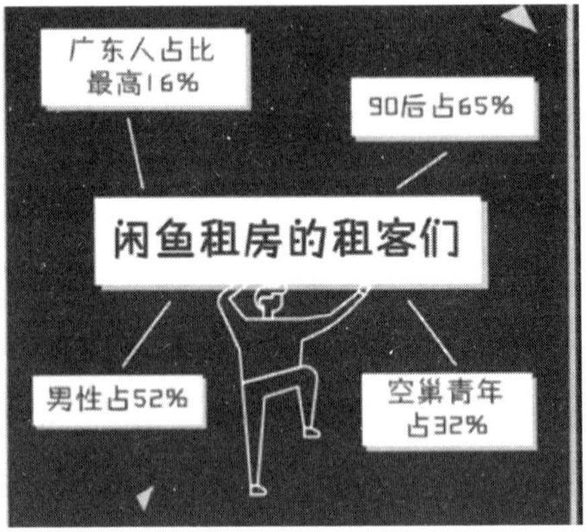

闲鱼空巢青年租房数据

一个人上班，一个人吃饭，一个人逛街，一个人唱歌，一个人去游乐园……空巢青年是一个群体，也成为一种生活方式。就像曾经“蜗居”的人们和“蚁族”一样，空巢青年是伴随着社会经济发展和城市化进程加快而出现的。

由于经济发展不平衡，相对于其他城市而言，北京、上海、广州等大城市经济发达，就业机会多，工资待遇好，年轻人为了获得更好的发展机会，背井离乡，外出打工。除了抱有对未来的期许，他们还要面对城市的繁华、高房租和高消费带来的生存压力，这让空巢青年有着难言的孤独和心酸。

理想和现实的落差让空巢青年感到彷徨和无奈，他们也曾一次次想过要逃离北上广，回到家乡与父母一同生活，但对未来的无限憧憬依然让他们努力扎根于大城市中。

马克思曾说：“人的本质不是单个人所固有的抽象物，在其现实性上，它是一切社会关系的总和。”现在的年轻人之所以选择离开亲人，来到陌生的大城市奋斗，除了社会经济发展不平衡的原因之外，与他们自己的价值观也有很大关系。年轻人有冲劲，有个性，自我实现的需求强烈，不愿意落后于同龄人，因而会效仿其他在大城市打拼的青年外出闯荡。

大量空巢青年在大城市艰难打拼，强烈的孤独感需要情感寄托，他们日常生活的各项需求也蕴藏着巨大的商机，“孤独经济”悄然流行。

网上有人这样调侃空巢青年：“各方都已经盯上了单身人士，除了爱情。”在调侃之外，这句话揭示了空巢青年带来的巨大商机：一人食餐厅、迷你KTV、宠物经济等，针对单身人群的“孤独经济”越发火热，创造出一个庞大的市场。

空巢青年在物质和精神生活上有许多自己独特的需求。不管是被迫选择的“空巢”，还是主动选择的单身，这个群体最大的特征是一个人生活。吃饭是必要的生活需求，但做饭却让人觉得非常麻烦，特别是在孤身一人的时候，想想还要洗碗，不如点外卖吧。美团外卖数据显示，有超过60%的单身人群，每周最少点3次外卖。

如果既不想做饭又不愿意吃外卖怎么办呢？去饭馆吃是最好的选择。但是对于空巢青年来说，一个人去饭馆吃饭总显得有些尴尬，别的桌上不是同学朋友，就是情侣夫妻，在这种环境下自己一个人吃饭就显得非常孤单了。

为了避免空巢青年在吃饭的时候尴尬，“一人食”餐厅出现了。在饭馆嘈杂的环境中，精致的小隔间构建出一个半封闭的独立空间，给愿意出门吃饭的空巢青年创造了优雅的用餐环境，其中旋转小火锅更是受到单身群体的热捧。针对空巢青年这个群体，很多餐厅都推出了单人卡座和单人套餐。一个人吃饭的消费方式，逐渐成为餐饮行业新的细分领域。在后疫情时代，这一领域更获得市场的青睐。

对于外出拼搏的空巢青年来说，除了吃之外，住也是刚需。对于没有存款的年轻人来说，租房是解决住宿的唯一选择。而他们大多数只能与别人合租，因为单身公寓普遍月租过万，即便是合租的房子也需要每个月支出两三千元。

目前，对于中国的空巢青年来说，日本流行的迷你公寓无疑非常适合。虽然这样的迷你公寓面积很小，但是厨房、卫生间、阳台等配置全部都有。在日本，迷你公寓入住率高达99%。随着空巢青年群体的不断扩大，完全满足一人居住生活的迷你公寓必然是将来住房领域的一个发展方向。

除了在吃住行方面的现实需要，空巢青年在情感上的需求也衍生出了许多商机。空巢青年最主要的精神需求是缓解孤独感，海底捞曾经推出的一项服务就非常贴合空巢青年的内心。在海底捞，如果你一个人用餐，服务员会在你对面的位子上放一个超大号的玩具熊，给你一种有人陪着一起吃饭的感觉。虽然这种方法并不能真的缓解孤独感，但仍然受到众多单身人士的好评。

一位青年网友痛失爱宠的悲伤故事让人唏嘘不已。春节前这位网友要回湖北恩施老家，特意为长沙家中的两只猫球球与蛋蛋准备了10天的猫粮与充足的水，还分别在盆子与纸箱中放满猫砂。然而疫情不期而至，这位网友被隔离在湖北老家，归程遥遥无期，长沙也进入重大突发公共卫生事件一级响应状态。等到这位网友联系上长沙的房东，终于可以打开房门代为照看两只猫时，球球与蛋蛋已死去多日。

对于许多单身的年轻人来说，宠物的陪伴能够极大地缓解内心的孤独感，所以很多空巢青年愿意养宠物，并且不惜在宠物身上花大价钱，“宠物经济”逐渐火热了起来。据《2019年中国宠物行业白皮书》显示，2019年全国城镇宠物犬猫数量达到9915万只，比2018年增长766万只；城镇宠物消费市场整体消费规模达到2024亿元，比2018年增长18.5%。

除了宠物本身之外，猫粮狗粮、宠物玩具、衣服装备和医疗用品等，都需要一定的支出。天猫发布的数据显示，2019年天猫“双十一”期间宠物品类成交额同比增长近130%，其中猫零食成交额同比增长近700%，狗零食同比增长超1400%。相比宠物给主人带来的满足感、幸福感和被需要感，再多的支出宠物主人也是心甘情愿的。伴随着空巢青年群体的壮大，养宠物的人也会越来越多，对宠物周边用品的消费将会迎来爆发式的增长。

除了通过养宠物来缓解孤独感之外，娱乐也成为空巢青年排遣寂寞的主要方式。在日常生活中，空巢青年们热衷于通过手机和屏幕另一端的主播进行互动，也愿意为自己在游戏中的虚拟角色充值消费。随着移动互联网的发展，直播、网络游戏、网络小说等娱乐产业的市场规模仍然有进一步扩大的空间。

如果说直播和网络游戏只是空巢青年在家中的选择，那么，迷你KTV、自助照相馆、自助健身房就成为他们走出家门的消费场所。以迷你KTV为例，这些类似于电话亭的设施往往设置在商场的角落，里面有窗帘遮掩，隔音效果极好，充分满足了单身人士独自唱歌、排遣寂寞的需求。

孤独是在大城市生活的人的常态。疫情之后，空巢青年的群体仍将不断壮大。对于商家而言，后疫情时代，在传统经营模式竞争压力增加、消费市场既萧条又已饱和的情况下，针对“孤独经济”能够探索的产业仍有很多，包括单身公寓、单人旅行、独立书店等。越来越多的空巢青年汇聚在“孤独经济”这一领域，一个万亿级别的大市场正在逐渐形成。

23

小镇青年和下沉市场

中国人民大学中国宏观经济论坛在2020年3月21日发布的报告中指出：受疫情影响，2020年初中国房地产行业各项指标受到较大负面冲击，房地产市场短时遇冷，其中二三线城市房价受影响较大。疫情过后房地产市场会逐渐回暖，疫情的冲击可能会进一步促使人们流向一线城市，加剧市场的区域分化。

数据显示，2020年1—2月，全国房地产开发投资完成33 323亿元，累计同比下降24.5%。与全国固定资产投资完成额和民间固定资产投资完成额相比，房地产开发投资完成额降速较慢。1—2月全国房地产新开工面积累计同比下降44.9%，房地产竣工面积累计同比下降22.9%。受疫情影响，中国多地发文宣布暂停或延迟土地出让。与此同时，1—2月国内各个地区实施不同程度的交通管制、人员流动限制等防疫措施，全国大部分房地产项目复工时间较往年有所推迟。

虽然报告显示，受疫情影响全国房地产价格增速出现分化，一线城市防控疫情能力较强，房价受疫情影响相对较小，二、三线城市防控能力相对较弱，房价受疫情影响较大，但我们也应进一步明确城镇化建设仍是国家的根本战略之一，在后疫情时代，为了应对国内外整体环境变化的挑战，应更加大力地推进新型城镇化建设。中国拥有全球最完备的制造业产业链，以此为基础进行产业分层，全面下沉市场，扩大内需，以都市圈为核心，建设更能聚集产业能力和劳动力就业的区域经济，将有效抵御“逆全球化”与“去中国化”的负面影响。

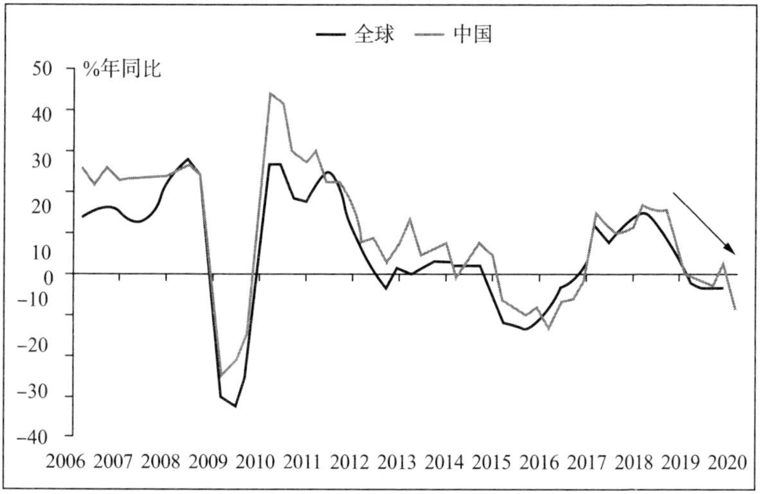

中国与全球商品贸易额增速

改革开放至今，北上广深等一线城市向来是“先富起来”的代表，是中国经济发展的动力之源。无数外来人口涌入，无数龙头企业入驻，带动着国内经济的腾飞。

但当以阿里巴巴、京东等电商巨头为代表的企业，绞尽脑汁服务于一二线城市的消费者时，拼多多另辟蹊径，以三四线城市为主要目标并成功上市，一时间给所有商家提了个醒。人们越来越意识到：

一二线城市的互联网流量红利已经接近饱和状态；电商平台呈现多元化，很多电商平台已经到达流量天花板；直播、抖音卖货、自媒体大V卖货等越来越普及；未来的增长动力和巨大的致富机会已经在不经意间从一二线城市转移到了三线城市以下。如今，大企业向三线以下城市渗透的步伐越来越坚定。

2019年8月中下旬，国内三大电商巨头JAP（京东、阿里巴巴、拼多多）陆续发布Q2财报。从数据来看，三大平台均实现了营收增长。阿里巴巴的成绩依旧亮眼；京东也用数据打了一个漂亮的翻身仗；被很多消费者质疑“假货平台”的拼多多取得了超过市场预期的好成绩，甚至带动拼多多股价迎来了一次8.66%的大涨，正式成为中国第五大互联网公司。但在欣喜之余，如何稳住未来的市场、抢占更多的份额，成为各大电商巨头的头等大事。

巧合的是，在三大电商巨头当年的Q2财报中，不约而同地出现了“下沉市场”一词。

阿里巴巴表示，公司本季度新增消费者中，有70%以上来自下沉市场。据天猫的数据显示，在2019年“618大促”中，聚划算为品牌带来3亿以上新客，三线到五线城市购买用户数、成交额同比增长均超100%，“天天特卖”为商家带来4.2亿元订单。

在京东2019年第二季度财报电话会上，京东零售集团轮值CEO徐雷透露：京东来自三线到六线城市的低线市场用户增速高于一二线城市；现在的新用户当中，有将近七成来自低线城市；整体用户里面，超过一半来自低线城市。

拼多多从成立开始，就以三四线城市为主战场。针对Q2财报，拼多多战略副总裁九鼎表示：2019年下半年，将继续扩大让利和补贴力度。同时，拼多多Q2财报显示，在第二季度，拼多多的年活跃用户达到4.83亿，在电商市场整体流量增速放缓的大趋势下，拼多多的这一逆势增长现象成为最大的亮点。

下沉市场一般指的是以三线及以下城市、乡镇、农村消费者为主体的市场，包括中老年群体、小镇青年、隐形新中产等。

其用户画像有以下几大特点：

第一，有钱有闲。 虽然收入相比一二线城市居民来说不算高，但他们的生活成本低，尤其是没有过重的房贷压力，因此在吃喝玩乐等方面的可支配资金更为宽裕，以此释放的消费能力不容小觑。

第二，重视亲友关系。相比一二线城市的用户可能“连自己邻居都不知道是谁”的现象，生活在三四线城市的消费者大多还处在一个“熟人社会”的环境中，基于亲友关系的好物分享对他们十分有用。这种购物方式有助于降低他们的消费风险。线下的门店注重熟人推荐，同样线上电商最看重的也是社交。他们对于拼多多砍价、“零元购”、团购打折等“互帮互助”的模式更是乐此不疲。

第三，对价格敏感。这一消费群体对价格非常敏感，很容易被廉价商品诱惑，而且非常擅长货比三家，精打细算。商品的高性价比是他们消费的第一要求。

据国家统计局与国泰君安证券的研究报告，目前我国下沉市场人口已超10亿。在这一庞大的消费群体中，小镇青年是消费主力军。在很多人的印象里，三四线城市代表着“不发达”“不高级”“生活水平差”，而生活在那里的小镇青年也被打上了“土里土气”“没有审美”“收入不高”“缺乏品位”等标签。但事实并非这样，这群曾被忽视的小镇青年，正悄然改变着中国经济的发展路径。

国家统计局数据显示，小镇青年数量达到2.27亿人，是一二线城市青年的3倍以上；而小镇青年平均每月支出为2150元，与一二线城市青年的月支出差距并不大。《2019小镇青年报告》更显示：30%的小镇青年实现了有车有房和经济独立，其比例甚至高于城市青年。

他们究竟是怎样一群人？又是如何搅动这一片市场蓝海，让下沉市场重新焕发新生机的？

所谓小镇青年，是指那些年龄在18～30岁，生活在三四五线城市的人群。他们大都接受过良好的教育，但并不羡慕也无心在一线城市工作。与在一线城市打拼的同龄人相比，他们在自己的家乡有稳定的工作、舒适的环境，房贷车贷压力小。在大城市青年忙于“996”加班时，他们有更多的空闲时间做自己喜欢的事。同时因受教育水平的提高和消费观念的升级，他们对生活质量的要求也很高，对于新事物的学习和接受能力并不比大城市青年弱。《2019小镇青年报告》显示，从技能、科普、美食、乐器等“学习型视频”的观看人数占比来看，小镇青年是城市青年的8倍。

另外，近几年三四五线城市的迅速发展也为小镇青年提供了条件。一二线城市所具备的基础建设，如道路交通、通信设备、网络物流等，在三四五线城市也已经十分发达。比如高铁线路开通，城市之间的距离越来越短，到大城市走一趟来回也不过几个小时；信息的流通、人与人之间的交流几乎做到了“零时差”，新技术、新产品、新经验可以瞬间同步全国。以往只有大城市青年可触达的学习途径和自我展示平台，随着信息壁垒的打通，小镇青年也同样可触达。他们紧跟潮流，甚至制造潮流。对于他们在音乐、旅行、摄影、舞蹈、运动、时尚等领域的知识与技能需求，正在创造出新市场。

随着下沉市场越来越成熟，传统电商巨头纷纷“跑步”进入下沉市场，竞争越来越激烈。

为了抢夺下沉市场，阿里巴巴不断推出新战略。截至2018年底，阿里巴巴的淘宝村达到3202个，覆盖330个县，年销售额达到2200亿。2019年的“618”电商大战中，天猫更进一步加强了对下沉市场的扩张战略，制造“千万爆款团”超过180个，“百万爆款团”超过4700个，销售过万件的单品达到4200多个。阿里巴巴重构聚划算，2019年9月1—10日，策划了为期10天的“99划算节”，打通聚划算、淘抢购、天天特卖三大营销平台。

而京东线上线下双管齐下：线上，升级三个频道——京东秒杀、每日特价和品牌闪购，占据大幅页面；线下，为下沉市场布局主营手机、电脑、数码产品、创意商品的京东专卖店。线下线上同步变价，占据下沉市场消费升级的制高点，同时为应对阿里巴巴升级版的“99划算节”，京东策划了“秒杀嗨购日”活动，打造秒杀狂欢盛典。

过去几年，各大电商平台已经初步打通下沉市场，但还远远不够。面对这一块巨大的蛋糕，无论是先入局的拼多多还是新加入的成员，都需要打起十二分精神。

比如一向主攻一二线城市的商家，如果单纯打价格战，或者通过拍广告大片，搞“高深莫测”“只可意会不可言传”那一套，一味地将一二线城市的营销战略“复制粘贴”到下沉市场，继续传统打法，很可能会无功而返，甚至血本无归。

而“拼多多”们虽然最早拿到下沉市场的红利，但面对阿里巴巴、京东等电商巨头“高质低价”活动的冲击，如果继续以“低价”和“看起来便宜”的策略在下沉市场野蛮生长，很有可能被对手挤出赛道。

总之，下沉市场的初级阶段成就了拼多多、趣头条等早期玩家，也完成了自我进阶。尤其是互联网一竿子打破了阻隔在一二线与三线以下城市群体的信息屏障，能够真正了解这群用户，解决小镇青年们“高品质”和“优质服务”的消费需求，是未来各大电商在下沉市场站稳脚跟的“必要装备”。这是机遇也是挑战，是各大电商平台施展拳脚的好时机，也是检验各大电商巨头战略成效的试金石。下沉市场的风口已经站满了人，一场电商激战已经拉开大幕。

第四章
Part 4

经济保卫战

24

实体经济vs.虚拟经济

互联网的出现，让整个人类世界发生了巨大的变化，网络渗透到社会的每个角落。关于网络有一条非常著名的定律，是用以太网的发明人罗伯特·梅特卡夫的名字命名的，人们称之为梅特卡夫定律。

这条定律显示：网络的价值随着用户数量的平方数增加而增加。换句话说就是，网络的价值随着用户数量的增加而增加，比如移动互联网。

互联网发展初期，使用计算机的人每天都在大量增加。随着上网的人越来越多，互联网变得越来越有价值，因而吸引更多的人使用，最终提高整个互联网的总价值。

梅特卡夫定律是基于每一个新上网的用户，都因为别人的联网而获得了更多信息交流的机会。指出了网络具有极强的外部性和正反馈性，即联网的用户越多，网络的价值越大，联网的需求也就越大。梅特卡夫定律指出了从总体上看，消费方面存在效用递增的现象，即需求创造了新的需求。

如今，互联网进入下半场，虚拟经济同样存在用户越多越能够大幅度降低成本，甚至成本降到接近于零的现象；而实体经济随着用户的增多，总投入也会提高，这也是为什么互联网下半场实体经济相比虚拟经济的劣势。

2019年7月11日中国互联网协会发布的《中国互联网发展报告（2019）》指出，截至2018年底，中国网民数量达到8.29亿人，全年新增网民5663万人，互联网普及率达59.6%。这样一个巨大的用户数量，为虚拟经济的发展提供了坚实的基础。与此同时，互联网在吸纳就业方面的作用也愈来愈突出。中国人力资源和社会保障部在2020年5月公布的新职业、新工种类别上，就专门增设了“互联网营销师”（职业编码：4-01-02-07）。定义为：在数字化信息平台上，运用网络的交互性与传播公信力，对企业产品进行多平台营销推广的人员。

作为实体经济，农业对于一个国家来说是非常重要的，但是农民的收入却不高，因为农业的产出与投入之间有着非常直接的线性关系。每亩地的产出与其所需要的劳动力成本和各项投入是相对应的，比如种1亩地需要花费100小时劳动、200元种子和肥料成本，最终能产出100公斤粮食；那么，要生产1000公斤粮食，就需要种10亩地，投入1000小时劳动、2000元种子和肥料钱，而随着经济的发展，劳动力等各项成本将会越来越高。

与农业这种实体经济不同的是：虚拟经济随着产业的扩大、用户的增多，其成本却是在逐渐降低的。比如报纸、杂志等传统媒体随着发售的数量增加，其印刷成本也在上升，而通过互联网平台传播的新闻却不会随着用户的增多而增加成本，甚至更多的用户会为其带来更多的利润，因为用户的流量将会由广告商来买单。这其中就涉及边际成本的问题。

在经济学中，边际成本指的是每一单位新增产品带来的总成本的增量。

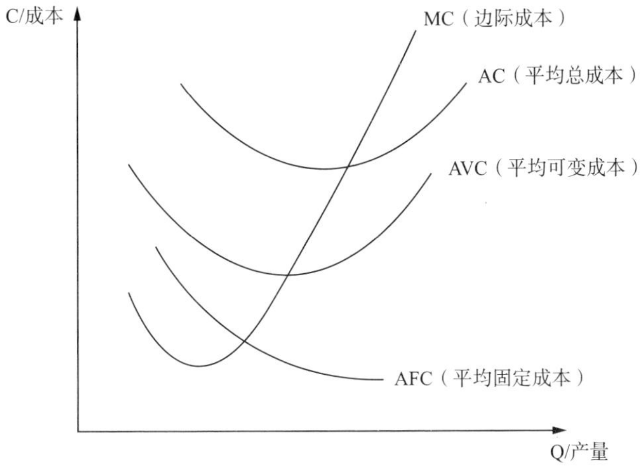

平均成本和边际成本的位置关系图

这一概念表明每一单位产品的成本与总产量有关。比如，生产一辆汽车的成本是很大的，而每生产一辆汽车都需要投入大量的劳动力、机械、钢材等，所以制造业的边际成本很高。

虚拟经济则不同。以腾讯公司的游戏为例，在火爆的《王者荣耀》中，“英雄皮肤”在设计的时候需要程序员和设计师花费一定的时间成本，但在设计完成之后，基本上不需要再投入其他成本。一个王者荣耀的“英雄皮肤”卖10元钱，卖1亿个“英雄皮肤”就能收入10亿元，而卖1亿个皮肤跟卖一个皮肤在成本上几乎没有差别，收入却千差万别。所以虚拟经济接近零的边际成本是其超越实体经济最重要的一个因素。

与农业、传统制造业相似的还有餐饮业、服务业，这些产业的产出和投入均难以做到边际成本为零。有人说开火锅店的利润很大，但是食材、门店房租、员工工资等都是很大一部分固定的支出，从这种几乎固定的边际成本来看，其实做餐饮业也没有太高的利润回报。

同样的，从近年来网店对实体店的冲击就能够看到，虚拟经济是互联网经济发展的大趋势，因为虚拟经济能够极大地节约成本。淘宝出现之后，电商迅速发展，完全改变了人们的消费习惯，截留了大量客源，极大地挤压了实体店的利润空间。

除此之外，网店的销售范围也更加广阔，能够承载更多种类的商品，影响到的消费者比实体店多得多，这就是网店能够发展得比实体店更好的原因。网店不仅抢占了实体店的流量，越来越多样化的互联网广告、互联网营销模式更是碾压了商场促销的利润空间。

随着网红经济和粉丝经济的发展，网红带货给商家带来的收益要远远超过商场的促销。2019年“双十一”预售开启的第一天，“带货一哥”李佳琦就冲上了当天微博热搜榜的第一，3100多万人实时观看他的直播，他一个人的销售额就超过10亿元，2018年他也创下了3亿元的销售纪录。哪一个商场的促销活动能创造出这么高的销售业绩呢？

像李佳琦这样的网红赚钱能力实在令人匪夷所思。有公开数据显示，李佳琦2019年赚了2亿元，按照2018年中国A股上市公司的净利润数据，有2307家公司的净利润低于李佳琦的2亿元。与李佳琦相似的还有火遍全球的网红李子柒，她在2019年也狂赚1.6亿元，2018年有2123家公司的净利润低于李子柒。综合来看，李佳琦一个人就PK掉了60%的上市公司，其中包括紫光学大、江西长运、白银有色等大量人数过万的大公司。

2018年，32岁的薇娅以在淘宝获得年收入3000万元、推动成交额7亿元，位居淘宝达人收入榜“淘布斯”的榜首。她曾经通过一次直播吸引150万人观看，在没有任何其他推广手段的情况下，帮助一个0粉丝的淘宝新店，一夜之间产生7000万元的销售额。以前人们常说“一铺养三代”，商人都需要投资一个不小的商铺来赚钱，而现在的网红只需要一个10平方米的直播间，就能够隔着手机屏幕把消费者的钱赚了。

如今，在互联网深入渗透的情况下，越来越多的行业都被虚拟经济所抢占，知识付费就是非常典型的一种。借助移动互联网，人们能够更加高效地筛选信息，获取自己所需要的知识。相比传统的出版、媒体及教育等产业，知识付费有无法比拟的内容资源优势，带来的冲击也给予出版、教育行业一次突破固化运营模式的重要机会。

从众多行业发展的现状中能够发现，虚拟经济不断降低产品的成本，甚至可以成本趋零，以此来提升企业的利润，而且越是接近零边际成本的行业，其价值增长的空间越大；实体经济则完全不行，特别是随着房租、劳动力等成本越来越高，实体经济将会受到更大的打击。这也是为什么在互联网下半场，要想让产业快速增长，必须“脱实向虚”。

如今数字化涉及经济的各个层面，数据和数据技术的应用也产生了许多新的商业模式，电商就是最好的一个例子。很多人都认为，数字经济是虚拟经济的典型代表。

那么，该如何去理解数字经济呢？

实际上，许多关于数字经济的研究文献把数据看成一种新的生产要素——在劳动力、资本之外的生产要素。在农业时代，土地和劳动力是最重要的生产要素；到了工业时代，生产性资本（如机器设备）和劳动力是最重要的生产要素；到了数字经济时代，数据成为一种新的生产要素。

那么它有什么特点和优势呢？

从腾讯的产品中我们可以看到，数据的一大特点就是边际成本几乎为零。除此之外，数据还具有非竞争性，这种非竞争性能够带来规模经济。

在传统商品中，很多东西都具有竞争性。比如煤炭资源，每一吨煤炭的开采都需要一定的成本，而且消耗一吨就少一吨，一个人用了别人就不能再用，具有竞争性和排他性；而数据则完全不同，具有非竞争性，一个人使用数据，完全不影响他人的使用，比如微信这个APP，所有人都可以下载使用。

非竞争性带来的是规模效应，就是说经济活动的规模增加、范围扩大能够带来边际成本的降低和生产效率的提高。传统经济很难做到边际成本为零，规模效应也受到限制，而数字经济很容易做到零边际成本，所以其规模经济的潜力极大。

如今我们能够明显感觉到数字经济的快速发展，其创造财富的速度远远超过其他任何经济。

数字经济的非竞争性促进了平台经济的发展，不同于传统商业只能够服务单边市场，平台可以连接消费者和生产者双方，既服务了买方又服务了卖方，形成一个包括研发、生产、销售、消费多方在内的经济生态圈。

联合国贸易和发展会议发布的《2019年数字经济报告》指出：在全球市值最大的20家公司中，有40%拥有基于平台的商业模式，7个“超级平台”占70个大平台总市值的三分之二，以规模排序依次是微软、苹果、亚马逊、谷歌、Facebook、腾讯和阿里巴巴。由此可见，随着互联网红利期的结束，在互联网下半场，有着巨大优势的虚拟经济将会成为这个时代的中心，虚拟经济将会超越实体经济的发展。

当然，在互联网经济“脱实向虚”的发展过程中也不能够太过膨胀，防止虚拟经济过度发展和自我循环，毕竟实体经济始终是人类社会赖以生存和发展的基础。

所以，在后疫情时代，既要利用虚拟经济边际成本低、回报率高、资金回收快的特点推动经济发展，又要保护好实体经济的生存空间，因为实体经济是虚拟经济发展的根基，而虚拟经济则是实体经济的助推器。只有推动实体经济和虚拟经济的协调发展，中国乃至全球的经济才能持续健康发展。

25

隔离经济生存之道

“没有一个冬天不会过去，没有一个春天不会到来。”这是疫情期间面对困难和挑战的人们反复自我安慰的一句话。

全员隔离之下，每个人都面临严峻的考验，中国企业家和创业者尤甚，但是如果你还只是在静待春天到来、万物复苏，那恐怕还没等疫情结束，你的工厂或公司已经“结束”了。

自2020年1月下旬以来，中国各地陆续启动重大公共卫生事件一级响应，要求取消一切集会、关闭一切营业性娱乐场所，餐饮、酒店、旅游等传统服务行业一下子成了经济重灾区。

但就在2月8日北京“K歌之王”总经理向全体员工发出解散信

的当天，上海知名夜店TAXX却在抖音开了一场直播，进行线上“云蹦迪”，4小时霸榜打赏收入超70万元；第二天，One Third酒吧直播5小时收入200多万元；接下来北京、成都、重庆等城市的众多酒吧、夜店纷纷入驻直播平台，场场爆满。

被憋坏了的年轻人终于有地方释放，恨不得进行报复性消费，往常满屏打赏的“飞机”“火箭”换成了数不清的“口罩”“消毒液”。

线上刷礼物，线下外卖酒水，“云蹦迪”成了疫情之下一道独特的风景。它可能在疫情结束后的持续性不是特别强，但让受困于疫情的各行各业从业者们看到了消费场景转换的可能性。

当然，客观来讲，只有少部分人能够从这场狂欢中获益，因为平台对流量的分配是有限的，用户的注意力是有限的，谁行动迅速，谁将占得先机。

率先布局线上，转换消费场景

2003年非典营造了中国市场八大商机：电商、网络、医药、电信、消毒用品、汽车、体育休闲产业、保险业，其中电商在那一时期得到了飞速的发展。如今，电商平台成为商家必争之地，直播带货、线上销售已成为商家必备的工具和武器。

没有及时布局线上的企业，面对突如其来的疫情只能靠账上的现金流死扛。

江苏海迅集团是一家涉及电梯零部件、铁路器材、微电子材料和液晶显示器等多行业的集团公司。海迅董事长仲跻和坦言这次疫情对各产业链上下游的冲击都很大，但好在公司以前已做了线上布局，认为未来非接触商业大有可为，将进一步完善线上体验平台，在5G

时代利用VR技术、在线协同办公、远程分享等，给客户提供身临其境的产品体验。2020年2月疫情严重期间海迅还通过网络洽谈了一个2500万元的土耳其订单。

此外，海迅集团也面临很多员工无法到岗的问题。仲跻和认为疫情过后传统制造行业将出现“以机代人”的趋势，智能工业机器人会成为新风口，这不仅仅是制造业的需求，也是隔离经济的新需求。

从事陶瓷艺术品经营的珠海观瓷品牌创始人宁晓琴也表示，企业在第一时间就开通了微信平台上的“有播”直播，未来将继续增加文创产品的文化赋能，结合人们的日常生活，推出相应的文创系列产品。

某家以线上销售为主、主打健康功能性食品原料并拥有自己终端品牌的微商公司，在疫情期间销量不减反增。不过该企业负责人并不认同部分人鼓吹的“实体不行了，微商才是机会”的片面言辞。实际上，她更焦虑自己产品的供应链撑不下去，认为没有实体支撑，线上需求只能是虚假的繁荣。

隔离经济和无接触商业

疫情突袭让隔离经济大行其道，在线支付、隔空投送、机器替代，新鲜事物层出不穷。

2019年年营业收入约10亿元的木屋烧烤，作为受重创的餐饮类企业，线下营业额同比下降90%。木屋烧烤的联合创始人王乐武说，为了开源节流，企业保留部分线上外卖业务，高管们带头降薪，股东层大家只拿1元的月薪。他们也严格执行无接触配送。为了进一步让顾客放心，还在每一个订单外面放一张卡片，标明相关操作人员的姓名、体温等信息，最大限度地保证传递给客人放心的食物。

王乐武还表示，餐饮行业细分非常多，未来考虑做一些半成品食物、主食厨房等，逐渐向餐饮新零售方向发展和突破。

比单纯的配送更具备无接触商业特性和潜质的，则需要科技助力，如武汉火神山医院配备的“送货机器人”和“无人超市”等。

南京八天在线网络科技有限公司就是采用这样的“云超市”商业模式，立足校园，线上线下结合，打造云商便利店，提供无人货架、无人收银机、自动配货机等服务，形成以新新青年生活为中心的新零售平台。

据八天在线CEO顾问先生介绍，疫情严重时八天在线线上需求旺盛，但是上游已经全部断货。由于部分地区疫情管控十分严格，社区超市只能做线上更不允许开门营业，仓库无法打开。面对销售爆发，短期内也只能面对无人无货的局面。

分布式商业和共享经济

继共享单车、共享充电宝之后，危急时刻马云又推出了共享经济新模式——共享员工。

众所周知，这次疫情导致了两种用工难，一是部分回老家过年的人被困在老家出不来，二是大量留守的餐饮服务人员闲在宿舍没事干。

在西贝餐饮董事长贾国龙发出万名员工留守的呼声后，阿里巴巴马云决定短期跨界租用西贝的员工。因为阿里旗下的卖场盒马鲜生有货无人，送不出去，双方一拍即合，盒马迅速组织开展培训上岗。阿里解决了西贝部分员工的工资开支问题，西贝则在人力上为阿里雪中送炭。

京东、苏宁、沃尔玛、步步高、联想等企业也都纷纷加入共享员工计划当中。

同时我们也看到，疫情期间各大线上音频类平台也纷纷推出免费内容，如喜马拉雅、凯叔讲故事等，这一举措不但没有造成企业损失，反而增加了用户的好感度，平台用户数、流量均取得大幅度增长。

免费、社交和分享成为新的商业形态，独享和独占式的商业模式越来越不“经济”；行业的跨界与融合宣告了无边界商业时代的到来，小众品牌崛起、去中心化的分布式商业大行其道，金字塔式的层级社会和管理模式迎来挑战。

在“互联网+”时代，信息的分享和共通成为新时代的财富商机，分享得越多，赚得就越多。这也是免费的商业精髓，是互联网下半场的终极秘密。

人工智能成为新风口

武汉火神山医院不仅配套有无人超市，连送餐、送药的机器人也得到了广泛运用。

送餐机器人上线后，相关负责人只需要穿戴好防护装备，将餐食依次放在机器人托盘上，在其控制面板上输入对应的房间号，机器人就能够自动追踪房间号，准确送餐。

而医护机器人则能够根据医院的需求分别执行递送化验单、药物等工作，甚至能够帮助医护人员执行导诊、消毒、清洁等工作。

通过机器人完成较为简单、流程化的工作，实现对患者的无接触服务，在一定程度上减轻了医护人员的工作量，同时也进一步避免人员接触感染的可能。

在这场疫情阻击战中，AI、大数据、云计算等技术在病毒研究、疫情防控、信息传播等方面发挥了重要的作用。

26

抱团取暖和企业自救

为抗击新冠疫情，北京市曾在2020年2月3日公布了19条惠民惠企措施，其中有一条就是企业因为未按时开工，可延期缴纳员工的社保费用。但之后许多企业反映，社保费用已如期从账上划走。北京市人社局很快出来解释说，可以按程序申请退回。看来，再好的政策都有一个执行和落实的问题。

桔子酒店创始人吴海给自己投资的魅KTV算了一笔账，在没有营收的情况下，企业仅可以支撑2个月。

吴海2018年曾两次给政府部门写过公开信，直指企业面临的营商环境问题。面对这次疫情，他认为，国家应该对强制停业、受到极大冲击的行业，在疫情结束前暂时免收社保，疫情结束后享受缓缴政策；此外，他还建议对所有受影响的企业给予租金优惠政策等。

重点龙头企业，急待资金续命

2020年2月13日，国务院联防联控机制印发通知，要求压实“菜篮子”市长负责制，做好农产品稳产保供，而农产品的源头种业企业正在遭受致命打击。

成立于2008年的内蒙古民丰种业有限公司，是我国最大的集马铃薯、燕麦研发、种子生产、分级加工、物流仓储、推广销售于一体的现代化农业企业之一，是“农业产业化国家重点龙头企业”，同时已被纳入新冠疫情“涉及菜篮子产品的国家重点龙头企业名单”。因为疫情影响生产进度，损失严重。

民丰种业董事长卢文兵介绍，2月正值脱毒苗生产和种薯分选销售时节，除正式员工外，还需雇佣大量临时工，但疫情使得公司无法按时复工，部分员工无法按时到岗，当地也难以找到合适的临时工，疫情还影响春耕备耕工作，公司的全年生产安排都受到了影响。

民丰种业由于行业及客户群体的特殊性，线上业务开展得相对较少。疫情严重影响了企业资金回流，贷款到期，资金链面临断裂，亟需融资。

不过，卢文兵也相信经过此次疫情，人们会更加关注健康食品，重视提升自身免疫力，燕麦食品行业将迎来更大的发展机遇，目前正在加大高附加值健康产品的研发力度。

自疫情发生以来，许多企业已经开始了自救、互救。

筹5亿元资金，不让一个经销商倒下

面对疫情，金牌厨柜股份有限公司董事长潘孝贞是这样做的：由集团帮助经销商给员工发工资，共渡难关。

厨柜类产品属于大众耐用消费品行业，主要依赖线下门店销售，受疫情影响的冲击很大。不过潘孝贞表示，需求只是暂时被压制而已，作为上市公司，在第一季度财报会受很大影响；但是等疫情过后就会反弹。而且自身一直稳扎稳打，经营状况良好，现金流储备较为丰富，对企业本身并不十分担心，更多的是为经销商的现状感到担忧。

虽然大部分家居卖场都有差不多一个月的免租，但也只是杯水车薪，人员工资是比较大的负担。针对实际的困难，潘孝贞推出两个“自救”举措：

第一，帮助品牌在全国零售经销商的1万多名员工负担一个月的基本工资，大概拿出四五千万元让他们挺过这个难关；

第二，由潘孝贞本人和集团的金融事业部联合几家银行进行5亿元融资，给予经销商支持。潘孝贞说：“经销商、供应商等小微企业没有能力找银行融资，当下又没办法复工复产，现金流遭遇很大困难，我们尽量确保没有一家经销商因此倒下。”

这一抱团取暖的举动在整个行业形成了很大的影响。超过160家家居建材行业的企业纷纷跟进，对自己的经销商进行各种形式的帮扶，形成了一道独特的风景线。

品牌和经销商的关系是水和船的关系，投入较大比重资金去拯救整个行业生态链中的薄弱环节，体现了企业的担当精神。

针对当时的实际情况，潘孝贞还呼吁能够出台相应政策，一方面在安全有保障的情况下对企业正常复工予以支持，例如有的基层地方政府对于疫情管控办法简单粗暴，直接封门断路，禁止人员出入，也让大量工人无法返场开工。针对这一情况，希望对基层管控方法做出指导，不要过度。

另一方面，如果企业、个人因为疫情造成现金周转问题致使违约，会对信用带来较大影响，希望银行针对此次疫情，对信用问题做出特殊的处理方案。

在自身管理和营销方面，金牌厨柜全面开始线上办公，逐步恢复正常的工作生产，并用最快的速度开展网络营销。

潘孝贞坦言："线上非接触商业这块，实际上因为突如其来的疫情，我们并没有充分准备；2月10日开始分阶段复工以后，通过线上引流、电商销售，取得了不错的突破和成绩。"

他表示，把居家生活打造得更舒适、更健康，让家庭居住与办公更加智能化，会很快被广大消费者所重视和接受，这给家居行业带来了新的发展契机。

转战线上

同样给予合作伙伴实际帮助的还有尚品宅配，他们给予全国各地的加盟商及门店近6亿元的实际帮助，包括支持加盟商员工工资、防疫补贴、免除O2O平台服务费用以及新平台新模式的支持，保障加盟商伙伴平稳渡过这次难关。

尚品宅配家居股份有限公司董事长李连柱表示，这场疫情对于每一个家居企业都是一场战役，不仅要做好防控疫情，更要面对新的市场环境，是一场改变战略、活化线上的生存之战。

他说："这次疫情也让我们明白，要学会接受经营环境的不确定性。我们已经不在一个原有的、熟悉的环境下展开经营活动，要用新的方式和认知去理解当下的情况。我们还需要有更强的危机意识，不断提升自我的竞争力，关注真正的顾客价值，并创造顾客价值。"

在各行各业纷纷转战线上的时候，尚品宅配已经积累了15年的线上运营经验，其自媒体矩阵、私域流量、短视频及社群运营都有着长期完善的经验，并拥有强大的研发能力和成熟的线上服务软件。李连柱介绍，尚吕宅配已经全面启动了"线上门店"的方式，做到让用户足不出户的全屋定制服务，通过视频量尺、免费设计的方式弥补线下的业务。

另外，尚品宅配也在积极升级大数据和云计算库，为一线的设计师打磨好“兵器”，帮助设计师为消费者制定更好的全屋定制方案。

家居定制的服务周期相对较长，实现服务流程的前端（用户沟通）和中端（方案设计）的线上化，能最大限度地降低疫情对企业的影响。

李连柱认为此次疫情会是一个优胜劣汰的过程——优秀的企业将凭借健康的“体魄”和安全的防护体系，抵御此次危机，甚至在危机中磨练出更强的实力。

志邦家居董事长孙志勇也表示，因为企业没有贷款，现金充裕，除湖北外受到疫情的影响不是很大，家装消费只是被顺延了，后续经过努力都可以补上来。

疫情期间志邦家居处于线上办公状态，因为特殊情况工厂推迟订单生产，客户也能够理解支持，现在营销团队都在忙于线上直播，社群运营取得了一定的成效，很多加盟商还在学习适应当中，成效有待提高。未来还需要强化在线营销和服务意识，提升组织的数据化、分散式管理意识。

亚振家具股份有限公司董事长高伟直言：客观地说，无论疫情来不来，家居行业传统企业的危机都早已到来。消费主力群体的变化、消费逻辑与商业模式的变化、审美的变化，不断上涨的人力、材料、租金成本等，使得家居业早已开始新一轮的迭代升级，新冠疫情一定程度上更是加速了这一进程。

亚振家居近两年来处于发展转型调整期，经营结果不令人满意。为确保2020年彻底打个翻身仗，企业在2019年年底和2020年年初做了诸多的工作部署。但疫情来得很突然，房地产停滞、装修停滞、消费者观望等，严重影响到包括亚振在内的以线下销售为主的家居企业。卖场延迟开业，流量减少就意味着订单大量减少，同时生产上也无法按计划复工。所以，无论是现金流还是全年经营目标的达成，都存在巨大的压力。

不过，亚振家居在行业内沉淀了28年，并从前几年开始布局智能制造、企业信息化、渠道多元化、管理精细化、服务标准化等战略措施。近期亚振家居加大对天猫、京东等线上旗舰店的升级，梳理产品矩阵，升级产品页面，积极参加线上平台的各种活动，扩大线上流量。此外，与门户网站新浪乐居搭建了线上展厅，可与线下门店实现互联，通过对线上展厅的推广，实现向线下引流。

高伟还提到，此次疫情又一次把健康话题带入大众视野，“我们早在前些年就已尝试将人体与环境健康要素监测、智能睡眠、远程互联、5G应用下的远程AR场景式体验融入我们的家居产品、家居配套设备、消费体验中心之中。经历了此次疫情，我们无疑将对这些新技术、新模式的应用进一步提速，以满足新时代下的消费体验与需求。”

受疫情影响巨大的还有酒类行业。湖北劲酒董事长吴少勋介绍，酒类行业2020年全年销售整体形势不容乐观。劲酒总部位于湖北黄石，是此次疫情的重灾区，加上传统餐饮消费是公司重要的销售渠道，因此疫情对公司的短期销售带来的冲击很大，全年数据还要看接下来的疫情防控形势。

对于线上业务和非接触商业方面，劲酒公司主要做了三方面探索：

一是强化线上沟通，对终端客情实时跟踪；

二是重视面向家庭的直接销售。社区门店是除了线上平台之外，距离消费者最近的渠道，特别是在这次疫情下其重要意义越发凸显；

三是重视社群运营和云约酒等互动平台，构建私域流量。

健康产品的契机

此次在家居建材类企业中受影响最大的莫过于需要上门安装的产品。海尔卫玺CEO李长征说：“在疫情发生的时候，上门安装类产品下单量大幅下跌。”

不过，作为国内名列前茅的智能卫浴品牌，海尔卫玺也在积极拓展线上渠道。在智能马桶盖行业，日系的松下和国货海尔一直牢牢占据前两名的位置，“越是比较困难的时候，用户越是选择龙头品牌；越是优秀的品牌，受影响越小”。对此李长征非常自信，他说，春节期间，很多朋友通过他的朋友圈直接下单购买他们的产品。

自疫情发生以来，紫外线杀菌灯的需求大增，广明源光科技股份有限公司已经先后捐赠或联合捐赠4次，为武汉及周边地区20多家医院捐赠紫外线消毒灯，并向武汉雷神山医院捐赠了医用紫外线杀菌灯。

公司董事长洪燕南表示：通过这次疫情，特种光源会获得良好的发展契机，包括传统紫外线红外线灯，还有LED紫外线灯。疫情过后，人们将更加关注健康，健康照明市场将更加广阔。

目前企业除了紫外线消毒灯外，其他品类仍处于停工状态。疫情除了给企业的生产经营带来直接影响之外，也考验了企业的快速应变能力。洪燕南介绍，企业目前主要通过线上销售，或者配合合作伙伴进行线上销售。这部分比重大幅度提高。由于是制造业，非接触商业方面企业目前还只是在尝试阶段。

在这场企业保卫战中，家居建材、酒水食品等多个行业都不约而同地提到了“健康”将在下一步带来的重大机遇，抓住消费者对健康、智能的积极诉求，率先展开互联网营销，必将在整体市场复苏前抢占先机。同时在保经济促发展的过程中，不仅要靠企业自救、互救，还需要国家相关政策的进一步出台和强有力的落实。

27

疫情下的直播百态

卖吃、卖喝、卖美妆、卖车、卖房、卖火箭……网红们的直播间里似乎没有卖不出去的东西了。

草根逆袭李佳琦，破产卖身罗永浩，以及重启经济的县市长、危机自救的企业家们，纷纷走进镜头中直播带货。

全民开直播，万物皆可卖。2020年疫情之下，人们开启了前所未有的直播电商盛况。据中泰证券研究所统计，2020年春节开始，淘宝直播的场均观看人数上升了43.13%，抖音、快手的日均活跃用户规模分别增长了38.9%和35.2%。总体来说，疫情期间约95%的网友都看过直播，其中90后中超过97%的人看过，80后中有95%的人看过，70后中有87%的人看过。直播带货热潮下，“直播销售员”正式成为国家认可的新职业与新工种，增设在“互联网营销师”职业下。

新冠疫情催火了直播带货

如果不是因为疫情，人们尤其是一二线城市的中青年们，不会有这么多时间端着手机看直播下单。但是时代不同了，大咖们开始为商品背书，走进直播间的商品品牌也越来越高大上，再加上一波一波的“为家乡带货”“为湖北加油”等公益直播活动，天时、地利、人和让人们不由自主地开始在直播间里买买买。

勉强成习惯，习惯成自然。买着买着就发现，跟着网红下单太容易了，你根本不会想到货比三家、理性消费这码事，只要不是一点用处都没有的东西，只要不是真的买不起的东西，在主播们“真吃真用真感觉”和“循循善诱”下，下单比看实物、看图文购物直接并痛快得多。

直播带货确实在颠覆传统的营销模式，尤其对传统广告行业形成很大的冲击。

疫情期间，饭店不开门，也去不了健身房，宅家成为人们普遍的选择。全国人民不仅厨艺热情大增，而且健身方法也花样百出。海尔旗下日日顺物流抓住了这一特殊场景，发起了阳台马拉松直播。

与传统网红直播不同，海尔的阳台马拉松直播既没有请网红大咖来当主角，也没有把目光聚焦在硬件兜售上，而是以10万个阳台为场景，串联了物流、净水、食品、健身器材等30余家生态方，共同为用户定制健康饮水、健康洗护、健康饮食等5大类2000多个场景解决方案，为健身用户提供从送装健身器材到提供居家健康生态链解决方案。这一“体验云众播”的营销方式通过简便易行的场景设置，带来“人人参与，人人直播”的普遍参与感与体验感。

有人说直播是电视购物的升级版，但这显然是两个物种。两者的相同点是都有主播讲解、现身说法等环节；不同的是电视购物中很少有大牌产品，没有包退货、7天无理由退换等售后服务，价格更是“玄妙”，主要针对中老年人，和保健品的消费群体高度重叠，做的多是一锤子买卖。而主流的直播带货则依托电商平台，销售的商品大多有最起码的保障，定价也符合市场规律，只是换个方式让用户多关注、多下单而已。

比如有一个刚刚成立3年的国货美妆品牌，不像欧美大牌化妆品一样请国际明星做代言、砸硬广，而是聘任“口红一哥”李佳琦做品牌推荐官，靠一款口红创下月销千万元的记录，2019年“双十一”刚开始一个小时成交额就破亿元。该品牌一直是李佳琦直播间里的热销产品，品牌美誉度高达40%以上，这个品牌就是花西子。

李佳琦不遗余力的推荐让很多人怀疑他是不是有该公司的股份，他也总是在推荐产品时一次次澄清传闻。但不可否认的是李佳琦从该品牌中一定获利颇丰，而该品牌也靠着李佳琦的巨大流量和个人魅力赚得盆满钵满。

直播让购买更简单，喜欢马上就能下单，通常第二天商家就会发货，消费者很快就能吃上用上。这也是直播推广的一大优势。

以花西子为代表的品牌的迅速崛起，赢就赢在目标人群清晰、产品性价比较高、广告投放精准。

性价比高的产品在直播间火得快，品质低劣的产品死得也很快。2019年“双十一”期间，有一款口碑并不好的产品在某主播直播间售卖，任主播怎么介绍，消费者都不为所动，最后百万粉丝量级的直播间里只卖出77罐奶粉，效果相当差。还有那些消费者买回家后发现不好的产品，不仅消费者不会复购，对品牌、主播口碑的损伤也是很大的。

另外，由于直播间消费者大都属于价格敏感型，主播们最大的竞争力之一就是“全网最低价”，而奢侈品通常不打折，能给出的最低价也是让一般人望而却步的。

2020年4月2日，淘宝第一主播薇娅进行了一场“家装节”主题直播，卖的东西小到门铃、枕头、四件套，大到冰箱、沙发、电视机，伴随着并不专业的家装讲解，4个小时下来所有商品没有一件售罄。

2020年4月22日，李佳琦在直播间卖王菲代言的高端护肤品赫莲娜，不打折但是赠送超值的品牌产品，评论区的留言都是“我不配”“买不起”“下一个”……

受疫情影响，明星们不能出席线下活动，也纷纷走进了直播间。明星做直播主要分两种，一种是像林依轮这样有人气、有产品，已经树立了美食达人的人设直接开播，不仅为自己的产品代言，还可以兼售其他，效果很不错。另一种就是为代言的品牌“站台”，像鹿晗带着自己代言的伊利畅意100%走进薇娅直播间，刘诗诗作为Olay首位亚太区代言人做客李佳琦直播间，只是换了个地方宣传而已。

当然很多明星也并没有因为自己的明星光环而促进产品的销售，他们在直播间的带货情况并不比头部网红强，介绍产品时磕磕巴巴，互动时又很拘谨，便宜的东西大家会抢，贵的东西照样很难卖掉。

明星带货也让人更加体会到专业主播的价值，他们人设突出，介绍产品既专业又接地气，跟消费者的关系更加亲密，可信度高。

如李佳琦被誉为“口红一哥”，年轻女性买口红就会想跟着李佳琦买。他在直播过程中说到任何口红的品牌、色号、质地、适用人群都如数家珍，能够针对不同的消费者给出专业的意见，会告诉消费者在什么场景使用什么产品、如何使用，还会不定期做各种美妆主题直播，分享美妆、护肤知识。薇娅同样如此。

主播新秀罗永浩的前几场直播广受诟病，问题就在于定位不清晰，选品不够专业，介绍产品的过程中又频频翻车，用他自己的话说就是“学艺不精，在这个领域是新人”。

2020年6月29日著名财经作家吴晓波在淘宝直播“新国货首发”专卖带货翻车，某品牌奶粉仅卖出15罐，后吴晓波专门写了一篇《十五罐》的文章进行了反思。

不仅罗永浩需要修炼直播带货内功，未来广大的主播们更需要在自己擅长的领域不断精进，做专业化的推荐和引导，才能提高销量，增强用户黏性。

在娱乐消费类商品卖得如火如荼的时候，知识类商品也坐不住了。淘榜单的数据显示：2020年2月，中信书店、钟书阁等200家书店纷纷开通淘宝直播间，“数字阅读”类直播引导成交量上涨938%。

2020年4月23日世界读书日当天，罗振宇在抖音、许知远在快手、冯唐在知乎、梁文道在天猫、史航在淘宝等平台纷纷开始知识直播。其中罗振宇在直播的三个小时里商品销售额共计19.57万元，音浪收入共1.75万元，峰值在线人数达到1.85万人。虽然这些数字不能和娱乐消费类商品的销售额相比，但也打开了知识产品直播在开放平台上的一扇门，让人们意识到知识产品也可以通过直播带货。

在直播带货如火如荼的当下，作为消费者可以一时冲动，但是作为商家、企业还是要在别人疯狂时保持冷静，因为电商直播并不适用于任何时候、任何人。

当疫情过去之后，主要的劳动力人群就没有大把的闲暇时间坐在家里刷手机了。通常头部主播们的日均直播时间在6～8小时，李佳琦、薇娅每场的直播时间也平均为3～4小时。疫情之后人们该出差出差，该社交社交，空余的时间也会被更为丰富的娱乐场景占据，比如去酒吧、KTV、电影院等。当消费者的注意力发生转移，直播带货自然不会永远“沸腾”下去。

就像罗永浩直播带货一样，不会永远万众瞩目、占据头条，会常态化，慢慢平静和稳定下来。

随着直播的常态化，消费者的心态也必然趋于理性，到那时，直播会渐渐成为销售商品的一种常规渠道。

28

全球最佳品牌排行榜的风云变幻

国际品牌咨询公司Interbrand自1999年以来连续每年发布全球最佳品牌排行榜。苹果自2013年以983亿美元的品牌价值跃居榜首后连续7年霸居榜首，在此之前可口可乐连续13年稳坐品牌第一的宝座。

Interbrand曾宣称：苹果坐上榜首位置是迟早的事情，这家公司赖以改变我们生活的不仅有产品，还有它的气质。

这句话蕴藏的信息就是：时代在发展，市场在改变，人们的需求在不断变化。以前人们的幸福感和满足感只需要一杯可乐，可随着信息科技的快速发展，电脑、手机等科技产品给人们带来更便捷的生活方式和更多样的娱乐休闲方式，所产生的幸福感不是可乐能给予的。

当然这两种产品分属两个领域，不能进行直接的比较，那就用数据说话：Interbrand发布的2012年最佳品牌排行榜中，可口可乐仍位居第一，苹果排名第二；可从品牌价值增长上看，可口可乐较前一年品牌价值增长了8%，而苹果的品牌价值骤增129%，苹果急速增长的趋势使其有了超越可口可乐的可能。

从2019年的最佳品牌排行榜看，万事达卡（94.3亿美元）是增速最快的品牌，提升了8个位次之后跃升至第62位，品牌价值增长了25%。

紧随其后的品牌是位居排行榜第33位的古驰，品牌价值增长了

23%。2019年增长最快的领域是奢侈品行业，相较于2018年的数据，该领域品牌价值平均数变化最大，由1057.83亿美元增至1177.85亿美元，涨幅高达11%。

奢侈品行业为什么增速较快

全球最佳品牌百强中，共计9个奢侈品品牌入围，在2019年上榜的奢侈品品牌中，大部分奢侈品品牌均实现了增长，其中排名靠前的LV位列全球第17，品牌价值同比增长14%，至322.23亿美元。不难看出，奢侈品正在逐步打破消费阶层和年龄。从前奢侈品的消费者来自上层社会，价格昂贵，是一种身份的象征；可在年轻消费群体主导下的大市场环境中，这些奢侈品品牌为迎合年轻消费群体，推出的产品更时尚、更具个性化，缩小了与消费者之间的年龄差。

纵观20余年的最佳品牌排行榜，奢侈品品牌数量持续增加，说明奢侈品的影响力在不断增加，并且那些取得成功的品牌能够快速适应全球市场的变化，在创新设计、广告宣传、时尚导向等方面都具有引领优势。

实际上，从近几年榜单来看，最佳品牌前四名一直被科技领域承包，分别为苹果、谷歌、亚马逊、微软；虽然可口可乐排名第五，但仍是饮料行业的老大哥。

科技驱动创新，创新孕育新商机。在排名靠前的几大科技巨头中，亚马逊的品牌价值增长了24%，比其他几家科技公司增速都要快很多，亚马逊由于2018年增长达到了56%，更是拿下了2018年最佳品牌的“增速最快品牌”头衔。

亚马逊为什么增速较快

如果要谈亚马逊的发展历程，不得不提到亚马逊的商业模式。

首先，亚马逊不断拓宽商品经营范围。亚马逊最初叫“亚马逊图书”，定位为“地球上最大的书店”，但亚马逊创始人杰夫·贝佐斯却将图书销售作为亚马逊向外扩张的桥头堡，他的宏大愿景是将亚马逊打造成为“百货商店”。如今，亚马逊商品种类相当广泛：影视、音乐、游戏、数码下载、电子和电脑、家居园艺用品、玩具、婴幼儿用品、食品、服饰、鞋类、珠宝、健康和个人护理用品、体育及户外用品、汽车及工业产品等。

其次，亚马逊所覆盖的市场区域增多。亚马逊从美国最大的一家电子商务公司，发展成为跨境电商界的大佬。除了美国，亚马逊打造的核心销售市场还有加拿大、英国、法国、意大利、德国等，这些国家发达程度较高、消费水平也相对较高，人们的消费习惯和消费理念是尽量让自己感到舒适。亚马逊正好能满足他们的需求——足不出户就能买到全球好货。

第三，亚马逊成功最关键的一点是始终将“建立世界上以客户为中心的公司”作为长期目标。在亚马逊平台，严格执行着平等、公平、规范的卖家管理原则，无论是在亚马逊做了十几年的店铺还是新开业的店铺，都是一样的，不会因为在亚马逊开了十几年店铺，就会有特殊待遇。在这里完全是靠产品取胜，只要产品好就会给店铺一定的流量，对于新开业的店铺也会给一个扶持期。亚马逊对产品的重视，让消费者在这里能够放心买到好货。赢取消费者的心就是商业成功的必杀技。

总体看来，亚马逊的快速增长源于人们传统购物方式的改变，亚马逊站在了电商迅猛发展的风口，再加上自身长远的发展战略和以客户为中心的发展目标，能够快速适应不断变化的市场环境和消费者需求。

奈飞：娱乐行业的一匹黑马

互联网改变了人们的购物方式，同时也改变了人们的娱乐休闲方式。2017年开始，媒体领域在全球最佳品牌排行榜上的品牌出现了新一轮的更替。MTV和汤森路透在接连几年排名下滑后，分别于2017年和2018年跌出全球最佳品牌排行榜；而奈飞自2017年以价值55.92亿美元（第78名）进入榜单，2018年品牌价值增长至81.11亿美元，2019年品牌价值又增长10%，表现十分抢眼。

比起那些百年老品牌，奈飞就犹如青年一般，在过去几年中迅猛发展，成为全球增长最快的公司之一。2018年奈飞市值破千亿美元，成功超越迪士尼，成为全球第一媒体公司。

奈飞极速增长的背后有什么秘诀？

第一个秘诀是适时调整业务方向。

奈飞是一家主营订阅视频点播（SVOD）业务的流媒体平台公司，它最闻名的是在全球范围内提供独占性的优秀电视剧、电影、纪录片和短片。奈飞在美国还兼营“邮寄DVD租赁服务”，就是通过邮寄的方式租借VCD和DVD，这一业务是奈飞成立初期的服务模式。但奈飞的出租模式与国内熟知的那种交押金及付租金的收费模式不同，采用的是“每月缴费”的会员制度，每月缴纳一定费用后，想怎么看就怎么看，看多少都行，也不会存在什么滞纳金。奈飞的DVD租赁服务还有重要的一点：它采取网上运营方式，不需要店面；用户可登录网站，选择自己想看的电影，然后奈飞将DVD邮寄给用户，用户看完之后再邮寄回来。这种模式就是O2O模式——将线下的商业机会与互联网结合，让互联网成为线下交易的平台。如今的淘宝、美团、滴滴、大众点评等，都是以这种模式颠覆了传统行业。

奈飞正是在这种模式运营下高速增长，但却未止步于此。互联网大潮涌来，奈飞2006年转型进入流媒体行业，进入一个新的领域——在线视频播放。奈飞不仅与电影公司合作，自己还进行内容制作，推出了像《纸牌屋》这样的优秀作品，大受欢迎。

目前在全球，奈飞已给近150个国家和地区提供流媒体服务，在美国仍继续提供邮寄DVD的租赁服务。两大业务均通过用户的每月订阅费产生收入。

第二个秘诀是独占原创优质内容。

奈飞对于作品的制作很是用心，他们在乎“质”，而不是“量”，每年都要在内容制作上投入大量费用，其创造出的优质作品使用户数量不断增长。2018年，奈飞依靠《泥土之界》和纪录片《伊卡斯洛》获得7项奥斯卡提名，亚马逊获1项提名。由此奈飞建立了“原创内容质量极佳”的口碑，而观众对原创内容的喜爱，使奈飞具有强大的竞争优势。

第三个秘诀是注重用户服务。

奈飞转型进入流媒体时，就开始运用算法，花费4年时间打造精细化的视频编码压缩算法，让用户受益——用户节省了20%的带宽，既能保证画面质量，又提高了播放流畅度。

奈飞利用大数据，通过精准算法，了解观众的喜好和消费逻辑，在内容制作上尽量符合观众口味，进一步提高了用户的忠诚度和黏性。

奈飞创始人里德·哈斯廷斯说：“我们非常仔细和战略性地思考要为哪类客户提供优质服务。不应该想方设法阻碍客户离开你的网站，相反，要让人们很方便地进出网站，这样，用户回来的可能性反而更大。”

“年轻”的奈飞以高增长的速度连续几年上榜全球最佳品牌排行榜，但还有比奈飞更“年轻”的独角兽品牌。

新上榜的领英和优步都比奈飞“年龄小”，其中优步于2009年创立，因旗下同名打车APP而名声大噪，现已成为全球最大的打车平台，并且还成功登上2019年胡润全球独角兽企业排行榜。

基于互联网背景下的产业发展，有的品牌欢喜，也有的品牌忧愁，随着智能手机的应用场景不断扩大，许多产业受到冲击。在最近几年全球最佳品牌排行榜上，像肯德基、全球奢侈品珠宝商Tiffany这些老品牌就显得落寞许多。

雪碧于2010年上榜，2018年排名96，2019年跌出榜单。肯德基作为百年老品牌，连续几年负增长，2019年排名更是跌至93名。

珠宝百年品牌Tiffany也面临相同的困境，品牌排名就在肯德基之后，位居94名。Tiffany珠宝公司创立于1837年，距今已有182年的历史了，它在辉煌时是“钻石之王”，然而它傲视群雄的模样遇上新一代年轻消费者就显得格格不入，销量下滑严重，被消费者称为“旧世界的奢侈品”，认为Tiffany不仅贵，还过于传统和老套。为了拉拢年轻消费者，Tiffany煞费苦心，开始各种年轻化的尝试，2018年开设了快闪店，预售最新产品——花韵系列；采用年轻人喜爱的明星作为代言人；正式开设全球首家咖啡馆Blue Box Café……

在移动互联网时代下，消费观念的改变、消费渠道的变革、营销方式的变化等都是传统老品牌要面临的挑战，如何与年轻消费者建立联系是其首先要解决的问题。

中国独角兽企业正在崛起

纵观最近几年新上榜的品牌，大多是与互联网发展密切相关、与消费者需求相契合的品牌；如果不能够及时适应时代和市场的变化，将会有更多传统老品牌跌下榜单，以及更多新的独角兽企业上榜。

独角兽企业是指成立10年以内、估值超过10亿美元、获得过私募投资且尚未上市的企业。新兴的独角兽品牌与传统品牌不同，它们诞生在这个时代，成长在这个时代，更了解这个时代的消费者。它们爆发式的成长，被视为新经济时代的一个重要风向标，主要分布在电子商务、云计算、人工智能、区块链等新兴行业，也被认为是新经济时代科技创新的集中体现。

2019年10月21日，胡润研究院发布了首份《2019胡润全球独角兽榜》，该榜单对10亿美元以上的科技初创企业进行了排名，全球共有494家独角兽企业，中国以206家独角兽企业首次超过美国的203家。在榜单中，全球前三大独角兽企业均来自中国，分别是蚂蚁金服、字节跳动和滴滴出行。从独角兽榜单来看，中国企业的发展潜力巨大。

但是在全球最佳品牌排行榜中，中国只有华为一家企业入榜。拥有众多独角兽企业的超级互联网公司阿里、腾讯为何不能代表中国入榜？

首先要了解，Interbrand在“全球品牌”上有着严格的定义。什么是全球品牌？就是企业具有全球化战略布局。从这个意义上讲，百度、美团、滴滴等国内知名企业，都主攻中国市场；京东等互联网企业虽已开设海外业务，但是在企业整体营收中占比很小，在员工构成、文化制度、研发创造等方面也并未达到全球化模式，因此很难称之为全球化品牌。可以说，入选Interbrand最佳全球品牌榜的品牌，才是真正的“国际大牌”。

如今，一提到能代表中国的企业，很多人会想到阿里巴巴。阿里巴巴的市值超过4600亿美元，为何也没有进入全球最佳品牌排行榜？

Interbrand所采用的品牌价值专项评估的三项关键分析要素是：品牌产品和服务的财务表现、品牌在采购决策中承担的角色、品牌的竞争力和建立忠诚度的能力。如果从前两项评估来看，阿里巴巴具有竞争实力；可是从第三个评估标准来看，阿里巴巴的假货事件频发，很多用户抱怨其平台对店铺审核和监管不严，并且有用户信息被泄露，经常有骗子打着淘宝的幌子去诈骗消费者，让很多用户不满。

阿里市值虽高，但企业市值不等于品牌价值，企业市值是资本市场对企业的价值评估，而品牌价值则是对企业无形资产的评估，是品牌在消费者心目中的综合形象，代表着该品牌可以为消费者带来的价值。这就是阿里与亚马逊的最大区别，一个目标是致力于扶持中小型企业或创业者，首要目的是赚钱；一个是客户至上原则，更注重用户体验。如果阿里想要提升品牌价值，就要更多地在品牌建设上发力，更加注重消费者体验，让消费者享受具有价值的服务。

由于淘宝在海外被认为有较多“山寨”产品，认可度不如国内，即使淘宝海外版已上线，但更多的市场仍来自国内，淘宝想要实现全球化，仍然任重而道远。

实际上，中国曾有三家企业登上全球最佳品牌排行榜，除了仍在榜单上的华为，还有HTC和联想。

HTC早在2011年就进入全球最佳品牌排行榜，位列第98，由于中国台湾手机市场萎缩，消费者购机需求越来越小，高端手机市场经营越发不被看好。那一年是它第一次上榜也是至今唯一一次上榜。HTC“安卓机皇”的辉煌早已不再，如今HTC还在苦苦挣扎，在艰难中寻找突破的方法。

联想自2015年连续三年入选Interbrand全球最佳品牌排行榜100强，可惜2018年跌出榜单。华为于2014年首次入榜，也是首家进入该榜单的中国大陆品牌，当时排名为第94位。至2018年5年间，华为的排名持续上升。受中美贸易摩擦的影响，华为在美发展受到阻碍，2019年华为排名虽下降至第74名，但华为在海外市场深耕多年，随着华为5G的推出，更是在国际市场中提升了竞争力。

受语言和国家影响力等因素的制约，中国企业的国际化道路十分艰难，尤其在高科技领域，中国相比欧美国家起步较晚，华为作为一个中国民营企业的民族品牌，能够跻身全球最佳品牌排行榜，一是历经几十年的积累沉淀，二是源于华为品牌的最初定位是“全球领先的电信解决方案提供商”。华为以用户为中心，不断完善业务流程，倾听用户的需求，研发的产品不断地贴近用户。华为作为自主品牌，采用国际化的全球同步研发体系，汇集全球优秀的技术人才进行产品研发，走在技术发展前端，使其上市产品代表着最新科技。华为从局部到整体，从制度建设到运营管理逐渐接近国际化，进一步推动了华为的全球化发展。

目前中国企业在向国际市场进军中面临着亟待解决的几个问题：一是企业是否能做到人才国际化；二是面对不同国家的文化和消费需求，是否能掌握国外消费者需要什么；三是如何提升国外消费者对中国品牌的信任感。

不过从市场反应来看，字节跳动旗下的抖音在拓宽海外市场上是很有希望的。

抖音于2016年9月上线，截至2019年6月初，抖音在国内日活突破3亿，月活也已经突破5亿。而抖音海外版Tik Tok于2018年8月初开始上线，目前全球覆盖超过150个国家和地区，Sensor Tower数据显示，Tik Tok在全球的下载量达到12亿次。先后在日本、泰国、越南、印度尼西亚、印度、德国等国家成为当地最受欢迎的短视频APP。海外版抖音Tik Tok的火爆，分流了Facebook、Instagram等社交媒体的部分用户流量。

为什么抖音这么火？不仅受到国内年轻人的热烈追捧，也深得国外年轻人的心？用过抖音的朋友都知道，抖音的传播是以短视频的方式。用户可拍摄原创视频，可记录生活的有趣瞬间，可模仿最新潮流短视频，混剪各种搞笑场面等，是新颖的有趣又有个性的一款软件，不仅展示了一种全新的休闲娱乐形式，更是改变了年轻一代的社交分享方式。抖音能在海外火爆的另一个重要原因是：与国内的短视频市场不同，国外的短视频市场缺口大，像Facebook、Instagram、Twitter等社交媒体，都是以图片形式分享，虽也有小视频窗口，但并不集中，而抖音完全以短视频的形式进行传播分享。

可以说，目前抖音在海外市场实现了病毒式扩张，尤其深受青少年群体的喜爱，按照这种发展势头，俨然有超过Facebook、Instagram等一众社交媒体的趋势。Facebook创始人扎克伯格曾在内部会议上承认，Tik Tok是中国科技巨头在世界范围内首个表现出色的消费互联网产品。与此同时，Facebook很是担忧Tik Tok抢走它的那一份市场份额，并于2018年11月在美国低调推出了短视频应用Lasso软件。看来Tik Tok和Facebook之间势必要展开一场短视频“大战”。有竞争就有进步，Facebook作为全球最佳品牌的一员，Tik Tok既然能给它带来威胁，期待抖音有一天也能代表中国品牌进入全球最佳品牌排行榜。

29

巴菲特的新投资忠告

在新冠疫情笼罩全美之际，2020年伯克希尔·哈撒韦公司股东大会第一次在线上如期召开。

2020年春季，全球都笼罩在新冠疫情的影响之下，美股在3月就熔断了4次，石油价格在4月出现了负值。年近90的股神巴菲特也自称“活久见”。

股东大会开始前，伯克希尔·哈撒韦公司公布了2020年第一季度财报。该公司第一季度净亏损497.46亿美元，约合3500亿元人民币，创历史纪录，投资组合遭遇“账面巨亏”超545亿美元，但公司手头仍持有巨额账面现金达1373亿美元，股神仍在观望。

面对疫情下没有一个观众的空荡荡的会场，巴菲特略显落寞，他的老搭档、96岁的查理·芒格远在加州，没有现身；公司副董事长阿吉特·吉恩也因为疫情身在纽约，没有来到奥马哈，陪伴巴菲特出席股东会的是副董事长格雷格·阿贝尔。2020年巴菲特的股东大会在孤寂中落下帷幕。这些情况让巴菲特唏嘘不已。

对于蔓延全球的新冠疫情下一步会如何发展，巴菲特说：“你们不知道的，我也不知道！”疫情带来了巨大的不确定性，若爆发第二波疫情，连巴菲特都无法想象美国人民与市场的反应。

1964年至今，这是巴菲特的股东大会第一次采取线上直播的形式。一年一度的巴菲特股东大会历来都是全球投资界的“朝圣盛宴”，来自全世界的投资者汇聚到巴菲特的故乡——美国内布拉斯加州的奥马哈城，聆听股神的投资圣经。巴菲特执掌伯克希尔·哈撒韦公司已逾50多年，至今参控股的大量实体企业经历数次经济危机和股市崩盘，在2020年之前从未出现年度亏损，持续跑赢标准普尔500等指数。旗下子公司涉及保险、铁路、能源、制造业、零售业等众多行业，位居世界500强，成为世界顶级投资集团。自1964年开始，伯克希尔·哈撒韦公司账面资产平均复合增长率为19.4%，市值复合增长率为21.6%。假如一个投资者当时投入了49.5美元，到2014年他的账目价值已经是182.6万美元，增长3.69万倍。

巴菲特股东大会是名副其实的财富大会。

股神巴菲特

每年股东大会，持有伯克希尔·哈撒韦公司股票的股东可以拿到入场券，还有众多投资圈人士和巴菲特的信徒通过各种渠道购票，2019年参会人数曾达到创记录的5万余人。而2020年的股东大会除了首次改为线上举行，实际上因受疫情影响，直播台上只有2个人——巴菲特和副董事长格雷格·阿贝尔。不过，这并没有妨碍2020年的伯克希尔·哈撒韦股东大会成为全世界投资者的一场网络盛宴。

在长达4个半小时的直播中，巴菲特发表了对疫情之下经济走势、投资格局的看法，见解独到，金句频出，深刻阐释了新冠疫情下的投资法则。

1. 最坏的时刻或已过去，结果不可能更坏了

2020年的股东大会虽然没有"朝圣"般涌来的现场听众，巴菲特仍保持着既往的平和与幽默，自嘲在学校的时候会计学得不错，但是生物是一塌糊涂，所以对于新冠疫情的了解和大家一样多。"你们不知道的，我也不知道！"新冠疫情的致死率没有1918年的西班牙大流感高，但传染性很强。近期各国针对疫情的封锁措施是"相当大的一个实验"。虽然目前还无法完全预测新冠疫情未来的发展，但巴菲特认为最坏的时刻或已过去，结果可能不会更坏了。

巴菲特表达了对"美国版的钟南山"——安东尼·福奇的赞赏，他非常感谢福奇让他知道并了解美国新冠疫情的发展，说他欠了福奇一个"巨大的感激之情"。此外，巴菲特还指出，拥有像福奇这样能以"非常直接的方式"进行全球健康危机沟通的人，对美国来说是"非常、非常幸运的"。

2. 不要下错赌注，千万不要白白浪费一次严重的危机

在别人恐惧时贪婪，在别人贪婪时恐惧，发现并抓住危机中的机会，仍旧是股神不变的信条。他告诫大家“千万不要白白浪费一次严重的危机”。在巴菲特看来，大萧条中也有“商机”：1929年，美股在大萧条期间崩溃。当时，汽车工业、家用电器、飞机等现代化行业可谓蓄势待发，但道琼斯指数在很短时间内下跌48%。当年，巴菲特的父亲26岁，在本地银行做证券买卖，有一个股票跌了40%，他觉得无法面对自己的客户，自己开始“居家隔离”，在这期间巴菲特出生。他出生时1000美元市值的股票不到2年之内，市值缩水至170美元。但大萧条催生了联邦存款保险公司，能很好地解决银行破产、存款持续流失的问题，这是大萧条后出现的新经济形态，提供了很好的保障。还要看到，“二战”之后，美国接受了凯恩斯主义，接受了赤字，将GDP的2%转化为赤字等。

巴菲特认为，美国经济能够克服新冠疫情带来的困难，不要做空美国。他援引了一些历史事件（例如美国内战和大萧条）来说明美国有能力应对逆境。即使受到新冠疫情的重创，巴菲特仍对美国经济复苏持乐观态度，“没有什么能从根本上阻止美国，美国奇迹、美国魔力能够战胜一切，这一次也不会例外”。

3. 投资不是赌博，长期来看股票回报会比国债高

巴菲特坚持认为从长期来看，股票的回报比国债高，把现金藏在床垫下更不划算。

人们在失去信心的时候，看不到股市的潜力。目前美国30年期国债的收益率只有1%，通胀率只有2%，长期来看，股票的回报会比国债高，会比将现金藏在床垫下更高。巴菲特希望每一个人在买股票的时候，都能够有一种思维，就是说你买的并不是股票，而是买到这个公司的一部分。

对于投资收购的要旨，巴菲特建议，要收购就直接买整个企业。他指出，伯克希尔·哈撒韦公司的工作方式跟其他美国企业是不一样的，要买的话就买整个企业，他们常常这么做。现在常常会选择一些了解的业务才进行购买，但都是买全部的产业。

4. 现金为王

作为股神，巴菲特对现金的热爱与倚重更值得我们学习。伯克希尔·哈撒韦公司一直持有高额现金。巴菲特在股东大会上表示，伯克希尔·哈撒韦公司第一季度运营收益比以前低得多，某些业务可能处在关闭的状态，或更严重，但一直保持着很高的现金储备。事实上伯克希尔·哈撒韦公司公布的2020年第一季度财报也佐证了巴菲特“坚持现金为王”的原则。伯克希尔·哈撒韦公司2020年第一季度买入股票40亿美元，抛售股票21.6亿美元，买入债券17.4亿美元。4月回购了4.26亿美元股票，但是同期卖出股票65.09亿美元，净卖出约60亿美元股票。

5. 不要把鸡蛋放在一个篮子里

“不要把鸡蛋放在一个篮子里”是投资的基本原则，但巴菲特无疑真正做到了知行合一。巴菲特说：“分散投资是比较好的，我也是这么做的，取得了不错的结果。”他指出：对许多投资者而言，可以做的最好的事情就是持有标准普尔500指数基金。很多人为了他们根本不需要的建议支付了很多钱。如果人们把赌注押在美国身上，并在长达数十年的时间内保持持有，那么最终所获得的收益会比持有国债更高，或者会比听从那些告诉你该投资什么的人的建议所获得的收益更高。

巴菲特指出，在买卖股票时更要注意“不要把鸡蛋放在一个篮子里”的原则。他指出，在大疫情发生之前，股票跟现在的价格是完全不一样的。投资要知道自己的定位，了解发生的准确情况，用杠杆方式来进行思考。

6. 支持美联储无限量化宽松和负利率的逆周期调控政策

对于美联储无限量化宽松和负利率的逆周期调控政策，巴菲特表示支持。他认为疫情爆发后，美联储不是什么都没做，相反，美联储在加快速度出台措施，“我们不知道（这些措施的）后果是什么，但知道‘不采取行动的后果’”。

巴菲特非常赞同在卡特和里根总统期间担任美联储主席、有反通胀斗士之称的保罗·沃尔克，认为他是个特殊的标杆。在巴菲特看来，联邦储备委员会主席杰罗姆·鲍威尔和整个美联储理事会所处的位置都应该是高于这个标杆的，因为他们在2020年3月中旬就采取了行动，这使得现任的美联储主席将来可能也会被载入史册，根据2008年、2009年的教训来看，他们采取的是非常大的行动。从美联储的资产负债表可以看到，在过去6～7个星期，变化非常大。

7. 航空公司生意艰难，航空业充满挑战，即便血亏也要卖出所有航空股

多年前，巴菲特就说过：航空公司生意艰难。如今，航空业的处境无疑更是雪上加霜。

巴菲特指出：“航空业现在是个充满挑战和困难的行业，在航空业做CEO并不是个开心的工作，尤其在航空业务停止的情况下。”“未来显得模糊不清，尤其是旅游、航空、邮轮、酒店行业，所受影响巨大。现在要购买航空公司的股票风险更大。”巴菲特表示，不看好航空公司、飞机制造商。疫情对许多行业都有影响，他尤其怀疑疫情后

市场是否需要这么多飞机，不知道波音和空客的未来将如何。巴菲特说："我现在不确定，疫情对航空公司未来的影响，美国人是否会改变生活习惯，我花了7个星期的时间，第一次戴上领带，也第一次理发。"

股神也不会永远是常胜将军，巴菲特承认在投资航空公司上犯了错误，已经开始亏本清仓所有航空股。巴菲特坦承：伯克希尔·哈撒韦公司已经卖出美国四大航空公司（美国航空、达美航空、西南航空和美国联合航空）的"全部（股票）持仓"。巴菲特表示，"我们买其他航空公司的股票，当时投进去，现在想要拿出来，这是我的错，但是总会有这方面问题（投资错误）的"。巴菲特表示，卖股票时卖就全部卖掉，不是说本来拥有100%的话，现在减到只持有90%或80%，不要这样做。要改变主意的话，是要全部卖出的。

8. 现在是买入股票的好时机，但千万别贸然借钱加杠杆，钱要用在刀刃上

虽然巴菲特认为现在是买入股票的好时机，但要做好长期应对疫情的准备，短线操作须慎重。如果利率降到负区间，投资者应该持有股票，或至少持有"债务以外的其他资产"。

现在巴菲特并不赞同进行大规模收购。巴菲特称，没有看到任何有吸引力的机会。

当有投资者说，被动投资的好时候过去了，之后将是主动投资的好时光。巴菲特表示，没有理由停止在标准普尔500指数基金上的投资，他建议大家买标准普尔500指数基金。

9. 疫情将长时间改变人们的生活习惯，小企业将出现倒闭潮

巴菲特认为疫情将长时间改变人们的生活习惯，有些小企业可能不会再开门了。在股东会上，巴菲特多次强调了疫情对居民生活习惯的改变，这可能会彻底改变某些商业规则，或者让一些行业受到很长时间的影响，“伯克希尔·哈撒韦的制造业务可能会裁员，有些小企业可能不会再开门”。面对视频发布会现场台下空荡荡的座位，巴菲特也不禁感慨疫情彻底颠覆了生活，同时他也强调健康和经济是相辅相成的。

巴菲特进一步指出疫情会导致某些行业进一步衰退，比如报纸业和汽车业。也许这些行业里面的顾客会有其他消费习惯，不再使用这些产品了。比如说报纸业，在疫情之前，报纸业的广告、发行量都已下降。疫情加剧了这一情况。

10. 能源行业面临挑战，制造业裁员，居民用电消耗降低了10%，石油产业的前景无法预测

在巴菲特看来，原油生产未来几年会显著下降，因为需求大幅下降，20美元1桶的油价让油企没办法存活下去，钻井都会减少。未来会有很多能源业的坏账，在如此艰难的局面下，可以想象对于能源业的股东意味着什么。

巴菲特进一步指出：投资是根据原油价格而决定的。如果今天的油价变成-30元/桶的话，这种低迷状态会严重影响整个石油产业的发展。

11. 仍衷情喜诗糖果，不会出售48年前的这项投资

巴菲特谈到他1972年收购的喜诗糖果公司时表示，虽然该公司因新冠疫情而面临巨大变化，但仍然是他钟爱的投资。巴菲特说：“复活节对喜诗来说是一个很重要的销售期……虽然糖果店基本上被关闭了。说到底这是一项非常具有季节性的业务，但我们有很多复活

节糖果，我们不会出售它。我们自1972年以来就拥有它，我们热爱它，我们将继续热爱它。”

12. 坚定地为美元背书，为美国背书

巴菲特在股东会上表示，没有什么能比可印钞票的国家的信用更高，虽然美国负债会越来越大，但经济还是在增长，而且美国举债用本国货币，信用风险并不大。

其实一直以来，巴菲特都坚定地看好美国的发展前景，敢于在他人悲观恐惧的情况下出手，与优质企业共同成长，坐享美国经济的发展。他多次阐述美国国运的作用，“用全部身家赌美国经济前景”，“伯克希尔的成功在很大程度上只是搭了美国经济的顺风车”。一是受益于美国经济的发展红利。“二战”后美国主导世界霸权，1980年里根进行供给侧改革，美国迎来长达20年的经济繁荣。巨大的经济体量为伯克希尔·哈撒韦公司提供了广泛的并购和投资选择。受益于美国经济的长期繁荣和消费增长，伯克希尔·哈撒韦公司旗下的500余家子公司每年贡献利润达100亿美元，是其企业并购回报稳健的重要因素。二是美国股市长牛。1980—2000年，美国资本市场迎来长牛，随着401K计划[1]推出，共同基金和养老基金等大型机构入市，重仓股票的伯克希尔·哈撒韦公司快速发展壮大。三是良好的资本市场环境。成熟的资本市场提供了对伯克希尔有利的市场生态，美国资本市场在长期的进化中形成了以价值投资为主流的生态，长期的优胜劣汰抑制了投机风气。

1　指美国1978年《国内税收法》新增的第401条K项条款的规定，是一种由雇员、雇主共同缴费建立起来的完全基金式的养老保险制度

13. 美国的银行体系不会出大问题

巴菲特在股东会上表示，目前来看，银行体系不会发生太大的问题。虽然消费者信贷可能会出现一些状况，但银行体系资本充足，储备很多，所以银行业不是人们主要的担忧方向。

“他山之石，可以攻玉”，虽然远在大洋彼岸，但巴菲特的投资理念对于我们更好地应对新冠疫情带来的大变局具有借鉴意义。

面对疫后经济带来的重要变局，企业应该调整形成一种新的生存方式，那就是转型，通过适应疫情带来的经济发展变局来争取生存，寻求发展。很多行业会出现剩者为王的情况，只要挺过了疫情，适应疫后经济的变化，就能转危为安。

第五章
Part 5

反周期生存与疫后经济

30
产业复兴与商业重构

2020年，世界从此不同。

世界新冠大疫，全球各主要经济体的统计数据均出现大幅下降：2020年第一季度美国实际国内生产总值（GDP）下降4.8%，创2009年以来最大的季度跌幅，失业总人口近3000万；欧盟2020年第一季度经济同比萎缩2.7%，环比下降3.5%，欧元区经济同比萎缩3.3%，环比下降3.8%，3月失业率为6.6%，有1400多万人失业；中国2020年第一季度GDP总值为206 504亿元，按可比价格计算，同比下降6.8%；中国香港地区2020年第一季度GDP同比下降8.9%，为有记录以来的最大跌幅，环比下降5.3%，全球经济因新冠疫情出现大幅下滑。

虽然随着疫情防控进入常态化，全球各主要经济体经济进入逐步恢复的过程，但复苏要比预期缓慢和艰难得多。在这样的时代，无论是个人、企业，还是国家都面临各种压力。因为疫情，全民宅家，足不出户，于是有了一个新名词——禁足令。

禁足令对全球经济造成的影响非常大。

面对即将失去生命体征的人，不仅要上呼吸机还要用上人工肺；面对处于停滞状态的经济，更是要强刺激，面对处于生死存亡关头的中小企业还要强力输血。只有让经济的最小细胞——企业活下去，才有未来的经济复苏。

面对比金融海啸更严重的经济衰退，我们不仅要有定力，还要找到自救的方法 。让停滞的经济恢复活力，让存量的生产元素重新流动，让数字技术和新科技为传统产业赋能。越是经济下行，越要扼住命运的咽喉，止跌回升，实现逆增长。

新“石油危机”

18世纪英国工业革命推动了机械化大工业生产，第二次工业革命之后人类从蒸汽时代走向电气化时代。燃料从以煤为主到以石油为主，石油危机反反复复有很多次。由于各种热战与冷战原因，造成石油价格的暴涨。比方说中东战争造成20世纪70年代全球油价上涨，那个时候美国很多汽车加油都要排队。1959年大庆油田的发现是中国石油工业的里程碑，20世纪60年代，很多公共汽车都是背着一个天然气包在马路上跑，开发大庆油田之后，中国才摘下了“贫油”的帽子，当时在一定程度上实现了石油自给。如今中国是世界上最大的“两油”输入国，一个是工业“吃”的石油，一个是人们吃的粮油。中国对全球化的依赖非常大。

受新冠疫情影响，员工总数约3万人的加拿大航空公司宣布裁员1.5万人，覆盖几乎所有工种和部门。除了运回滞留海外的加拿大人和基本业务外，加航各部门基本上全部停业；拥有全球近一半空客A380飞机的中东最大航空公司阿联酋航空暂停了所有客运航班；维珍集团旗下的澳大利亚第二大航空公司维珍澳航宣布破产。

飞机停飞，汽车停驶，工厂机械设备停转，石油过剩自然就出现了。人类自有石油工业以来，第一次出现了负油价，油桶比油贵。以前当一桶油的价格比一桶可乐、一桶矿泉水还便宜时会刺激到人们的神经。现在就遇上了这样的黑天鹅事件。一些企图抄底的人想趁着疫情发点财，认为油价已经跌得那么便宜了，要抄底，结果没想到地板下面还有地狱，负油价横空出世，不但没抄成底，自己反而被“抄了家”。

经济下行的挑战

在新冠疫情之前，全球经济也遇到了很多问题，但是还没有像现在这样集中爆发，现在全球面临的衰退是一种叠加效应，隔离成为压垮骆驼的最后一根稻草，使得全球经济出现大幅度下滑。全球经济的活力靠的是流动性，也就是经济全球化。现代经济的特点是流量经济。往年黄金周假期对经济的刺激是靠人的流量，大家出去旅游。2020年“五一黄金周”长达5天，但据国家文旅部发布数据，5月1—5日，全国共计接待国内游客1.15亿人次，实现国内旅游收入475.6亿元。2019年“五一黄金周”4天，全国共接待游客1.95亿人次，实现收入1176.7亿元。2020年“五一”接待游客数约为2019年的58.97%，旅游收入约为2019年的40.42%。总体上游客仅为往年的六成，收入锐减六成。

往年“五一”假期很多人要出境旅游，尤其是到东南亚，而在新冠疫情期间出境游的数据基本上是0。2020年“五一”假期首日，有1528人次入境香港，其中香港地区居民占比超过九成，内地访港旅客仅有119人次。而2019年的“五一”当天，有逾106万人次进出香港，其中内地访港旅客量接近50万人次。香港经济第一季度的增长率是-8.9%，下降率非常高。相比之下，韩国的经济数据反而表现突出，第一季度GDP环比下降0.3%，同比增长1.8%。关键在于韩国基本上实现了全民检测，同时没有特别要求全民宅家，国民经济基本保持了有序的流动。另外，中国的台湾地区基本上没有停工停市，学校也没有全面停课。

防控新冠疫情呈现出“各村有各村的高招”。

反周期调控

一直以来，我都在进行反周期的课题研究。2008年金融危机几乎引发世界金融崩盘。相比2008年的金融危机，2020年新冠疫情引发的危机更为严重，不仅是供给侧，现在是供方和需方都出现了问题。供给锐减，需求下降。以石油为例，市场对石油的需求量大幅度减少，全世界的储油罐都满了，石油还在源源不断地开采出来。人们指责石油输出国，既然卖不出去了，为什么还大量开采石油？可实际上石油输出国想的是乘机扩大自己的市场占有率，尤其像整个国家的财政收入就是靠石油的，例如委内瑞拉。俄罗斯也是石油输出大国，国民经济主要依靠能源出口，石油价格涨了，经济就好，油价跌了，经济就出问题。沙特阿拉伯和俄罗斯两个石油输出的大国斗法，沙特阿拉伯自恃国土之下全都是石油，把油当水卖，只要采出来卖出去就行，放在哪里都一样，哪怕先压到别人的油库里面，至少油桶钱总要给的。俄罗斯这边也不想降低自己的市场占有率。

面对如今的全球经济困境，有两种思路，一种叫自然清空，就好比对待油价一样，大家不去管它，跌就一直跌，越跌越出货，以期自然清空的结果。这种思路是市场经济的一个特点，放任不管，让“看不见的手”去调节。

当油价跌到负油价就跌无可跌了，自然也会涨起来。如同股市上有一个观点：怎么跌回去的，就怎么涨起来。经济不好就放任失业率上升。美国大萧条时代始于1929年，之后美国的股市跌了25年。在大萧条的时候，很多经济学家提出公司的刚性原则，不能降工资。不能降工资怎么办？老板就裁员，所以美国当时的失业率高达25%，也就是每4个人里头就有一个人失业，大家都没活干。这个时候让美国经济走出萧条的不是放任不管，而是凯恩斯主义，靠的是大基建、大投资，罗斯福新政主要实行的就是这一套。美国有个胡佛大坝，就是在那个时候建起来的，大兴土木，至少让大家有活干。逆周期调控同样是这个道理，人们开始呼唤“看得见的手”。经济下滑，没钱怎么办？没钱就要开动印钞机。货币就是以国家信用为背书的一个财富符号。无限量化宽松就是大量无限制地印钱。按照以前的经济学理论，印钱要遵循1∶5理论，印1块钱，要有5块钱的东西备着，否则就是通货膨胀——大家手里都是钱，但没东西可买，连卫生纸都会抢。中国也遇到过这种情况，20世纪80年代后期就出现过严重的通货膨胀。新冠疫情下，西方国家尤其以美国为代表的强刺激政策一是实行无限量化宽松政策，二是直升机式地撒钱，见人就给。老百姓手里没有钱，经济就停滞了。很多美国人是领周薪的，干一周领了工资花完了，下一周再干。有一个美国老太太和中国老太太的故事流传甚广。当年房地产商推动房贷时最喜欢讲这个故事给高层听，开启了中国房地产行业的黄金时代。故事是这样讲的：中国老太太一辈子辛辛苦苦攒钱攒够了，买了一个自己的房子住进去了，没几天去世后上了天堂，遇到美国老太太。美国老太太说从我大学毕业就开始借钱，就开始住上大房子了，然后还了一辈子。我临死的时候刚刚还完贷款。这就是所谓的用金融杠杆发展借贷经济。

疫情期间，美国政府的做法就是实行无限量化宽松，以及直升机式撒钱，不让企业倒闭。最夸张的例子是有一个中小企业就收到政府的上百万元支票。当然这个支票要给员工发工资、付房租，不能把这个钱当成企业的利润，也算是一种取之于民、用之于民。这就是反周期调控。而中国的反周期调控主要表现在阻止房价下跌上。中国的疫后经济刺激计划高达48万亿元之巨，从传统的基本建设——铁公基转向新基建——以5G为代表的数字化建设。各国的发展思路是不一样的，我们的钱主要用来搞巨型国家投资行为，要把经济也拉动起来。为了实现全面脱贫与全面小康等，保证各种经济指标的完成。

企业如何实现逆增长

企业实现逆增长，需要转换增长思路。

1. 敢于止损，勇于放弃沉没成本

沉没成本是打捞不回来的。已经花的钱与已经造成的损失，不要再去追跌，这个时候要及时割肉。就像美国股市第一次熔断的时候，股神巴菲特也是人，他冲进去做了一件事，增持了航空公司的股票，结果买进去之后发现掉进了深坑，美国股市没能迅速止跌回升。美国经济重新启动并不容易，因为美国是一个联邦制国家，各州州长有非常大的权力，不是总统说让重启经济，就能重启的。美国政府在疫情早期掉以轻心，应对上有许多颟顸不力。3月13号美国宣布进入全国紧急状态，特朗普原想在2020年4月12号复活节以及5月重启经济都没有成功，复工复产遇到很大的阻力。

传统政治经济学告诉我们，资本主义的经济危机呈现波动性的周期发展，繁荣之后是萧条，萧条之后陷入衰退，衰退到谷底会复苏，复苏之后会迎来新的繁荣。如此循环往复，波浪式发展。所以经历过许多经济周期的西方投资者讲究时机，要踩对点。但是对于中国的投资者来说，却没有经历过周期性的体验。就像在北京买房，什么时候都算踩对点，只要买了房价就涨。深圳的房价涨得更厉害，疫情之后房价反而涨了。这是因为有“看得见的手”在操控，所谓的政策市。在这样一种情况下，中国的消费者没有接受过教训的足够“洗礼”。

2. 转换赛道

要明确地知道市场的天花板在哪里。很多企业家与创业者总是不断去投资，但许多行业本身是有天花板的，不会无限发展。尤其是疫情来了，被迫停业了，就是因为遇到了生意的天花板。所有生意都有一个盈亏平衡点，开一个小饭馆也好，零售门店也好，要付房租，要付人工，赚的钱不足以抵消这些成本支出，势必要关门。

疫情给我们的启发就是要及时转换赛道，不要在一棵树上吊死。2019年中国电影市场收获了642.66亿票房收入，2020年却因新冠疫情遭遇灭顶之灾。这个行业遇到了天花板，就要换赛道。换赛道有几种方式，一种就是把原来的单向的增长，变成全系的增长。从卖产品向卖服务转变，变成系统性的柔性生产。宝洁公司在疫情严重的时候，化妆品品牌受到重创，很多女孩子一个星期都不用洗头，也不用出去见人，洗发水的销量大幅度下降。于是宝洁及时转产75%的医用酒精。这就是一个柔性生产的例子。

3. 虚实结合，把握新风口

卖硬件的不妨开始卖软件。以前做ToC业务的，不妨做ToB的业务。一定要虚实结合，这样企业才能在面对疫情的时候有应对危机的能力。

谁都没想到，2020年生产口罩的企业获得了巨大的发展机会。如果在疫情前有医疗机械的批文，有熔喷布，有口罩的生产线，一个小工厂一个春节赚1000万元不是问题。很多人都想着说现在口罩生产会不会过剩，但大家不要忘记，口罩会成为人们生活的必需品。西方很多发达国家在疫情开始很长一段时间，不主张大家戴口罩，其中也因为他们的确当时没有口罩。美国加州颁布的“居家令”之外，还有一条是“蒙面令”。出门的时候，只要把嘴巴、鼻子蒙住就行，拿围巾围住也行，虽然比口罩的效果要差，但好过没有。

找到新的风口就是找到新的流量。对于社交电商，以前大家觉得在朋友圈卖东西很丢人，现在看董明珠都在做直播带货，效果虽然没有李佳琦和薇娅好，但是也在卖东西。因此我们要开积极开发社交产品。什么样的产品是社交产品呢？要能够分享，能够增进大家的友谊，找到KOL（关键意见领袖）和KOC（关键消费领袖）。正如微信公众号平台的广告口号“再小的个体也有自己的品牌”，哪怕你只是一个普普通通的保姆，也可以拓展自己的影响力。如果你有育儿经验，知道孩子生病了怎么处置，那么在你的小圈子里，哪怕你只有一两百个朋友，你都可以成为KOL。未来的一个新增长点就是社交产品，例如面膜。面膜有很贵、上百块钱的面膜，是奢侈品；也有几块钱，甚至几毛钱的面膜。很多人看不起面膜，但是很多卖面膜的小姑娘靠小小的面膜挣了不少钱。

疫情来了之后，并不是所有的行业全都面临灭顶之灾。经济下滑的时候，啤酒的销量反而没有下降。青岛啤酒在2020年4月率先“满血复活”，全国60多个工厂满负荷复工复产，并推出包括新装白啤等多款新产品。为什么？因为当一个人吃饭的时候，哪怕在家喝两瓶啤酒，也是给自己一个安慰。中低档白酒也没有受到太大影响，但高档白酒却出现断崖式下跌，因为高档白酒是面子消费。但最高端的茅台又是另外一种情况，反而在疫情后价格上涨了，是因为人们把它当成了金融产品。

疫情对于人的饮食习惯也造成了影响，整个外卖行业、半成品食品行业面临大发展。很多针对白领的像代餐类的食品、冲泡类的食品也会有大的发展。

4. 私域流量和平台思维

无论餐饮业还是服务业，疫情之下，消费者都处于离线状态。以前没有电话的时候，只有等着客户上门。有了电话，就出现了“电话营销”，靠打多少电话来撒网式捞客户；有了社交媒体之后，开始一种新的“朋友圈营销”。社交关系的影响推动很多企业用大数据给自己赋能，保证消费者离线之后还能找到企业。衡量一个企业是传统企业还是互联网企业，要看有没有消费者的入口。入口是什么？很多人说我在京东，我在淘宝上有店，这个叫公域流量，也就是说你是借助别人的平台，要想办法转变成私域流量。私域流量就是客户离线之后，能够联系到你。所以要找到一个入口，这个入口是自己的。很多企业都有自己的小程序，有自己的微信公众号。西贝能够很快地从疫情中恢复，是因为它找到了私域流量，它有3万多个用户的微信号，可以反复触达，给用户发优惠券，提醒用户来店消费，推荐新产品，这就叫入口。有了入口，还要常和用户互动，形成一个生态圈。

对于任何一个企业来说，要有平台思维。什么叫平台思维？它是和链式思维相区别的。链式思维是一个链条，你把菜给我，他把肉给我，她把面粉给我，我把它们整合起来，然后我把它卖出去。我在价值链上只是做加法。平台思维就是我搭一个平台，用数据来为企业赋能，所以当变成这个平台之后，企业就有更大的溢价能力。比如两个人都在一个村子获得了供水的商业机会。这个村子很偏远，没有水，甲就到山里头挑水，用大水桶挑来卖水。那么乙怎么做呢？乙先去拿一笔投资，拿到投资之后给每家装水管，再修渠引水，成立自来水公司。投资者变成自来水公司的拥有者，长期稳定地经营下去。乙就拥有平台思维。

5. 找到超级用户

疫情来的时候，我们发现流量没有了，ToC的生意很难做，那么转做ToB就是新的机会。眉州东坡湖北的店疫情最严重的时候都没有关，而是为政府工作人员、医务人员供应盒饭。这就是找到你的超级用户。因为工作人员要吃饭，值班的警察要吃饭，雷神山、火神山的医务人员也要吃饭。另外，要善于寻找头部力量。李佳琦、薇娅，包括罗永浩的直播带货占坑费之所以不便宜，是因为企业把头部网红当成了品牌的线上代言人。同样，也要开线上的新品发布会。你有一个新产品，要最快地触达消费者，让大家知道。怎么办？搞线上发布会，请超级传播者，带动流量，带动销售，由超级传播者带来超级用户。

6. 品牌年轻化，挖掘"后浪"的需求

未来的市场在年轻人身上。现在到餐厅吃饭的大部分都是年轻人。要抓住年轻人的喜好，让产品年轻化，就有更多的机会。西贝做的几次品牌迭代，最成功的就是品牌年轻化。年轻人过去有事情问长辈，现在不问长辈了，有问题找百度找知乎解决。在线育儿这样一个行业在全球增长得非常快，年轻的父母都是靠互联网学习。疫情期间有各种各样的产品创新。恒大房地产就做了一个金融的创新，率先实施全国楼盘“网上购房”，购房者只需在“恒房通”平台上缴纳一定金额的定金，即可预定恒大全国的房源，实际购买时可打75折，就算最终未能买到房，定金退回也有一个时间差。网上VR看房、网上选房也需要一定周期，还可以将预定的房源推荐给别人获取佣金，这更增加了参与者分享赚钱的动力，其实也算是一种金融行为，在全国各个城市你还可以转让，一下子刺激了大家买房的欲望。

7. 非接触经济与隔离经济

疫情期间许多电梯里会放一个垃圾桶，人们不敢拿手去按电梯，于是拿一张纸或一个牙签，按完楼层键就扔。此时声控电梯、声控垃圾桶就是新的市场机会，不需要接触的时候就不接触。国外已经出现了广告牌测体温的创新产品。当你路过一个广告牌的时候，它自动报出你的体温，所以这个产品大行其道。如果你的体温过高，它就提醒你去买感冒药，或去做一个什么检测。未来的营销是智能化的营销。疫情之后，制造业将更进一步向智能化和年轻化发展。海尔在疫情期间重点推广了卧室冰箱与单身家电、一人份的电饭煲、一人份的小型果汁机。

8. 无现金社会与数字货币

整个疫情对金融行业造成非常大的挑战。购物时谁都不愿意去接触纸币了，2020年上半年，中国大陆有900余家银行网点关门停止营业。未来社会将是无现金社会。疫情加速了中国的货币数字化。虽然支付宝、微信已很普及，年轻人的钱都存在手机里了，但是存在手机里的钱本质上还是在银行里的，还是要绑定银行账号。现在中国人民银行已经开始在雄安、苏州、浦东好几个地区做试点，发行数字货币。工资不是通过银行发，而是通过数字货币发。数字货币是什么？两个手机碰一下，你的钱就转过去了，不需要经过银行。所以未来你的手机必须安装数字钱包。这个数字货币和支付宝、微信支付还不一样，因为它具有法偿性。

大家一定有这样的经验，你去加油站加油，加油的小哥问你付现金还是刷卡，你说我用微信支付，加油小哥会说对不起，我们微信支付不了。但是中国人民银行推出的DCEP叫作数字货币，具有法偿性。对方不能说我没装数字钱包，使用不了数字货币，所以数字货币未来的商业机会非常大。关于数字货币的应用、推广，会形成一大串新的产业链。区块链技术会成为未来市场的新的掘金机会。我后面会在第6章详细说。

采取反周期调控，实现逆增长。在别人萧条的时候开启经济的新繁荣。在任何萧条的时候都会出现逆势增长的行业和企业，关键在于怎么样把握需求，创新增长方式。

31
突破增长的极限

中国经济曾创造了世界经济奇迹，中国已成为世界第二大经济体，连续40多年经济增长速度排世界前列。

1978年中国GDP是3679亿元，1986年突破1万亿元；2000年超过意大利，以10万亿元居世界第六；2007年超过德国，居世界第三；2010年超过日本，居世界第二；2019年中国GDP超过99万亿元。然而，2020年5月22日，李克强总理代表国务院向十三届全国人大三次会议所做的政府工作报告中，首次对全年经济增速不设具体目标。

正如报告中指出的，疫后经济时代，全球疫情和经贸形势不确定性很大，中国的发展面临一些难以预料的影响因素。中国众多企业面临着增长乏力与增长极限的双重压力，在疫情常态化的不确定商业环境下，如何突破增长的极限，是中国企业未来发展的关键问题。

逆水行舟，不进则退！

如何突破增长的极限

1. 突破定位的桎梏

1983年，郭思达出任可口可乐董事长，当时可口可乐在美国软饮市场占有率第一，在全球市场占有率高达35.9%，这样的高占有率让可口可乐增长乏力。在很多人不看好可口可乐未来发展的前提下，郭思达却认为：世界上每人平均一天要消耗64盎司水，可口可乐仅占2盎司，虽然可口可乐占据软饮料的市场份额达到35.9%，但在消费者胃里的份额仅为3.125%，未来机会无限！

郭思达有两句名言：“我们要占领的不是可乐市场，而是消费者的胃。”“调动每一盎司的力量，让这个世界著名品牌创造更多的财富。”

郭思达并没有将可口可乐局限在可乐这一个市场中，而是开始实施“基于胃部扩张的战略”，从可乐进入纯净水、咖啡、茶饮料、运动饮料等，这也是可口可乐增长最快的时期之一。

从这里我们看到，很多能够在不同行业活跃的领导者，他们从不相信世上存在成熟的产业，始终以行动践行这一理念。这就是我们所说的，只有夕阳的理念，没有夕阳的产业。

“定位”理论虽好，但墨守成规“定位”也“定死”了很多企业。

柯达将自己定位成胶卷，在“胶卷时代”曾占据全球份额的三分之二，当数字时代来临，柯达一步步走向衰落，2012年百年柯达破产。

如果人们始终用固定的思维狭隘地定义成熟产业的未来前景，不从思想上摆脱产业与市场之间传统定义的束缚，当时代抛弃你时，你都来不及说一句再见。

2017年大润发被阿里巴巴收购时，大润发的创始人说过一句话：“我们战胜了所有对手，却输给了时代！”

2. 突破消费者的心障

市场总是千变万化的，消费者的需求也在不断地变化中，企业要想说服消费者，就要从满足消费者的需求，到发现消费者的需求，进而再到创造消费者的新需求。

乔布斯曾说“活着是为了改变世界”，在乔布斯看来，你可以不认同我，但是我就要让你认同，这就是他的“现实扭曲力场”理论——如果你不相信我，我就用精神改变物质，直到你相信为止！

当时谁也没想到，一个做电脑出身的苹果公司，最后能够成为智能手机行业的巨头。

3. 实现全系增长

全系增长就是开辟第二战场，寻找增长的第二曲线。在疫后经济时代，这一点尤为重要。

第一种增长是线型增长，从纽扣到衣服，再到鞋帽，就像数学增长函数一样，直线上升，直线增长。

第二种增长就是立体增长。

耐克是卖什么的？有人可能回答说是卖运动鞋的，也有人回答说是卖运动服的。

耐克生意的边界究竟在哪里？

耐克当年陷入危机的案例几乎众所周知。耐克公司为有影响力的运动员设计高质量的跑鞋，然后在亚洲制造跑鞋，并以低于阿迪达斯公司等竞争对手的价格出售产品，因此获得成功，实现快速增长，并将产品线延伸到篮球鞋、网球鞋和足球鞋。

在1984年，耐克公司占有全美运动鞋类市场的三分之一，可是当锐步公司细分消费者市场，推出时尚新潮的鞋子以及专门为女性有氧运动设计的鞋子时，耐克的劣势就凸显出来了，销售额下跌，市场份额下降，公司陷入危机。

在锐步公司的冲击下，耐克创始人菲尔·奈特重新审视市场，规划战略，在耐克公司内部打造了一个全新的细分市场。首先专注于篮球业务，以迈克尔·乔丹命名并代言，结合研发的气垫技术，开发了艾尔·乔丹品牌，取得了空前的成功。之后又基于不同的打篮球风格，推出不同的篮球细分市场产品。

因此，切入细分市场帮助耐克公司成功实现了转型。接下来耐克不断扩大市场边界，进入细分网球市场、健身市场等，业务范围涵盖和运动健身有关的一切事物，产品从跑鞋、球鞋、运动服、内衣到冰球棒等，甚至成为体育经纪人，开始规划运动员的职业生涯。

在人们的传统印象中，男人比女人更喜欢运动，但这些年耐克的系列产品中，女性运动用品的增长速度远远高于男性。据耐克发布的2019财年报告显示，其女性业务的营收达73.8亿美元，同比增长11%。这也使得耐克女性业务在连续3年增长放缓之后重回两位数的增长。

耐克首席财务官安迪·钱皮恩透露：女性运动市场的潜在体量至少是男性市场的1.5倍，“但目前耐克的女性业务仅仅占到总营收的不到四分之一，我们希望有所改变”。

关于维珍公司，我们最熟知的是它的航空业务，而维珍的业务却远不止于此，它起家于《学生》杂志，现在维珍品牌旗下拥有200家私有公司，其商业帝国涵盖空运、服装、软性饮料、计算机游戏、电信运营、金融服务、唱片、夜总会甚至包括安全套等各行各业。其中维珍可乐在欧洲的销量超过百事可乐。

这就是所谓的“国土有边界，市场无边界”。

塔可钟最初的市场定位是墨西哥餐厅。首席执行官约翰·马丁上任后，将塔可钟的业务重新定义为快餐服务。不仅市场范围拓宽了，对标的企业也增多了。但塔可钟的市场边界并未止步于此，为了实现增长，塔可钟彻底颠覆了过往，从厨房设计到管理结构，对餐厅进行了全面调整，后来约翰·马丁又重新定义了自己的市场边界，从快餐餐厅到“喂饱人们”，做到了人们随时随地都能吃到塔可钟的快餐，价格还便宜，人们在机场、商场、杂货亭、便利店等各种场所都可见到塔可钟。

卖汽车的特斯拉开始跨界卖保险。2019年10月，埃隆·马斯克宣布特斯拉推出一项汽车保险产品，并承诺“这款产品将比目前市场上低30%”。

因此，全系增长就是从卖产品到卖品类，再到“卖生活方式”。

企业应重新定义产品，重新定义品牌、服务，甚至重新定义商业生态以及重塑平台。从打造核心竞争力到全方位提升综合竞争力。

时代更迭的速度快，淘汰的速度也快，谁也不能保证今天流行的事物，明天依旧流行，变化总是为准备好的人们带来机遇。

AT&T的核心竞争力是长途电话网，曾占据美国长途电话业务超过50%的市场份额；而现在消费者的需求不仅是通话，更需要语音、视频、数据传输和价值传输等功能。

同样的道理，台式机为什么赶不上手机的发展速度呢？比尔·盖茨告诉我们，现在的消费者更需要“能说、能听、能看、能学的电脑”。

因此，企业要想突破增长的极限，就要打破常规，跳出定位的桎梏和思维的局限，不能被现有的核心竞争力拖累，应不断更新企业的核心竞争力，才能不被消费者厌弃，不被时代抛弃。

4. 如何寻找新的财富机会

当我们在讨论企业如何增长时，就是在寻找更多的财富机会。

对于改革开放至今中国经济的上半场而言，更多的财富机会来自人口红利、土地红利和环境红利。

中国经济上半场的财富机会其实就是市场经济的机会。要想抓住中国经济上半场的财富机会，一是赌对趋势；二是抓住土地红利，土地是财富之母；三是充分利用短缺经济学；四就是股权投资。

中国经济下半场的财富机会将出现巨大的改变，创造新财富要靠商业模式的创新。

那么疫后经济时代还有哪些财富机会？

首先是三个转变带来的财富机会。三个转变分别是推动中国制造向中国创造的转变、中国速度向中国质量的转变、中国产品向中国品牌的转变。

这三个转变会带来哪些财富机会？首先我们要弄清楚，中国制造和中国创造的区别是什么。在全球工业制造体系中，中国目前有220多种产品是全球制造产量第一，但是中国的品牌在全球100个最有价值的品牌中，只有华为榜上有名。

中国改革开放后，前40年高速增长，经济发展高于世界平均增长速度。现在我们要追求质量，追求创造，追求品牌，要有思想自信，还要有品牌自信。现在大家慢慢地开始对中国的本土品牌有信心，中国的家电领域可以说已经完全战胜了欧美的品牌。

中国经济下半场的财富机会是从传统制造转向智能制造和年轻化制造。传统的制造业只能满足传统家庭的需求。现在年轻一代崛起之后，出现了新家电。比方年轻人喜欢自己在家里做饭，他们做饭的方式发生了变化。以前我们谁也不会想到，一个豆浆机卖几百亿元，现在又出来烤串机、烤面包机、榨果汁机等各种各样的新家电。

以前人们认为煲粥好像很费时费力，要准备材料、淘米等，现在你要喝八宝粥，直接将食材放进智能电饭煲里，水一放你就可以去睡觉了，它可以自动煲好，这就是智能制造。

还有一个关键词叫“银发经济”。以前中国人一退休，感觉整个人的生活就失去了光彩。以前的观念是，要把财产留给儿女，但现在的老年人认为，反正儿女也有钱花，自己的钱不如自己花。

中国国家卫健委公布的数据显示，截至2018年末，中国60岁及以上的老年人口数量有2.49亿人。全国老龄办统计，到2050年中国60岁以上老年人人口数量将达4.87亿人，中国全面进入老龄化社会。

银发人群是一个非常庞大的人群。

还有就是消费者越来越认识到个人品牌的重要性，最典型的如网红经济、粉丝经济。

同时智慧产业也将迎来更大的发展机遇。智慧产业是和智能经济相结合的。比如一瓶水，它会“思考”，它会告诉你这瓶水不能喝了，已经过期了，或者告诉你在车里已经放了24小时，经过太阳照射产生塑化剂，已经不适合人饮用。

中国未来将面临的是一个“新世代、新消费、新媒体、新财富”的时代。90后这一代，给社会带来了非常大的变化。90后上学后，因为买衣服、饰品的需求，带火了淘宝；毕业后要找工作，带火了各种求职软件，如BOSS直聘、拉勾网等；到了职场上，他们要化妆美容，又带火了各种美妆产品；他们喜欢网购各种各样的东西，又带火了海淘；上班要吃中饭，又带火了外卖等。

90后给中国社会带来了如此多的变化，紧随其后的00后潜力更大。

00后不仅自己潮，还带动着80后、90后一起潮。那么中国未来的新生代市场有多庞大呢？80后人口2.28亿人，90后人口1.74亿人，00后人口1.47亿人，三者相加就是5.49亿人。这5.49亿人口将掀起一波年轻化的浪潮，形成新的消费主义，比如消费个性化、“易拉罐文化”、“方便面文化”、“杯水主义”、“懒人经济”、娱乐经济、轻奢、新餐饮等。

如今，蓬勃发展的自媒体、简单易用的手机APP，更让00后天然地具有“作为消息源，成为关注中心”的意识。开放的信息环境也使得他们的价值观多样化，消费观念更加个性化。

相比80后、90后忠诚于某一品牌相比，00后更加重视个人体验和参与感。另外，年轻人崇尚“精致穷”和轻奢主义，“就算没有钱也要对自己好”。他们不喜欢参加饭局，更喜欢和几个小伙伴去吃烧烤、自助，新的餐饮细分市场就开辟出来了。

消费升级也带动品牌升级换代。未来品牌的小众化、个性化、定制化、形成各种潮牌将成为大趋势，商家也更注重与年轻人的互动，进行全方位的传播，打动消费者。

人们提出一个概念叫创意经济，就是重新“发明”产品。正如星巴克重新“发明”咖啡，提出一个“第三空间”理论，让人们重新体验喝咖啡时的感受，苹果重新发明个人电脑——IPAD和移动电话——IPHONE，未来人们还将进入“车联网”时代。

互联网下半场是从产品经济到虚拟经济、社交经济、娱乐经济全方位发展。

现在市场都在倚重消费升级。未来电影院的竞争对手，不是另一家电影院，而是酒店，酒店已经有了观影主题的房间设置，人们只要躺在酒店就能够观看任何一部电影，体验不比电影院差。

为了寻找新的财富机会，企业可以进行：战略神圣化、品牌故事化、产品神秘化、营销组织化、传播社会化、企业家IP化。想要实现互联网转型，客户、平台、管理、数据、迭代、附加值，缺一不可。

32

中国家电如何逆势增长

疫情之下，中国家电业更显艰难。

2020年第一季度，中国家电市场整体下滑47.5%，其中冰箱市场下滑 37.8%，洗衣机市场下滑41.3%，空调市场下滑 60.8%，热水器市场下滑48.4%。这是自2008年国际金融危机以来，中国家电行业遭受的最严重的一次打击。

“国内小区封闭管理不能上门安装，商场全部关门不能卖东西，怎么可能不下滑？”格力电器董事长董明珠2020年3月中旬在一场论坛上表示。2020年第一季度格力电器营收几近腰斩，净利润同比下降70%～77%，股价也一度跌幅达27.5%。事实上自2020年3月以来，美的、海信等国内家电巨头相继推出降薪裁员的计划。

2020年2月国内疫情较为严重的时候，各大家电企业面临国内需求下降，同时海外催单但复工难、原材料供应不足和物流检疫的考验，到了三四月，疫情在全球蔓延，国内消费还没复苏，占市场半壁江山的海外订单却纷纷取消。

改革开放的一大成果是中国已经成为全球制造业中心。家电行业更是中国重要的出口行业之一，出口额及贸易顺差分别占全国整体的5%及23%。据中国电子信息产业发展研究院统计数据，2019年上半年中国出口的彩电、冰箱、洗衣机等大型家电出口数量分别占中国家电各分类总产量的49%、66%、33%，微波炉、电烤箱、燃气灶等电器的外销比例更是超过70%。疫情冲击之下，这些数字出现断崖式下降，部分企业还受到海内外股价的影响，损失更为惨重。

经过多年残酷的竞争，中国家电行业的集中度已经非常高，几家巨头牢牢占据约八成的市场，既使在整体行业不景气的大环境下，再次整合的可能性已经不大。中国家电行业该如何面对这个冬天？

第一，转战“宅经济”。

显然，等待国际市场重启短期内是不现实的，既然人们出门不容易，对“宅”的条件要求就相应提升了，以冰箱为例，以前年轻人的观念是不吃隔夜菜，冰箱买迷你的，能放下一些啤酒、饮料、雪糕就够了。但现在不行了，水果、蔬菜、粮油都要囤起来，这无形中对冰箱的空间要求就更大了。疫情过后，买大容量储存类家电会成为趋势。

第二，开辟新蓝海市场，也就是生产个性化产品。

疫情期间出现一个现象，由于社区封闭，快递不能送货上门，买“大件”的人很少，但是买小家电的增多了，尤其是一人份电饭煲、迷你小烤箱等。

据民政部数据显示，中国单身成年人口已超过2亿人，其中独居成年人大约7700万人，这些“空巢青年”普遍居住在一线城市，大多拥有较高的可支配收入和较强的消费水平，追求良好的生活品质，所以各式各样的小家电备受他们的追捧。

第三是顺势而为，柔性生产。

在疫情中一大批企业倒下了，也有不少企业反应迅速，立刻转产。早在2020年1月1日至2月7日，全国已经有超过3000家企业新增了“口罩、防护服、消毒液、测温仪、医疗器械”等业务。

还有企业除了临时转产渡过疫情难关，更是着眼于未来技术与科技的升级。吉利宣布首款防病毒的“全方位健康车”上市，董明珠也通过直播秀硬核科技——格力杀新冠病毒空气净化器。

海尔的全场景健康家电逆势热销，包括超保鲜冰箱、“56度C”自清洁空调、超声波离子蒸汽双重杀菌洗衣机、光波巴氏消毒柜、海尔御玺智能马桶卫浴等。

作为国内复工复产最早的一批企业，海尔集团利用数字化建立人才储备池，提前布局本地化供应商，提高本地化配套率及采用接驳式物流等解决了复工过程中遇到的难题。

为了解决商场不开门的问题，海尔和阿里等平台合作，将销售场景从线下搬到线上，实现疫情期间国内销售逆增长，同时，随着全球众多消费者隔离在家，海尔的卧式冰柜在欧洲畅销，其健康小家电通过直播在泰国创下销量新高。

未来家电行业的竞争会越来越激烈，占据销售半壁江山的海外市场竞争也会更加激烈。家电企业进行品牌升级、品牌出海，提升企业的全球化形象和影响力是必然的选择。

只有拥有完善的产品体系和全球化的战略布局，中国家电行业才能逆境求生。

33 “薅羊毛”大有可为

根据行为心理学的研究，21天就有可能促使一个人养成新的习惯或形成新的理念。疫情常态化下，消费者习惯的改变更有可能成为新常态。线上消费更加深入居民日常生活的各个层面；消费者更加“抠门”，更会看紧钱袋子，只买必要的、对的、性价比高的商品，消费理念趋于理性；那些把钱花在刀刃上的消费者意见领袖将更具影响力；能占到便宜的消费理念将更加流行，“薅到羊毛”将为精明的消费者既带来利益，更增加快感。

薅羊毛是一门大生意

淘宝网出现之后，中国人的消费习惯有了巨大的改变，网购逐渐成为大多数人购物的主要方式。今天，不管是吃的、穿的还是用的，只要你能够想到的东西，在淘宝上基本都有卖。网络购物的火爆导致越来越多的网购平台出现，如京东、苏宁易购、唯品会和拼多多等。随着电商平台的增多，它们之间的竞争变得越来越激烈，各个平台的业务模式也开始凸显出自己的特色。在电商发展的过程中，逐渐滋生出许多令人意想不到的“大生意”。

近几年许多人都会发现，在QQ和微信上总有各种各样的“羊毛群”被亲戚朋友“安利”。人们通过点击这些“羊毛群”中发出的购物链接，就能够领取各大电商平台商品的优惠券，使用这些优惠券购买商品时能获得不同程度的优惠。

用户不断涌入各种“羊毛群”，比如“京东羊毛群”和“淘宝天猫撸羊毛群”等有着非常多忠实的“羊毛用户”。甚至行业中还出现了许多“羊毛APP”和微信小程序，专门推荐“羊毛产品”。在很多2000人的QQ群中，群主每天都会分享大量购物链接，广告语非常诱人，极具煽动性。

社群里的许多人在看到优惠商品的“羊毛链接”时就会去点击，进入淘宝、京东等电商平台页面，领取一个页面上的优惠券，再购买商品，此时优惠券就可以用来抵扣现金。看到优惠券，占便宜的本能让人不管是否有用都选择领取，有些人领了券以后用不到就放着慢慢过期；然而总有一群人本着“有便宜不能不占，优惠券不能浪费”的原则，将这些优惠券“物尽其用”，这群人被称为“羊毛党”，他们是“羊毛群”最忠实的用户。

专门在各个社交群和论坛分享电商平台优惠商品信息的人则被称为“淘客”或者“推客”，通过在社群和论坛中撒“羊毛广告”，收取高额佣金。据了解，拥有一个500人以上“羊毛群”的群主，月收入平均在1万元左右，有些大群群主甚至月收入可达10万元以上。做得比较好的淘客APP，月收入甚至能够达到数千万元。为什么会有那么多人加入“薅羊毛”生意的队列？

“薅羊毛”为何会如此火爆

“薅羊毛”生意之所以火爆是因为“羊毛用户”大量出现，特别是白领群体成为新的“羊毛党”。究其背后的原因，是后疫情时代经济下行压力加大，很多人手头开始变得拮据。

特别是水果、鸡蛋、猪肉等生活必需品物价上升后，人们更感觉到自己缺钱花。即便如此，很多人内心并不愿意消费降级，比如一直在京东购物的用户很少愿意转去拼多多购买商品。

在追求品质的同时，人们希望花更少的钱来满足需求，就会主动在网上搜索自己想买的商品是否有优惠活动，这就为“羊毛群”的快速发展提供了机会，白领的加入极大地提升了“羊毛大军”的购买力，因此让“薅羊毛”生意变得火爆起来。

事实上，自网购流行后，“薅羊毛”的生意就已萌发，只是由于早年的网购还不是十分发达，消费者对于这种形式的优惠活动了解得不多并且内心存疑，所以在当时就没有这么大的空间快速发展起来；不过随着越来越多的人参与其中，“薅羊毛”也慢慢形成一个产业链。

最开始的时候没有淘客和推客，电商平台的商家想要推广产品要靠“刷单”。在淘宝、京东等平台中，消费者在购买一件商品时最主要的参考来自该商品的销量和评价。销量高、好评多的产品就会有更多的消费者愿意购买，销量低、差评多的产品则很难卖出去。

曾经有很多淘宝店铺采用刷单的方式增加销量和好评，它们请水军帮忙，水军在平台购买了商品后商家并不发货，只是购买一个快递单号填上，三四天之后水军确认收货并给商品好评，商家再将货款和佣金一同支付给水军。后来因为电商平台的打击，刷单的店铺大多被封，刷单这门生意便慢慢消失了。

刷单被禁止后，有一种比较安全的推广方式出现了，那就是淘客。淘客是由阿里巴巴提供技术支持的，淘宝网的店家会与阿里的淘宝联盟签约，设置好佣金和返还比例后由淘客帮助推广。

整个推广按成交量计费，淘客从联盟的推广专区获取商品代码，任何买家经过淘客的推广（包括链接、个人网站、博客或者社区发的贴子等）进入淘宝店铺完成购买后，淘客就可得到由卖家支付的佣金，其中淘宝联盟收取20%的服务费。京东也有京挑客，本质上都是一种帮助电商推广的机制。

淘客们推广的商品往往会由店家提供一定程度的价格优惠，这也是用淘客模式去冲商品的销量和好评时用来吸引消费者的最佳手段。商家虽然看似减少了商品的利润，还要付给淘客佣金，但商家要赚的并不是这些“羊毛党”的钱，主要目的是通过“薅羊毛”这些用户把商品销量带上去，之后再赚下一批购买商品的人的钱。有些商家甚至愿意“赔本赚吆喝”。

作为一种成本低、起量快并且非常安全的推广方式，淘客为商家带来了巨大的销量，消费者通过这种方式也能买到更加便宜的商品，看上去是一个双赢的局面。其实在这个过程中，淘客才是最大的受益方。一般来说，除去平台收取的服务费之外，淘客能够瓜分到店家支付佣金的80%。据业内人士透露，近几年一些头部的淘客APP在“双十一”这一天获得的佣金就超过10亿元。一些普通的淘客APP一个月也能有几千万元的盈利。

在巨大的收益驱动之下，各种淘客APP和淘客们成为电商最好的推销员。随着淘客多年的快速发展，通过社交渠道分享链接赚钱的方式带动了整个“薅羊毛”行业的迅速增长。至今淘客已经诞生11年了，大型淘客网站和头部淘客APP拥有大部分客流，个体淘客引流相对困难，所以当阿里推出新的推客项目后，很多淘客都开始转战推客。

推客与淘客非常类似，但是推客所赚得的佣金平台并不抽成，而是全部归推客所得；推客不限制分享途径，通过微信、QQ空间、微博等社交工具均可分享，相比淘客只能通过淘口令等链接分享有了更大的灵活性；此外，推客引进的客户，只要是顾客点击的，全站带佣金的商品全部都计算该推客的佣金；推客还可以铺货到京东等第三方平台加价或者等价售卖，以此来赚取差价和佣金。推客的出现让越来越多的人发现这是一门非常火热的生意。

“薅羊毛”生意对电商越来越重要

现在，淘客和推客已经成为阿里生态圈中不可缺少的一部分，尤其是在拼多多出现后，淘客和推客是阿里与拼多多在社交流量和下沉人群的竞争中最重要的力量，“薅羊毛”的生意将持续不断地做下去。

现存的“薅羊毛”模式主要包括传统的淘客、新媒体引流和自建平台。

第一种是传统的淘客模式，除了在贴吧、论坛中发布链接之外，最主要的是通过微信流量引导，其中又分为几种不同的模式，包括建立微信群、使用微信机器人发单；使用微信公众号和微信小程序售卖精选的淘客商品；还有使用返利机器人，微信用户通过添加机器人好友获取商品链接购买商品，这样提交订单后就能够获得返利。

第二种新媒体引流的模式是从2014年直播兴起后出现的，到2017年才真正开始火爆。最开始，快手、抖音上的网红们只能靠粉丝刷礼物来抽成。随着短视频平台和淘宝联盟合作的深入，网红们纷纷开启自己的“淘客”身份。主播们通过直播或者视频卖货得到巨大的收益，这使得网红淘客大量出现并迅速崛起。2019年最火的网红李佳琦在一次直播中试色380支口红，5个半小时带货353万元，甚至曾以1000∶10的绝对优势，在淘宝直播间打败马云。

第三种自建平台模式相对来说是比较正规的，大多数淘客APP都采用这种模式，比如省钱快报、美物清单等。当然其中也有多种细分模式，比如导购性模式就是平台自己买流量，用户购买商品后，平台赚佣金，只要佣金大于流量成本，就可以持续投入去获客盈利；而代理模式则是把佣金分给代理，让代理来获客和卖货。

不同的模式有着各自的优劣，到底哪一种更好取决于哪一种模式更符合淘客自身的条件。比如微信模式简单易操作，但是受到微信平台的限制；网红淘客有一定的门槛，并非所有人都能做；平台导购则需要一定的资金，而且随着流量成本的增加，获客成本也在不断上升。不论淘客们采用哪一种形式，都会获得一定的“羊毛用户”。对电商平台来说，多种形式、多种渠道的推广使得电商引流目的更容易达到，因此商家更加愿意看到多种淘客模式共同发展。

“薅羊毛”未来空间很大

想要从“羊毛党”中牟利本来难度很大，但是当“羊毛党”的流量汇聚在一起之后，除了淘客能够获得电商支付的佣金之外，众多的变现机会就涌现出来了。例如，专注于时尚女性消费者的电子商务网站“蘑菇街”和“美丽说”在最开始也是走做淘客的模式，但随着自己平台的用户逐渐增多，平台变大了，于是转为电商，开始独立卖商品。

除了转做电商，“薅羊毛”生意未来还有诸多新的机遇。现在，由于疫情的广泛影响，一二线城市中大量白领加入了“羊毛党”大军。随着淘客和推客们获取流量的成本越来越高，消费升级中的三四线城市将成为各个领域激烈争夺的流量入口。在很多农村地区，社交电商和分享经济的概念甚至还没有普及开来，仍旧有非常广阔的市场，“薅羊毛”生意大有可为。

据国家统计局发布的数据显示，三线城市的人口规模是一线城市的6倍左右，从人群数量上看，三四五线城市和广大农村地区都是淘客们的必争之地。这些地方相对来说经济发展较为缓慢，省钱实惠的商品是大家普遍追求的，使用优惠券必然大有市场。淘客还可以发展农村合伙人，利益共享。在这个过程中如果把用户沉淀下来，建立一张销售网络，通过这个销售网络来赚钱则是更好的致富之路。

比如，代理平台负责组织优惠商品供应，代理负责在自己擅长的流量领域把用户沉淀到平台上，构建一个大的用户网络。当用户在平台上产生消费，代理的销售网络越大，获取到的收益就越多，平台也能够持久盈利。

在这个过程中，商家、平台、代理和消费者都能够受益。代理不用再考虑怎样才能找到优质商品和为不同的用户匹配货物的问题，这些全部交给平台处理，只需要通过平台提供的各种工具，构建自己的销售网络即可，极大地提升了工作效率。而通过免单、优惠活动和高品质商品分享等方式，既能把用户吸引到平台，也让消费者获得实际的好处，实现多方共赢。这种模式比起微信分享、网红卖货等模式更加高效。

此外，开拓老年人市场也非常值得淘客们重视。疫情期间，老年人的网络消费正呈现快速增长的趋势。其中，一线城市、学历高的老年人是主力军，这些老人不仅关注自身健康，在网购方面也活力十足。

淘宝数据显示，2019年春季，成都购买潮牌的60后比2018年增长了22%，要知道，老年人的节约意识和传播能力都非常强大，经济实惠的淘客优惠券必然能够吸引到大批银发“羊毛党”。

淘客和微商有很大的不同，但两者又有很多相似之处。他们都以微信为主要载体，以社交平台为纽带。淘客要想做大做强，团队作战必不可少，在这方面微商发展团队的方法就非常行之有效。不论是招人、培训还是微商的老带新，很多地方都值得淘客和推客们借鉴学习。

“薅羊毛”生意的发展已经超过10年，从刷单到淘客再到推客，经历了从模式单一、简单分享，到模式丰富、规范化的过程，在这个过程中，涌入的人群不断增多，各种分享模式一直在创新，现在许多核心“羊毛群”的影响力已经非常巨大了。不过，淘客想要不断获利，在未来不仅要考虑如何创造出新的商业模式，更要重新定义用户价值，满足用户期望，只有越来越多的“羊毛党”出现，“薅羊毛”的生意才能够持久地发展下去。

34

企业微粒化管理创新

所谓微粒化管理，是指借助数字技术构建数字平台，将组织做微粒化分解、聚合和裂变而提出的一套综合管理思想。

物理学上，微粒是指极细小的颗粒，包括肉眼看不到的分子、原子、离子以及它们的组合。微粒化就是精准聚焦的过程，要借助数字平台，把大企业做小做精，要求企业的领导者在着眼大格局时，也要在很小的单点上细致入微。

那么企业该怎样进行微粒化管理呢？

一是实现平台化转型，在组织中形成超级个体或小团队。

平台化管理的原则之一是每个人都是领导者，弱化等级结构；将平台化管理进行分子分解就是将个体（原子）或小团队从组织中剥离出来，形成超级个体或自主经营的小团队。

这时，新形成的个体或小团队，就是新的领导者，在保证自己工作自由之下，能够进行自我驱动，实现自我价值，更有利于大组织的可持续发展。

2005年，张瑞敏对海尔进行了原有组织和模式的颠覆式创新，开始了“人单合一”的模式探索。“人单合一”中的“人”就是员工，“单”就是用户；“合一”就是把员工价值和用户价值连在一起。

这种“人单合一”模式运用的就是平台化管理的分子分解原理。在这个模式下，海尔企业就是一个大分子、一个平台。然后海尔将企业目标或任务分解给海尔员工，也就是说海尔的每个员工都直接面对市场，面对客户，参与到管理中来。目的是把海尔的每一个员工打造成一个自主经营的实体，让员工真正成为自己岗位的管理者，激发工作热情和提高效率，这时分解出来的员工可以是一个员工，也可以是一个小团队，他们就是原子。而管理部门会评价各个订单的完成情况，对员工进行绩效考评，也就是说能者多劳，员工在为用户创造价值的过程中也就实现了自我价值。

海尔的“人单合一”模式是一种创新的管理模式，它颠覆了传统组织的管理模式。

二是模糊企业边界，促进企业内部和外界的自由流动和自由组合。这是平台化管理的原子聚合过程。

原子聚合就是将从组织内部分离出来的原子（个体或是小团队）与外部的原子聚合起来，形成新的团队（分子）。

海尔的“人单合一”模式是从组织内部打破束缚，激发内部员工的创业活力。2014年5月海尔成立了“海创汇”[1]创业孵化平台，打造开放的共享式双创平台，从组织内部到吸引外面的人才入驻海尔平台创业，力图打造众创、众包、众筹、众扶等多种孵化模式，将内部创业和外部人才相结合，原子聚合，进而形成新的团队和组织。

海尔已成功探索出海创汇的三类主要创业模式，即企业内部创业、企业带动就业、共享式创业。通过海创汇成功孵化了雷神、小帅影院等知名的小微创业企业，还有大来科技、端点科技等一批外来企业入驻海创汇。

海创汇给予创业者开放的平台，借助数据资源，不断实现创新发展，既让一些有理想的创业者发挥潜力，也带动了企业的整体发展。

而打造如此开放性的平台的前提条件是要做到企业平台化、员工创客化、用户个性化，进一步解释就是：企业“无”边界，这里的“无”并不意味着完全没有，企业内虽有部门设置，但要模糊部门的边界。部门不重要，重要的是部门成员人人都是创业者，都参与到管理中，甚至成立新项目组开展事业，而在这个过程中也是无领导管理，成员会自主经营。对于他们来说，用户才是领导，因为他们的最

1 海尔集团打造的创业孵化平台，提供创业项目、创业服务。

终目的是满足用户的需求。整个过程更具有灵活性、自由性和自主性。

三是在平台内，以一点或几点为基础，实现突破后，快速复制和大规模扩张。这就是平台化管理的原子裂变过程。

原子裂变就是在分子分解或是原子聚合的基础上，快速复制，全面覆盖。这就像音乐中的音符一样，一个二分音符可以分为两个四分音符，一个四分音符可以分为两个八分音符，以此类推，层层递进，不断创新。

在数字化管理系统下，现在有很多房屋中介，可能是大的房产中介（分子分解中的超级个体），也可能是小团队（分子分解中的小团队，或是原子聚合形成的新团队）。大房产中介可以自己管理自己，也可以带领几名中介组成一个新团队在平台上运营。大房产中介将销售经验和方法传授给自己的团队成员，当团队成员能力成熟时，可以脱离小团队，自己再带领几个成员，成立新的团队。

在数字时代，平台化管理的原子裂变是借助数字技术进行的大规模扩张，并通过平台释放出最大的创新活力。

未来，企业的管理更趋向于建立成员之间的连接和为之赋能，而不是由上至下、层层管控；企业通过平台赋予员工创业动力以及创新能力。互联网下半场将产生小微企业和个人品牌的井喷，从内而外地为企业以及整个社会激发出新的活力。

35
如何成为营销的超级传播者

俗话说“千里马常有，而伯乐不常有”，世界上有很多天才，但能暴得大名的天才却很少。名声是最好的财富，如何把握住机会一夜成名，也是每个天才都要逾越的一道人生屏障。唐代诗人王勃当年就是因为抓住重要节点和时机，一举成名。

王勃自小就是神童，天赋异禀，才华横溢，而真正让王勃一夜之间名满天下的是他那篇《滕王阁序》。但很多人不知道，王勃写《滕王阁序》纯属偶然。王勃14岁时，远赴交趾（今越南）去探望在那里做官的父亲。路过南昌时，遇见当时任都督的闫伯舆重修的滕王阁竣工。正值重阳节，闫都督在滕王阁大宴宾客，庆祝工程竣工。当时许多文人学士都来捧场，王勃躬逢其盛。闫都督非常开心，邀请在场的文人墨客为滕王阁写一篇序文。但并没有一个文人站出来写这篇文章，倒不是说他们不愿露一手，或不好意思；而是他们知道，这只是在演一场“戏”，闫都督早就让自己的女婿提前写了文章，单等宴会一开始，就向来宾炫耀一下女婿的文采。就在此时，不明就里、年轻气盛的王勃站了出来，自告奋勇写这篇序。闫都督一下子气懵了，拂袖而去。后来出于好奇，闫都督让书童实时播报王勃写下的每一句。当手下人报告他，王勃始句写的是“南昌故郡，洪都新府”时，阎都督说："这不很平常嘛"；继而报来下面几句："星分翼轸，地接衡庐"，阎都督说这也没什么奇崛；接下来当听到"物华天宝，龙光射牛斗之墟；人杰地灵，徐孺下陈蕃之榻"时，阎都督站了起来，沉吟不语。

当听到王勃写至"落霞与孤鹜齐飞，秋水共长天一色"时，闫都督一下子站起来感叹道："此真天才，当垂不朽。"上元三年（公元676年）冬，长安城里满城争说王勃的《滕王阁序》，王勃一下子名动天下。时至今日，提到王勃，我们脑海中能想到的第一佳作，依旧是这篇《滕王阁序》。这一短文为中文世界贡献了至少29个成语。

虽然说王勃本身就非常有才华，但初唐时期，擅长诗词歌赋的文人墨客数不胜数。可以说，偶登滕王阁，一挥而就写成《滕王阁序》，让王勃一夜成名天下知，因为他抓住了这个大咖云集的最好机会。

疫情笼罩期间的华尔街因为美股大跌，在短短1个月内经历了4次熔断。炒股的人都喜欢牛市，华尔街的象征就是屹立在街口的那头重达3.2吨、看上去牛气冲天的铜牛。说起这尊铜牛，还有一个精彩的故事。铜牛的设计者是一位来自意大利西西里岛的移民艺术家阿图罗·迪·莫迪卡。莫迪卡来美国打拼多年，但一直籍籍无名。他总想怎样才能做一件东西一鸣惊人。有一天灵光乍现，突然想到华尔街是世界金融的心脏，如果把自己的作品放在这里，定会引人注意。华尔街喜欢什么呢？当然是牛，炒股的人都喜欢牛市。于是，莫迪卡开始创作一头铜牛，计划在1989年圣诞节的时候摆在华尔街证券交易所前面，祝福股市从此一牛冲天。经过近两年的精雕细琢，莫迪卡完成了这尊长约5米的铜牛。创作完成了，但怎样才能做到吸引大众的眼球，一举成名呢？1989年12月15日深夜，一辆大卡车将这头重达3.2

吨的铜牛，偷偷运到华尔街纽约证券交易所门前那棵巨大的圣诞树下面，莫迪卡盼望着第二天一早会发生奇迹。次日一大早他跑到证券交易所边上，果然铜牛已经被记者和警察围得水泄不通，从外面根本看不到牛了。纽约市政府在盛怒之下，要求莫迪卡赶紧把铜牛拉走。就在这时，百老汇大街南端的博林格林公园的负责人找到莫迪卡，让他把铜牛放到他们的公园里。铜牛一下子成了紧俏的卖方市场。莫迪卡要求把这座雕像出售给开价最高的买主，但买主必须将这尊铜牛雕像捐赠给纽约市。现在铜牛已成为纽约市的公共财产，不准任何人买卖，但莫迪卡拥有肖像权。如今，纽约市卖出的每一件华尔街铜牛文创产品，都要付给莫迪卡版权费。

曾经有人调查过当今很多企业家成功的最关键因素是天时。马云因为去美国催账而第一次接触到互联网，很快意识到这个东西将来必将改变世界。19岁的比尔·盖茨看到了电脑软件行业的巨大商机后，从哈佛大学辍学，后来成为世界首富。扎克伯格之所以建立Facebook，一开始只是想将全校女生的照片都列出来，让男生们去评比。这些企业家的成功之路其实都伴随着一点“运气”在其中。个人的成功需要时机和运气，商业的成功依旧需要它们。“出名要趁早”的后面还有半句话：“个人即使等得及，时代是仓促的，已经在破坏中，还有更大的破坏要来。”这句话放到日新月异的互联网时代依旧是适用的。从纸媒到传统媒体到自媒体，从定位到插位，从固守城池到联名跨界，品牌甚至整个产业的更新迭代是飞速的，时机不会为任何人停下，需要你具备足够的能力，又恰巧抓住了它。

同样，企业也需要敏锐地抓住广受关注的事件，包括国际、国内、社会、政经、行业、重大赛事甚至明星的热点事件，借助热点事件本身的关注度、影响力以及强大的传播势能，展开相关营销活动，宣传品牌或产品想要表达的诉求。

借势要取得好的效果，必须把握以下几个原则。

原则一：相关性

所谓相关性，就是指热点话题必须与企业的自身发展相契合，也与产品的目标受众相关。

原则二：可控性

所谓可控性，是指企业在借势过程中，要使事情的发展态势处于自己可控制的范围内，如果不能够放在组织的控制范围内，有可能达到期望的效果，甚至达成相反的效果。

有人说既然是借他人之势，这个“势”的方向就肯定不在自己手上，怎么控制呢？例如，有的企业想借明星之势，请明星代言，但不久该明星就传出绯闻或发出不当言论，连累了品牌的形象。

这里的可控性其实是要求企业具有应变能力。

原则三：系统性

所谓系统性，是指企业借助外部热点话题，策划和实施一系列与之配套的公关策略，整合多种手段，实现一个结合、一个转化，即外部议题与组织议题相结合，公众对外部议题的关注向组织议题关注的转化。

俗话说，有人的地方就有新闻，就有事件。国内外每天都有大量的事件发生，那么哪些可以借，哪些不能借呢？这就需要企业有敏锐的洞察力和准确的预判能力了。

借势不是赌博，如果只站在一方的阵营里，成功率只有50%；而站在公众一方，成功率几乎就是100%。

没有品牌会无缘无故地成功，如果没有机会，那就自己创造机会。张瑞敏有一句著名的话：“没有成功的企业，只有时代的企业。”能否恰好踩上时代的“痛点”，是一个品牌传播成功的秘笈。有记者曾问张瑞敏：“您对海尔最大的期望是什么？”张瑞敏是这样回答的：“我最大的希望，是让海尔成为一个真正的世界品牌，不管走到全世界任何地方，大家都知道海尔是一个非常好的、我喜欢的品牌。”

蒙牛当年一夜之间家喻户晓，离不开神州五号“中国航天员专用牛奶”的称号。神舟五号是中国第一艘载人航天飞船，“神五飞天”对全中国人民都是一件非常激动与自豪的大事。不仅国内媒体会大肆报道，国外主流媒体也会格外关注这一事件。笔者为蒙牛策划时也抓住了这次空前绝后的时机，与“神五飞天”进行捆绑营销。提前半年就在全国主流媒体布局。当时蒙牛提出了许多与飞天事件相关的口号，“航天员专用牛奶”“每天一斤奶，强壮中国人”等系列活动，树立了具有民族内涵的品牌形象，大大提高了产品的知名度。

蒙牛品牌传播的成功与那次全球瞩目的“神五飞天”事件有关，而天猫“双十一”的创立，则与一个“节日”有关——光棍节。11月11日，原本是很普通的一个日期。直到1993年，南京大学某寝室的四个大四学生在讨论如何摆脱“光棍”状态，他们将即将到来的11月11日定义为“光棍节”，并在那天举行了一些活动。随后，光棍节逐渐发展成为南京高校甚至各地大学里的一种校园趣味文化。随着这些学生从校园走向社会，“光棍节”也被带入社会，在媒体的传播下，逐渐成为一个流行性节日。但当时创立这个“光棍节”的四位大学生根本不会想到，未来“光棍节”会成为一个全球性的购物狂欢节。

2009年下半年，接手天猫商城的张勇给团队布置了一个任务，就是在11月搞一个什么活动，把销量拉上去。团队就想出一个线上打折活动，当时，11月11日作为“光棍节”已经在社会上流行了起来，张勇恰好在策划一个中国版的“黑色星期五”，这个有趣的“光棍节”给了他灵感，“单身应该有单身的快乐，要是感到孤独，那来天猫购物不就好了吗？”于是，“双十一”就这么定了。

无论是个人、企业家还是品牌，很多时候，想要一夜成名，就要抓住机会，但好机会、好运气是依靠实力积攒出来的，如果王勃走上滕王阁，大字不识，如果爱因斯坦没有发表相对论，如果牛顿只是将从树上掉下来的苹果洗洗吃了，如果张爱玲从香港回到上海，每天只会抱怨时局而不是一篇一篇地写作投稿，后面的这些运气恐怕都不会光临。如何让你的品牌像病毒一样疯传？“站在风口上，猪都能飞起来”的前提是，你要有足够的眼界和能力，先站上去，才有机会或“创造”机会，一夜成名。

36

直播带货新战场：后来者如何破局？

2020年上半年全世界的主场都转移到了线上，从明星到网红，从官员到企业家，全民进入直播时代，似乎全年经济成绩的好坏在很大程度上都要依赖直播带货了。

2020年4月23日，中国商务部发布的商务大数据监测显示，2020

年第一季度电商直播超过400万场。全国已有100多位县长、市长走进直播间为当地产品代言，2020年第一季度全国农产品网络零售额达936.8亿元，增长31%。淘宝第一主播薇娅能卖掉火箭，5月15日，格力董事长董明珠在京东平台更是直播带货7个亿，成就了企业家“直播一姐”的地位。

但是在如火如荼的直播背后，绑定薇娅的梦洁家纺股价经历暴涨暴跌之后股东套现离场，“卖身”抖音的罗永浩几乎场场直播都有翻车事件，同时还有大量的品牌主和长尾主播在“赔本赚吆喝”。

起于2016年、兴于2019年、爆发于2020年的电商直播走到了十字路口，是继续靠全网最低价“相爱相杀”，还是要另辟蹊径？作为后来者的品牌企业又该如何破局？

电商直播的“中场战事”

网络直播其实不是什么新鲜事物，最早的网络主播主要是靠打擦边球、秀才艺索打赏、收礼物并与平台分账赚钱。后来很多新闻发布会、大型活动开始采用图文直播的方式同步在线宣传。到了2016年初“蘑菇街”作为第一个吃螃蟹的人，把直播应用于电商带货，逐渐形成了“直播+内容+电商”的平台模式，随后淘宝、京东入局直播领域，2018年抖音、快手跟上，2019年电商直播遍地开花，不仅可以卖产品，知识等虚拟产品也开始具备直播变现能力。据国家统计局公布的数据显示，2019年全国网上零售额超过10万亿元，比2018年增长16.5%。看直播购物几乎被所有网民接受。

电商直播确实带火了很多品牌，尤其是美妆、快销类的国货品牌受益匪浅，一些新品牌也趁势快速崭露头角。但头部主播昂贵的坑位费、带货分成以及全网最低价模式，成为压在品牌方头上的三座大山，售后问题也是纠纷不断；腰部主播众多，质量难以分辨，品牌被套路、“赔了夫人又折兵”的事屡见不鲜。

明星们也纷纷转战直播间，像杨幂、鹿晗、刘诗诗等明星带着自己代言的品牌走进直播间，与主播和粉丝们互动，推荐产品。有的则直接当起主播实打实地卖东西。李湘、林依轮是转型主播最早的一批明星，2020年5月下旬刘涛、汪涵等人也都开了自己的直播首秀。

这个行业更火了，而获取新流量的成本也更高了。

2020年在疫情的影响下，所有人的注意力都集中在线上，无视或放弃直播显然不明智，电商直播已经不是机遇和风口，而是大势所趋，是未来的新常态。

但特殊时期直播带货靠的是全网最低价，对于品牌企业来说，不打价格战该如何入局？电商的未来将往何处去？在这片红海当中如何积极拓展蓝海，抓住流量，转化流量？这些考验着每一个品牌企业的实力和远见。

企业家从为自己代言到为自己带货

2020年疫情一来，很多企业家都纷纷下场，直播带货，除了格力的董明珠，还有百度的李彦宏、复兴的郭广昌、携程的梁建章等，他们自带流量和话题度，不是明星，胜似明星。

早在2012年，聚美优品的创始人陈欧就拍摄了一组“我为自己代言”的广告，引起很大反响，陈欧年轻、帅气的形象本身就很有明星范儿，再配合颇具网感的“陈欧体”文案，使得化妆品电商平台聚美优品一下子抓住了年轻用户的心，迅速蹿红。

后来，格力将代言人从成龙换成了老板董明珠，西贝餐饮店铺最显著位置的广告画面也换成了创始人贾国龙。

企业家们走进直播间，有的卖“感悟”，有的卖产品。

马云和王石都属于感悟式直播。2020年5月9日，马云通过直播在景德镇与年轻人展开对话，金句频出，他说：

> 如果年轻人还怕压力，那就白活了！
>
> 创业者是很孤独的，只有克服孤独，找到志同道合的人，才能走下去！
>
> 在你们身上，我看到了热爱、坚持和孤独。

王石早在2020年4月就宣布自己将用直播的形式和小伙伴们一起“上山下海”。

董明珠、梁建章的直播则来得更实在一些，就是以销售为目的。他们也在最初的拘谨、“翻车”中逐渐摸索出直播的奥秘。

不仅实体产品直播带货越来越常态化，服务类产品也开始走入直播间。平安集团首席保险业务执行官陆敏2020年5月27日走入直播间，开创业界独树一帜的“5·27爱妻节”，并温情推出保险产品计划“爱妻宝”，针对主力年龄段消费者，每月保费仅为5.27元，却可撬动最高近46万元的保险保障，其中“一张保单保障两人”的产品设计十分新颖。因其创新性的设计，产品在直播间一上新，便获得不少家庭保险消费者的青睐。不同于其他企业，平安集团的直播从源头上开始做文章——打造具有互联网属性的服务产品。像阿里“双十一”的光棍节一样，平安的“5.27爱妻节”也正试图创造一种新人、货、场的新零售消费场景。

企业家当主播不仅能够熟练介绍自家产品，还能够运用专业知识解答消费者的各种疑问，这是专业型主播最大的优势所在，也是未来优秀的电商主播所必备的技能。

直播新趋势

经常看直播的人会发现，有的商品给出的价格之低令人难以相信，而有的商品尤其是大牌商品宁愿送一堆小样，也不会降低正品的价格。

品牌做直播的目的各不相同，主要有以下五个维度：

一是深度绑定主播打造电商品牌，例如花西子、王饱饱；

二是纯粹卖货赚钱，这类商品通常成本足够低；

三是电商平台走流量，线下好招商；

四是为店铺导流，形成复购，这类商品一般对自身品质有信心；

五是作为宣传渠道，多为知名大品牌的选择。

而当疫情过去之后依然能够保持良好业绩的无外乎两种情况，一是品牌调性符合主流消费群体的需求，二是产品的品质、口碑有保障。

当潮水退去，未来的直播会往哪里走？网络时代网民的注意力碎片化，能够引起大众兴趣的唯“新”唯“快”。快速创造新的关注点和需求，将专业的技巧和知识带给受众是未来直播的制胜法宝。

平安无疑很好地把握了这个节奏，2020年1月率先开创了“1·8财神节”玩转新保险互联网营销。“5·27爱妻节”是平安第二次在“造节”上发力，结合时下最火的直播带货和线上营销，以创新性的“爱妻宝”产品对广大消费者进行保险消费意识的普及与推广，加强人们对保险保障的认知与关注。

从产品火爆的销售情况不难看出，平安人寿的“产品+”战略已初见成效，也逐步跑通了产品从“需求诊断—产品开发—后端营销”的新链条。

打造符合互联网属性的产品，保障过硬的产品质量，配合专业的直播销售及完善的售后服务，结合公域流量盘活自身私域流量，才能助力品牌破圈，开创新局面。

37
假日经济和“夜经济”

经济学原理告诉我们：抑制消费会使经济放缓；刺激消费才能促进经济繁荣。

假日经济是指人们利用节假日集中购物、集中消费的行为，是带动供给、带动市场、带动经济发展的一种系统经济模式。它不是一个经济学名词，却属于消费经济的范畴。

假日经济是伴随我国第一个“黄金周”出现的。黄金周其实是从日本舶来的休假方式。1999年国家在经过一段时间的双休日试行后，决定将春节、“五一”、“十一”的休息时间与前后的双休日拼接，从而形成7天的长假。于是，有了“黄金周”的概念和休假方式。

假期增多了，闲暇时间自然就富余了，人们的娱乐休闲活动也变得丰富多彩，从以前周末做家务中解放出来，可以周六在家休息，周日出去郊游、爬山、购物等。双休日制度改善了人们的生活质量，也促进了第三产业的发展，为商家带来很多财富机会。

仅仅多了一天的“双休日”制度，就带来如此大的改变，更何况像“五一”“十一”这种黄金周长假呢？

假日经济会带动哪些需求

首先，假日经济最具代表性的行业就是旅游业。

经文化和旅游部综合测算，在2019年我国“十一黄金周”期间，全国共接待国内游客7.82亿人次，同比增长7.81%；实现国内旅游收入6497.1亿元，同比增长8.47%。其中10月7日全国接待国内游客5097.3万人次，同比增长8.78%，实现国内旅游收入407.8亿元，同比增长10.34%。

随着人们收入的提高，大部分人更愿意在假期选择旅行，势必产生“旅游消费”，尤其国庆长假期，所带来的游客数和消费额几乎是各大景区一年中的最高值。

其次是带动餐饮业。

“民以食为天”，大部分人不仅好吃，还喜欢好吃的，一到节假日，家家餐桌上菜品丰富多样，餐馆的人流量也总是络绎不绝，如果赶上网红饭馆，排队是常见的，甚至很多人将年夜饭都安排在餐馆里。

而且餐饮业的发展不局限于线下店铺。随着外卖的兴起，网上订餐方便快捷，假期里总有一些“赖床者”，中午起床之后用手机下单，一会儿午饭就送到了。很多小区里常见的不是小区居民，而是外卖员和快递员。

第三，假期会带动电影娱乐业消费。

许多电影为什么会经常选择在寒暑假、黄金周或者贺岁档期上映？因为这些时间段正处于假日期间，观影流量自然就比平日高出许多，直接影响着票房收入。

比如，2019年最火的电影《哪吒之魔童降世》，选择在2019年7月26日上映，因为这时候正处于学生放假期间，作为动画作品，影片的主要受众为学生，故选择在此期间上映。只不过令人没想到的是，这部作品不仅受到了学生的喜爱，也收获了大批各年龄段粉丝的称赞，最后票房接近50亿元，成为当年中国国产电影票房第一名。

第四，假期还能够带动宠物经济。

现代养宠物的人越来越多，宠物数量的上涨，很大一部分原因是宠物身份日渐重要，尤其是对那些独自在外打拼的“空巢青年”来说，宠物就是他们的家人，是一种陪伴，帮助他们缓解孤独，在一定程度上带来一种精神安慰。

同时假期外出旅游，不可避免出现一个新问题——带着宠物出行难。这时宠物寄养成为一个刚需，带来新的商机。

据了解，现在出现了很多种宠物寄养业务：宠物店寄养、家庭寄养，还有宠物酒店等，寄养收费价格每天100～200元不等，以宠物的大小来定。

假期宠物寄养生意火爆，很多宠物寄养假期还会涨价，假期越长，宠物寄养的生意越好。

第五，假期带动“懒人经济”。

微信官方发布的《2019年国庆微信数据报告》称：“宅”在家里的人越来越多。2019年国庆长假，“百步青年”有增无减，有3480万用户在国庆期间至少有一天微信记录的步数不过百；而在2018年有

2100万微信用户选择“假期宅”。

他们虽然宅，但一点也不耽误消费——买蔬菜水果，有每日优鲜、叮咚买菜；订外卖，有美团、饿了么；生病了，还有“叮当快药”。

如今的“宅”已不再是一个贬义词，它代表着一种消费方式。有人在假期享受出门游玩的快乐，也有人在家享受休闲放松的舒适，但都带动了假日经济。

假日经济能够发展起来的主要原因

第一，经济决定收入，收入决定消费水平。随着中国经济的崛起，人们收入有所提高，消费能力也随之增强。以前人们手里钱有限，会选择短途旅行，没有大的花销；而当人们的经济实力提升时，短途出门变为长途，国内游也会变身为出国游。

第二，人们消费观念的改变。按照马斯洛需求层次理论，一个人的需求总是从低层次逐渐向高层次转变。温饱得到满足之后，人们开始注重精神享受。新一代消费者与传统消费者之间最大的区别是：“超前消费”的出现。以前人们是“先攒钱再买房子”，将一切娱乐休闲活动的前提建立在家庭经济宽裕的基础上，是现实消费主义者；而在新一代消费群体看来，“先消费后付款”才符合他们的消费观，更加注重自我感受。因此，现在流行一种“穷游”文化。

穷游，是一种时尚的旅游方式。穷游不是说真的没钱也要去旅行，而是指在自由旅行的同时，最大限度地省钱，花最少的钱，享受最大的快乐。这是一种生活方式，用最经济的方式，看尽天下美景。

第三，闲暇时间的增多。一切消费的前提是有时间，当休息的时间增多，人们也更愿意出远门，并带动交通、旅游、餐饮等行业的发展。

简而言之，假日经济一定程度上反映一个国家或地区的经济发展程度。假日经济越繁荣，经济越发达；反之，经济越萧条。

马云说："我们希望未来'双十一'，国家可以放半天假。"如今，对于很多人来说，"双十一"早已成为一个节日——购物狂欢节。2019年天猫"双十一"交易额为2684亿元，超出2018年549亿元。

"双十一"以物美价廉、限时抢购的"套路"让消费者有种"不买就亏了"的心理，刺激消费，在极短的时间内形成较高的交易额。全民陷入购物狂欢中，相比日常用品的消费，家电行业在"双十一"期间增幅较大，可以说提升了全年的消费水平。

但是面对"双十一"短期内创造出的经济繁荣景象，也要清醒地认识到，像"双十一"这样狂热性的消费提振一下居民的消费信心和热情是可以的，但其中很大一部分是超前消费，也就是透支性消费，就是用未来的钱满足现在的需求。

"夜经济"的崛起

当下，为实现经济增长，促进城市"夜经济"成为新的抓手。《庄子》中有句名言，"夏虫不可语冰"，意思是夏天的虫子永远无法理解"冰"是个什么东西，这就是哲学上所谓的"认识的局限性"。

不习惯夜生活的人，无法想象夜经济能有多大的魅力。夜经济是夜间居民消费和企业供给的结合，是由一个个供求之间的交易构成的。城市夜经济的发展能够创造新的消费形式，提升消费需求和品质，形成新的经济增长点，刺激消费，引领城市消费经济的发展。

"白天经济靠生产，夜晚经济靠消费。"夜经济不仅代表的是一座城市的活力指数，也检验着城市的经济发展水平。

夜经济的潜力有多大

首先，夜经济带动消费。

60%的消费发生在夜间。《阿里巴巴“夜经济”报告》显示：夜间淘宝网购占全天消费的比例超过36%；2018年我国小龙虾总产值突破4000亿元。美团点评数据显示，晚上18点至21点、23点至次日凌晨1点，均是小龙虾订单的高峰期。夜经济俨然已成为拉动城市消费的新增长点。

从2020年3月末开始，受疫情影响最大的湖北省宜昌、大冶等地开始尝试重新放开夜市、地摊经济，热干面、小龙虾吸引了大量市民出门品尝，街上很快就冒起热腾腾的烟火之气。随后，成都、南京、青岛等城市也陆续提出放开地摊经济，允许商家在不影响交通、不占用盲道、不扰乱市容环境秩序的情况下，可以摆摊设点、占道经营。有的城市还专门配备了临时摊位配套设施，方便商贩经营和政府管理。

2020年全国“两会”期间，来自天津的全国人大代表杨宝玲提出了“地摊经济”的建议，在经济亟待复苏、大量人口需要就业岗位的实际情况下，这个建议引起了共鸣。5月28日，李克强总理出席记者会并回答中外记者提问时说：“西部有个城市，按照当地的规范，设置了3.6万个流动商贩的摊位，结果一夜之间有10万人就业。”两会结束后，李克强还特地走访了一些地摊，了解实际的经营情况。

其次，夜经济带来新的消费内容。

传统上的夜经济只是购物消费、餐饮消费，随着夜经济的不断活跃，夜间消费场所变得多元化起来，出现了24小时书店、24小时健身房等新兴消费场所，并且文化赋予夜晚新的魅力，夜间旅游成为一种新的文化旅游产业发展模式，例如多地博物馆开放夜间观赏，不仅丰富了人们的夜间消费内容，同时也将经济活动的时间延长了。

第三，夜经济促进就业。

就业是中国最大的民生，一头连着生计，一头连着经济大势。而夜经济的活跃促进了新就业岗位的产生，根据口碑饿了么数据显示：2019年6月以来，随着夜宵外卖等需求的大增，饿了么骑手队伍日益壮大，许多三四线城市夜间活跃骑手人数同比增长超过60%。

而在互联网时代，科技催生了网约车司机、网络主播等新兴职业，也给夜经济注入了不同的内容。

如今夜经济成为城市的软实力，一个城市夜晚越热闹，经济越发达。

而在夜经济带来经济繁荣的同时，也带来了许多新的挑战。

一方面是人们夜间出行的安全问题能否得到保障。良好的治安环境是夜经济蓬勃发展的前提。如果想要大力发展夜经济，就需要在夜间安全上投入更多的社会资源。

另一方面是夜间公共服务和配套设施能否得到相应提升。夜间消费时间延长了，如果公共交通运营时间没有延长，会造成夜间出行的不便。还有餐厅的服务时间变长了，垃圾清运的时间如果没有跟着改变，容易造成环境污染等问题，都是需要在发展夜经济过程中解决的。

这样综合来看，无论是夜经济、地摊经济，还是假日经济，都是经济下行压力下出台的应对之举，最终目的都是刺激消费，拉动内需。

38
如何玩转“她经济”

早在2007年，“她经济”就出现在教育部公布的《中国语言生活状况报告（2006）》汉语新词之中，指的是女性消费推动经济的效果很明显，称为“她经济”。如今，围绕着女性消费、理财而形成的这一特有的经济现象已经成为推动这个时代经济发展所不可忽略的力量。

“她经济”也称为“女性经济”。根据阿里巴巴的数据显示，阿里系在线电商销售额中，70%由女性消费者贡献。据国家统计局发布的数据显示：截至2018年中国大陆女性人口为6.8亿人，占总人口的48.86%。其中最有消费能力的中产女性人口为7746万人，约占整体女性人口的11.3%，女性消费市场总值高达4.5万亿元。“她经济”已经成为消费行业持续增长的风口。

虽然疫情期间女性的实际消费受到一定抑制，但并没有改变“她经济”蓬勃发展的势头。女性消费欲望的爆发，首先是女性自我意识的觉醒。当代女性受教育水平普遍提升，更追求自我价值的实现，开始主动把握和掌控自己的命运。其次，女性对于“钱要怎么花”更有主动权和话语权，有较强的自我表达和自我满足意识——变美、变精致、变个性化、变时尚等观念引导着女性更愿意为经营好自己的生活而买单。

女性不仅会花钱，更会挣钱。强大的消费能力背后，不仅是独立意识的觉醒，也是经济独立、财富量不断攀升的实力支撑。和讯网发布《2017中国女性财富管理报告》数据显示，在工作领域，2016年底女性就业人员占全国就业人员的43.1%，城镇地区女性就业人员6518万人，比2010年增长34%。2016年，女性在董事会成员中占39.9%，比2010年提高7.2个百分点。

这意味着，进入21世纪，女性已经在商业、文化、政治等诸多领域全面崛起。高学历、高收入，有主见、有能力以及更清晰的自我定位，让女性的消费需求和消费能力更加旺盛。根据阿里巴巴的数据，女性决策家庭消费的比重为：服饰消费占89%，母婴产品消费占87%，化妆品消费占83%，家居用品消费占78%。由此可见，“她经济”已经在家庭消费中居领导地位，在中国社会的消费链条中，女性在消费决策和消费能力上都占据绝对主导地位。正如马云所说，“女性正是消费的主力军，也是时代的主力军，抓住了女性就抓住了消费”。

后疫情经济中，“挣女性的钱”仍是消费升级的第一原动力。“她经济”每天都在催生着多个新的经济增长点的诞生与爆发，尤其是基于服饰、化妆品、母婴等需求催生了一波又一波创业和投资狂潮。很多女性市场尚未达到饱和状态，对于商家而言，这既是大好的机遇，也是巨大的挑战，随之而来的竞争将越来越激烈。面对越发成熟的“她经济”，如何最大限度抓住“她经济”的发展红利是关键。

找准自己的市场定位

Mob研究院公布的《2019年“她经济”研究报告》将“她经济”分为四个板块，分别是“她购物”“她游戏”“她健康”“她宝宝”，女性消费几乎已经全面覆盖消费市场的各个领域。每一个板块的市场都代表着一个极大体量的消费群体，这一群体下又包含精密的细分市场，比如根据女性的地域、年龄、经济水平、身份、学历等划分为不同市场层级，各个层级互相交织，但同一层级中又有诸多细分，渠道、市场、消费结构等有很大不同。比如一二线城市的市场和三线城市以下的下沉市场，肯定会有差异。高端市场可以全年不打折，不搞活动没有任何优惠，但在服务水平、产品质量、店内设备、店面装修方面需要耗费大量的人力物力，下沉市场可以在这方面略逊一筹，但价格和活动力度要迎合这一市场的女性消费群体。

强调品牌差异化

女性消费市场竞争愈演愈烈，确立绝对的核心竞争力是重中之重。因此，不能单纯将“差异化”作为一个空泛的概念或者认为自己的产品与竞争对手的产品“不同”就是差异化。比如宝洁旗下有多款洗发水品牌，海飞丝主打“去屑”，潘婷主打“特效修护”，沙宣主打“专业定型”，可见宝洁公司的品牌差异化策略做得非常成功，这是基于洗发水这一产品的目标——头发本身的全方位考虑。但一些小的品牌如果没有宝洁公司那样雄厚的研发团队和实力，无须做多款产品，但重点要突出。必须明确自有品牌特色，放大独有的品牌核心价值，同时针对市场其他同类品牌尤其是竞争对手的品牌弱点，做针对性的品牌策略，才能走出同质化的框架，让女性消费者一眼就记住你。

私人订制更受欢迎

女性是感性的，针对女性的营销战略不仅要有品牌促销，更要走进女性消费者的内心世界，从她们的视角思考问题，与她们产生情感共鸣，为女性消费者找到专属的价值。在物质富裕的时代，女性不再满足于“能用就行”的消费观念，她们不仅对产品有更为独到的见解，对商品的需求也更多元化，品牌意识不断加强，尤其是阶层认同诉求强烈。因此，以往粗放式的营销方式和产品已经不能满足她们的要求。要想培养这批女性用户的忠诚度，不仅要走精细化的专业路线，还要为她们提供“专属”与“定制”的个性化服务。

将精致做到极致

如今，“她经济”正在进行一场新的消费升级——女性消费者追求更高质量的产品和服务成为常态，这种新常态也促使以“她经济”为主要市场的企业不断革新产品与营销理念。马云认为男性更关注数据，女性更注重客户体验，在整个市场洗牌、重塑的关键期，企业将精致做到极致就意味着在同样“差不多”的竞争对手中，将诚意做到了极致，自然也会收获女性消费者的青睐。这种精致不仅包括硬件（品质）的精致，更包括软件（服务、设施、环境）的精致，比如作为商场的消费主力，女性进入一个商场的第一感觉是所处环境的氛围，大到整体装修，小到一盏灯光的设计、一抹清新的气味，都是赢得她们好感的关键，甚至商场的死角也可以成为“时尚的拐点”。

及时掌握大数据

疫情促进了企业对大数据的深度运用。根据大数据分析微调产品布局以顺应市场，并非看哪家店火爆就跟风去做，简单模仿。现在逐渐出现这样一种情况——各大商场、步行街看似人流量很多，去购物的女性也很多，但单一商店的成交量并不大。有时候人流量是假相，但数字永远不会骗人。现在是信息时代和大数据时代，专业平台的大数据搜集和分析系统已经非常完善。比如每一位消费者在哪个地区、每天浏览了哪种商品的信息、点击了哪条商品的购物链接、最终选择了哪种产品，都留下了大量的行为痕迹，形成了大量的行为习惯。有了大数据赋能，不仅线上电商、淘宝店主能够及时调整自己的商品，线下的商家也不用再纸上谈兵，可以及时调整市场战略，准确提高客流转化率。

第六章 Part 6

双循环赋能新经济

39

疫后新世界：哪些黑科技粉墨登场

用科学与技术“一键重启”2020年，是人类美好的愿望。人类战胜大灾大疫离不开科学发展和技术创新。

2020年，世界各国都开始把目光盯在生物医学上，期待着新冠病毒的疫苗让全球完整重启。

古人曾渴望：“海内存知己，天涯若比邻。”如今我们已经能够与千里之外的亲朋好友进行视频通话。小说和神话中的人物能够利用“意念”操控物体，如今人们依靠科技的力量，也逐渐能实现这一看似“不可能的任务”。强大的科学技术，不断地改变着人类的生产方式和生活习惯。那么，2020年后将会有哪些热门技术？它们会给人们的生活带来哪些改变？

数字基建

中国已迎来新一轮的“基建时代”——“数字基建”，以5G技术、大数据、人工智能、云计算、区块链、物联网为代表。

如果从工业互联网的角度将“数字基建”进行解析，它包括各种核心工业软件、底层的实时数据库、工业物联网终端设备、边缘计算设备、工业物联网平台、工业人工智能应用等，是各个行业都会用到的数字化基础设施。

在互联网和信息化、智能化时代，“数字基建”是真正的产业新生态，“数字基建”搭建好了，“数字中国”的建设才具备坚实的基础，中国经济的转型升级也就具备了坚实的基础。与传统基建重资产的模式相比，“数字基建”更多的是轻资产、高科技含量、高附加值的发展模式。

互联网远程医疗落地

远程医疗、远程教学和远程办公加速产业化。疫情发生后，腾讯在全国11亿用户的微信支付页上线“医疗健康”，并在入口上的“腾讯健康”小程序推出了针对新冠疫情的一站式线上服务。每天有超过3000万用户通过这个入口获取权威的疫情信息、医学科普知识，使用AI自查、在线义诊为自身提供及时的医疗服务。微信同时开放各类疫情服务工具的接口，真正以开源的方式允许各类公号、小程序等接入。医疗正在从单纯的线下诊断到如今的线上诊疗，从各项数字化工具的应用到依托云计算、大数据为药物研制提供技术“护盾”，在产业互联网数字化的架构之下，这个传统行业正在发生迅速的改变。

互联网远程医疗在我国抗击疫情中得到广泛运用

5G时代来临

5G是4G和2G系统的延伸。5G的性能目标是高数据传输速率、减少延迟、节省能源、降低成本、提高系统容量和大规模设备连接。全球最大的手机芯片供应商高通公司预计，2020年5G智能手机数量将达到1.75亿～2.25亿部，2021年出货量将达到4.5亿部，而到2022年将再出货7.5亿部。

有了5G技术，“几秒钟下载一部电影”将成为可能；人们还可以享受更流畅的在线视频、更稳定的数据连接，“断网”“没网”“连不上网”等问题将不复存在，人们能够随时随地进行更清晰流畅的语音和视频通话。

2020年我国持续加快5G网络建设步伐，工信部预计全年将新建5G基站超过50万个。中国移动将实施5G引领计划和“双百亿计划”，2020年将发展7000万5G用户，销售3亿笔5G业务、1亿部5G手机、5000万台家庭泛智能终端和1500万行业模组。中国联通2020年上半年要与中国电信力争完成47个地市、10万个基站的建设任务，三季度力争完成全国25万个基站建设，较原定计划提前一个季度完成全年建设目标。5G作为支撑经济社会数字化、网络化、智能化转型的关键新型基础设施，不仅在助力疫情防控、复工复产等方面作用突出，同时，在稳投资、促消费、助升级、培植经济发展新动能等方面潜力巨大，5G成为“新基建”的桥头堡。

未来，5G技术将为构建智慧社区、智慧交通、智慧城市提供可能，让我们的生活更加便捷和智能。人类社会的工业生产、生活和娱乐将迎来重大的改变。

物联网

物联网，顾名思义，就是物物相连的互联网，是在互联网基础上的延伸和扩展。几年前，物联网还是一个相当陌生的词，但如今，物联网已经走进普通老百姓的生活。物联网发展是实现国家产业结构调整、推动产业转型升级的一次重要契机。2020年，物联网技术会走进更多寻常百姓家，为人们的生活带来极大的便利。

现在备受关注的智能家居就属于物联网。有了物联网技术，人们可以远程操控家里的空调、热水器，下班回家前可以提前打开空调；下雨时，出门在外的人能够远程"关好"门窗。物联网还能够与公安部门联网，当家里有陌生人进入时就可以主动报警，保护家人和财产的安全。

物联网还可以实现精准农业管理。农民可以通过智能手机或平板电脑等移动设备运行各种农业管理APP，实时监控和了解农场环境变化与作物生长情况的物联网时代已经到来。

中央已明确指示要加快推进国家规划已明确的重大工程和基础设施建设，其中包括要加快5G网络、数据中心等新型基础设施建设的进度。据不完全统计，24个省市区公布了未来的项目投资规划——2.2万个项目，总投资额达48.6万亿元。相比传统的"铁公基"，"新基建"涵盖了5G基站建设、新能源汽车充电桩、大数据中心、人工智能、工业互联网、特高压、城际以及城轨交通，涉及7大领域和相关产业链。"新基建"的加速启动，必将大力刺激中国经济，5G、人工智能、物联网等新兴产业也将迎来重大发展机遇。在物联网方面，"新基建"的数据采集和传输是必不可少的，因此物联网感知层、传输层、平台层、应用层的使用场景在“新基建”过程中将大幅落地。而在5G带动下，融合人工智能的AIoT、工业互联设备和物联网平台市场有望加速引爆。

当前，在科技浪潮推动下，人们追求美好生活的消费需求不断升级，从智能家电到智慧家庭的演进已是大势所趋。

2020年，物联网将更大范围地走进人们家中，除了智慧家居，还有智慧养老、智慧停车、互联网金融等，改善人类的交通、健康、安全、工业、能源、城市规划等各个方面。

超自动化和无人驾驶

中国无人机的生产制造水平、应用等方面处于世界领先地位。无人机在这次疫情中也发挥了重要的作用。

中国无人机制造商大疆2020年已向美国21个州的40个公共安全机构交付了100架无人机。

商用无人机交付业务也已经在美国取得突破性进展，谷歌母公司Alphabet旗下的Wing公司已正式获得美国联邦航空管理局颁发的第一个无人机快递许可证，这意味着Wing成为美国第一家商业运营无人机配送服务的公司。有了这个证，Wing的无人机飞行高度可以超过400米，即可以飞出无人机操作员的视线之外，而且可以飞越指定区域的空域。

用无人机取代地面配送，可以使物流的效率大幅度提升。

Wing开展空中送药服务，用户主要通过三种方式提交订单：一是从Walgreens连锁药房下单，二是从当地一家零售商Sugar Magnolia下单，三是可以通过联邦快递下单。

1785年，瓦特改良了蒸汽机，人类进入工业时代。自动化应用技术替代以前需要人工进行的操作，大大提高了企业的生产效率。

2020年，世界将迎来“超自动化”这一新的机器革命。超自动化技术，是一个为了交付工作，涵盖多种机器学习、套装软件和自动化工具的集合体。超自动化技术包含丰富的工具组合、自动化本身的所有步骤（发现、分析、设计、自动化、测量、监控和再评估）。

超自动化的重点在于理解自动化每一个步骤的作用范围、它们彼此之间的关联以及它们的组合与协调方式。这种超自动化使用的是更先进的技术，比如人工智能和机器学习。它将进一步精简工业流程和步骤，减少人力资本，因此，这种技术将会为全球经济带来更大的发展。

无人驾驶汽车是一种智能汽车，也可以称为轮式移动机器人，它主要依靠车内以计算机系统为主的智能驾驶仪来实现自动驾驶。仅在2010—2015年，与汽车无人驾驶技术相关的发明专利超过22 000项。并且在此过程中，部分企业已崭露头角，成为该领域的行业领头羊。

人类对于无人驾驶领域的探索步伐从未停歇，自从20世纪70年代开始，美国、英国、德国等发达国家开始进行无人驾驶汽车的研究，在可行性和实用化方面都取得了突破性的进展。中国从20世纪80年代也开始无人驾驶汽车的研究。近年来，无人驾驶技术的发展突飞猛进。2020年，无人驾驶技术会为更多人带来便利。一名在谷歌公司进行汽车研发的工作人员表示，美国的劳动者每天平均有52分钟是在上下班堵车的过程中度过的。如果使用自动驾驶汽车，司机浪费掉的时间就能够有效地利用起来。

无人驾驶技术还有很多好处，尤其是大大减少了交通堵塞和人为造成的伤亡。比如，无人驾驶技术可以通过识别车辆的前后距离，与前后车辆保持适当的车距；它还会根据测量数据加速和刹车。无人驾驶汽车的普及，将会有效地缓解交通堵塞状况，提高人们的通行效率。

区块链

区块链是分布式数据存储、点对点传输、共识机制、加密算法等计算机技术的新型应用模式，是一个共享的分布式账本，其中的交易通过附加块得到永久记录。

2020年产业区块链场景应用加速落地，区块链将重塑商业社会。比如目前我们进行网络搜索时，会遇到信息丢失或打不开网站的情况，而未来的区块链搜索更像一个考古活动，搜出来的结果是一个影像、一个图像包……你曾经的一言一行，所有的东西都可能像呈堂证供一样。

区块链技术可以从真正意义上杜绝假酒。以前酒厂经常在瓶盖、瓶体上绞尽脑汁地设计各种防伪标志，但依旧挡不住有些厂家弄虚作假。但区块链技术采用的是一种全民式记账方式，这瓶酒从出厂到经销商，最后被谁喝了，整个场景可以再现——时间、地点、人物、谁做了什么，区块链上都有交易证明。

为进一步促进区块链的发展，2020年5月中国人力资源和社会保障部在公布的10个新职业、新工种类别上，涉及区块链的就占到两个。

一个是区块链工程技术人员（职业编码：2-02-10-15）。职业定义为：从事区块链架构设计、底层技术、系统应用、系统测试、系统部署、运行维护的工程技术人员。

另一个是区块链应用操作员（职业编码：4-04-05-06）。职业定义为：运用区块链技术及工具，从事政务、金融、医疗、教育、养老等场景系统应用操作的人员。

区块链分布式商业思维与应用的价值越来越凸显，这预示着新发展趋势的到来。不论是个人还是企业，都应该与时俱进，顺应变化，抓住趋势中的机会，创造新的财富。

隔空充电技术

英国《金融时报》在题为《无须新电池——初创企业给电器设备带来无线电力》的文章，介绍了隔空充电技术。其中写道：预计到2025年，诸如家里的音箱、电灯以及工厂、店铺和仓库的传感器和屏幕等智能设备的数量将超过420亿件，它们都需要电池或电源。美国克利尔风险投资公司的创立者兼普通合伙人拉吉夫·马达范说："短期来看，电池是在各个领域使用物联网所面临的最大问题。"

文章中提到，沃尔玛正在同奥西亚公司合作。奥西亚公司总部设在美国华盛顿州，开发了"远距离充电"技术，并称之为"隔空充电"。奥西亚从一个中央发射器向多台设备——包括装有小型接收器的电子货架标签——发送无线射频能量，无须连接电线或充电板。

未来，隔空充电技术将广泛应用于移动通信、医疗、智能家居、智能穿戴、数码产品、玩具、车载、机场、车站和餐饮连锁企业等诸多领域，让人们不再考虑出门是否带充电宝或者数据线。

云计算时代

云其实是网络或互联网的一种形象表达。云时代就是云计算时代，云计算是分布式处理、并行处理和网格计算的发展，云计算已经不仅仅是一项技术，或一个产品，一种商业模式，它已经代表了IT产业的一个新的时代。近年来，在政府推动和市场需求的双重影响下，云计算产业在我国迅速发展。

云计算时代的到来，为我国各行各业在科学、健康、可持续发展的道路上，提供了数字化的破解方法。如今各行各业的数字化程度加深，互联网带来很大便利的同时，其安全威胁也更加隐蔽和复杂，破坏性不容小觑。

面对数据泄露、勒索软件、网络病毒等复杂的网络安全态势，云计算产业的技术实力、服务能力、生态协同等软实力尤为重要。云服务商的安全能力成为获取增量市场、经营存量市场的关键要素之一。企业必须通过选择“更安全的云”，提高其保护访问和防止攻击的能力，而建设“更安全的云”，成为所有云服务商的使命。

人工智能安全

人工智能已经走进很多人的生活，其应用也越来越广泛。据世界著名会计事务所德勤预测，到2025年全球人工智能市场规模将超过6万亿美元。但随着人工智能高速发展，其安全问题不容忽视，成为人们关注的重点。

在疫情防控中，人工智能拥有多重典型应用场景。例如，利用人工智能可以在高密度人流中快速、准确地识别体温异常者；对疫情信息进行智能化分析，预测疫情发展趋势，可以提升政府疫情防控效率；利用AI远程问诊可有效降低医护人员近距离接触感染的风险，利用人工智能影像辅助诊断技术可以大幅度提高诊断效率，缓解医护人员紧缺问题；通过人工智能可以有效减少病毒检测中的重复性工作；通过有效筛选化合物、生物标志物、预测药物理化性质等促进药物研发等。但也应当看到，当前，我国人工智能技术在疫情防控中的应用尚处于初始阶段，在诸多方面仍存在短板和问题。发挥人工智能在疫情防控中的作用，需要技术支持、法律保障、组织协调、国际合作等各方面协同发力。

360集团董事长兼CEO周鸿祎形象地提出了“安全大脑”一词。他表示随着云计算、大数据等技术的发展，企业第一次拥有了超越传统互联网时代的大数据，世界进入了信息化3.0时代，网络威胁的手段不断演变，政企网络安全的问题随之而来。网络威胁的手段不断发生演变，而网络安全战略应该上升为国家战略。

人工智能安全一方面指的是人工智能在使用过程中的安全，比如个人信息是否会泄露等；另一方面就是人工智能本身的安全问题。比如人工智能系统是否符合伦理？电影中经常出现的“人工智能有了自我意识，甚至逐渐统治人类”的故事是否真的会在现实生活中发生？随着整个社会对网络与人工智能安全性重视程度的提高，我国人力资源和社会保障部特别增设了信息安全测试员的新职业与新工种，职业定义为通过对评测目标的网络和系统进行渗透测试，发现安全问题并提出改进建议，使网络和系统免受恶意攻击的人员。

人们在决定是否使用人工智能设备时，应当明确其范围，避免造成不可预测的后果。同时，还应当加强人工智能技术的安全性，避免隐私泄露，更不能随意转让相关技术。

MR混合现实

混合现实技术（MR）是虚拟现实技术的进一步发展，是AR技术与VR技术的完美融合与升华。该技术通过在现实场景中呈现虚拟场景信息，在现实世界、虚拟世界和用户之间搭起一个交互反馈的信息回路，以增强用户体验的真实感。

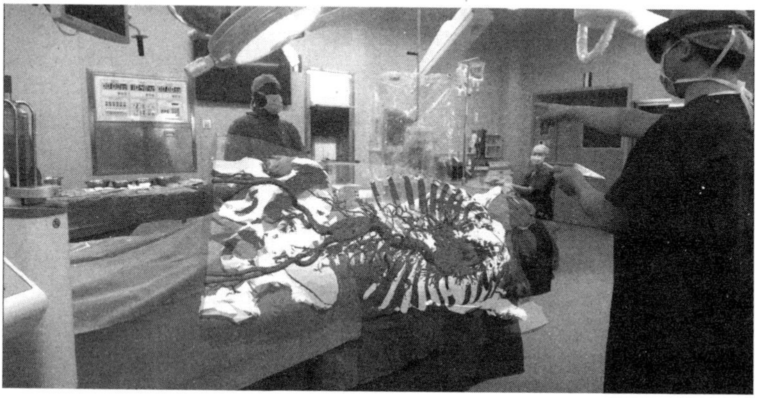

混合现实技术（MR）的应用提升了手术的精准度

一位研究混合现实技术的多伦多大学教授称："MR通过一个摄像头看到裸眼都看不到的事实，AR只能叠加虚拟环境而不管现实本身。"人们经常在游戏中见到MR技术，这一技术将现实与虚拟互动展现在玩家眼前，获得前所未有的体验。但是2020年，混合现实技术将会为人类带来更多的帮助，尤其是在医学研究、教育培训、临床治疗等方面带来巨大的变化。

超级电容电池

超级电容器主要由电极、集流体、电解质和隔膜4部分组成，其中电极材料是影响超级电容器性能和生产成本的最关键因素。超级电容器在电动汽车、新能源发电、信息技术、航空航天等领域具有广泛的应用前景。

与标准电容和电池相比，超级电容具有更高的效率、更好的热性能、更低的内部电阻、大输出功率和更好的安全余量。

特斯拉是新能源电动汽车领域的佼佼者，随着世界各国越来越重视环保，特斯拉的销量持续上升，电池的需求量也随之上升。2019年4月，特斯拉首席执行官埃隆·马斯克宣布正式启动“百万英里电池”项目，通过充发电循环实现电动汽车100万英里的行驶距离，并先后收购了电池巨头麦克斯韦公司和加拿大海霸公司，自主研发电池以尝试摆脱对电池供应商如松下、LG公司的高度依赖。

麦克斯韦是行业内知名的超级电容器制造商，特斯拉收购麦克斯韦公司，无疑为自己增加了优势，不仅能够让汽车电池续航里程更长，还可以降低电池的生产成本。马斯克曾表示：特斯拉的使命是加速让世界向可持续能源发展。而“百万英里电池”项目和收购麦克斯韦说明特斯拉已经转变电池战略，以“加速让世界向可持续能源发展”。

40

5G和新基建的商业机会

后疫情时代，中国启动以5G为基础的新基建计划：自2020年开始，计划在6年内投资10万亿人民币，铺设5G无线网络，安装摄像头和传感器，同时开发能支持自动驾驶、自动化工厂、万物互联和实时监控的人工智能软件，谋求关键5G新科技的全球领导地位。

当今时代，网络的发达程度已经成为一个国家经济实力的重要标志。

在过去的几十年间，通信技术以10年为一个单位进行技术更迭，从1G到5G，不仅是技术的进步，更是整个社会的发展变迁史。

1G也就是第一代移动通信技术，是以模拟技术为基础的蜂窝无线电话系统。依托于1G通信技术，手机应运而生；1973年美国摩托罗拉公司发明了大哥大，一瞬间成为人们的新宠儿，相比座机以及呼叫转移的BB机，大哥大虽然重，但是可携带、通话方便，很受欢迎，大哥大的诞生意味着一个新时代的开始。

直到1987年大哥大才出现在中国市场中，这也意味着中国步入移动通信时代。1987年，广东为了与港、澳实现移动通信接轨，率先开通了900MHz模拟移动电话。大哥大厚实笨重，也被称为“砖头手机”，除了打电话没有别的功能，且通话质量不够稳定，电池虽大，但一次充电后只能维持30分钟通话。尽管如此，大哥大仍十分紧俏，价格昂贵，公开价格在2万元左右，在当时是一种奢侈品。

2G是第二代手机通信技术。一般为以数码语音传输技术为核心，无法直接传送如电子邮件、软件等信息，只具有通话功能和一些如时间、日期等信息传送功能的手机通信技术。

2G时代最大的变化是，移动电话大大地普及了，手机从奢侈品成为日常用品。这时，中国移动成为全球网络规模最大、用户最多、市值最高的电信运营商。1G时代，从通信网络设备上来说，摩托罗拉一家独大，领跑在移动通信行业前端；但到了2G时代，全球移动通信网络设备主要供应商激增，除了摩托罗拉，还有爱立信、诺基亚、三星等纷纷进入移动通信行业，同时中国的华为和中兴在激烈的市场竞争中悄然崛起。

3G是指支持高速数据传输的第三代移动通信技术。3G能够同时传送声音（即通话）、信息、电子邮件等。3G的代表特征是提供高速数据业务，速率一般在几百kbps以上。方便快捷的无线应用为数字网络带来了移动宽带，真正引领了一场智能手机革命。

1G时代是摩托罗拉的天下；2G时代诺基亚横空出世，独领风骚；3G时代苹果、三星的发展势不可挡。

3G智能手机不仅支持在线传输声音，还能够处理图像、音乐、视频等多媒体，功能更多样，速度更快。

而中国在3G时代拥有了自己的3G通信技术，我国主导的TD-CDMA成为国际标准之一。

4G是第四代移动通信技术，能够以100Mbps的速度下载，比拨号上网快2000倍，上传的速度也能达到20Mbps，并能够满足几乎所有用户对于无线服务的要求。

2013年12月，我国正式向三大运营商——中国移动、中国联通、中国电信发布4G牌照（TD-LTE牌照）；并且中国主导的TD-LTE成为4G的主流技术之一，全球50多个国家和地区建设了TD-LTE商用网络。

4G时代最大的特点就是更快的上网速度、更高清的图像传播，因此，网络直播、虚拟现实技术、短视频在此基础上发展起来。

现如今，在网络直播、虚拟现实、4K视频逐渐普及的大环境下，用户对于网络的要求也越来越高，要满足用户不断增长的网络需求，一个带宽更高、时延更低、覆盖面更广的移动网络必不可少，5G应势而生。

而5G将给人类社会带来怎样的变化呢？

在移动通信技术的发展过程中，5G带来的不仅仅是技术的革新，更有颠覆整个商业市场的模式。可以说4G改变生活，5G改变社会。

4G时代在不经意间改变了人们的生活方式。从前出门有“三宝”：钥匙、钱包和手表；现在出门有“三宝”：手机、耳机和充电宝。可以说，一部手机就可以走遍天下。支付方式发生了改变，线上支付（微信、支付宝）更方便，使用银行卡和现金的人少了；玩游戏从线下到PC端再到现在的手游；购物方式从地面店到线上；浏览新闻从纸媒或广播电视到微信、微博、今日头条等各大新媒体平台。4G将人们的生活从线下搬到了线上。

从4G开始，网络速度日新月异，人们上网更加快速便捷，以至于许多行业兴起——直播、电商、短视频、知识付费、外卖等行业都在4G时代抓住机会，实现了快速发展。

然而，4G时代浪潮冲击有多大，就有多少行业巨人倒下。

表现最明显的是手机厂商重新洗牌。作为曾经的智能手机王者HTC，在安卓时代风光一时，第一台安卓手机就是出自HTC之手，曾经是全球最大的智能手机生产厂商。如今，HTC手机几乎淡出市场。

视频网站也是在夹缝中生存，几经改朝换代，乐视、暴风影音相继坠落；互联网公司发展遇到瓶颈，百度日渐落寞，雅虎中国关闭。

而5G的到来势必是一场巨大的变革。1G到4G通信网络服务范畴主要是面向人的服务，而5G则跳出这个范畴，更关注应用场景的多元化，强调更好地支持行业应用与万物智联。

5G支持三大应用场景：增强型移动宽带、高可靠低时延通信、海量物联。

5G应用的第一个场景是增强型移动宽带，主要是追求人与人的极致通信体验，对应3D和超高清视频等大流量移动宽带业务。

增强型移动宽带将会是5G网络建成初期最主要的应用，满足移动数据流量快速增长的需要。从1G到4G的发展过程中，最明显的特征就是上网速度变得越来越快了。而5G对网络速度的要求将进一步得到提升，在5G高速网络下，用户可以每秒钟下载一部高清电影，也可以在线观看VR视频。增强型移动宽带将会推动大流量移动宽带业务，推动AR、VR、4K或8K超高清视频的发展。

5G应用的第二个场景是高可靠低时延通信，应用于对可靠性和时延要求特别高的业务，例如工业自动化、自动驾驶、交通控制、远程制造、远程施工、远程医疗、同声翻译。

5G应用的第三个场景是海量物联。就是满足万物互联的需要，海量连接，小数据量，低成本，低功耗。主要体现物与物的通信需求，广泛应用于物流管理、智能农业、远程监测、旅游管理、智慧家庭、智慧社区、共享设备等方面。

简而言之，5G带来的最大变化就是万物互联，也就是物联网。

5G的发展和区块链有什么关系

虽然5G的万物互联将有利于提升整个社会的效率，但是伴随着海量数据的增加、大规模设备的接入，以及对精准计算的需求，5G的几个缺点也暴露了出来：大数据缺乏安全保障，容易被盗取；数据收集后，隐私保护成为问题；5G开发各种物联应用成本高昂。

我们举个例子，比如无人驾驶汽车。当无人驾驶技术成熟，真正投放到市场中，汽车上路，最重要的是安全。但是技术再发达，也会有漏洞，会产生安全隐患。如果黑客侵入无人驾驶汽车信息系统，强制修改控制器，造成严重事故，该怎么避免？如果无人驾驶汽车行驶路线在互联网传输过程中被窃取，行程被暴露，该怎么保护隐私？这些问题都是5G技术暂时无法克服的难题。

因此，为了弥补5G技术的不足，加快推进5G技术的发展与普及，迫切地需要融入新的技术，而区块链技术的应用能够与5G形成互补。

区块链通俗一些说，就像一个数据库账本，安全记录所有的比特币交易信息，且不可篡改和删除。区块链是不同节点共同参与的分布式数据库。

为何区块链可以弥补5G的不足？这就要说到区块链的5大特征：分布式账本、去中性化信任、时间戳、非对称加密和智能合约。

区块链技术其实是采用一种全民参与记账的方式，任何一个人都可以进行记账，而这些记账的背后都有大数据库做支撑，所有的分布式账本系统背后也同样都有一个数据库，也可以把数据库看成一个大账本。区块链坚持的基本原则是各自记各自的账，然后把各自记录的内容发给系统内所有人备份。这种账本不可作弊，不可私自更改，不可摧毁。

在传统的中心化数据库体系架构中，管理员控制着信息，为确保数据的完整性，将其存储、固定及维护在特定的一个位置，以原始状态存储，再设置一定的安全界限来防范数据库外部的攻击。中心化数据库最大的缺点就是：一旦这个安全界限被攻破，数据将会受到严重破坏甚至不可恢复。

而在分布式数据库中，数据存储在不同的物理位置，数据或数据副本分散在网络中。一个区块链系统由N个节点构成，每一个节点都可以记账，不再依靠一家机构来保障资金和数据安全，数据库实际上也是去中心化的。这说明区块链也是一种完全的去中心化信任系统，各种交易既能实现全程可追溯，也让一切都变得透明化。

区块链系统中，会通过时间戳把时间标记在区块链上的每一笔数据上，证明区块链上什么时候发生了什么事情，且任何人无法篡改。除了不可修改，另外区块链运用的是非对称加密算法，需要有两个密钥：公开密钥和私有密钥，两个是一对，如果用公开密钥对数据进行加密，就只能用对应的私有密钥解密，反之亦然，具有更好的安全性。

区块链的几大特点，让区块链不仅能够重塑商业社会，更可以上升到国家战略层面。目前各国正竞相加快区块链战略布局。

各个国家为何重视5G和区块链

我们必须清楚地认识到，社会已经进入数字时代，未来一切都将以数据为基础，而5G和区块链都将以数据为依托，在此基础上进行技术的不断升级，同时两者在数字时代将是相互赋能的关系。5G所创造的万物互联可以为区块链带来万亿级市场机遇；而5G的发展则需要区块链方面的信任机制和加密安全的保障。5G时代推动了区块链应用创新增长，在众多领域迎来全新机遇。

具体表现在哪些方面呢？

第一，5G+区块链将颠覆金融行业。

“数字经济之父”唐•塔普斯科特曾经讲过一个有关他们家保姆

的故事。他们家的菲佣每个月都要乘公共汽车，然后坐地铁，最后到西联公司去给她家里的老母亲汇款，每个月汇一两千美元。但是这笔钱最快也要7天之后才能到达菲律宾，而且银行跨行跨国汇款的手续费最高达10%。

显而易见，这样的汇款费时费力还要缴纳手续费。试想，如果拥有一个区块链金融的应用，保姆在手机上就可以把每个月的一两千美金转给菲律宾的母亲，甚至比现在的移动支付更便捷，需要的手续费更低，速度更快。同时，她的母亲如果也会用手机，并将她的工资转化为数字资产的话，整个转账的手续费就会是零，这就是一个全新的颠覆。

如今，中国的手机移动支付已经世界领先，现在年轻人出门哪还用带钱包？一部手机快速实现支付与购买。取钱的人变少了，银行卡也不必随时携带。未来ATM机就像现在的报刊亭一样——看报纸的人少了，就不需要报亭了。当整个交易过程全在区块链中实现，ATM机也就没有存在的意义了。

区块链作为继蒸汽机、电力、计算机及信息技术之后的第四次工业革命的催化剂，将颠覆整个银行业。

第二，5G+区块链将推动产生“新的电商”。

一提到电商，大家就会想到淘宝。阿里巴巴作为中国第一大电商平台，以及第一大互联网公司，2019年天猫“双十一”以2684亿元拿下最终成交额，再破纪录，让国人感叹中国的电商发展之快。阿里的“电商奇迹”被形容是一座无形的大山，谁也无法撼动。但是，电商却面临着一个巨大的挑战——区块链技术，要么成为区块链电商，要么被区块链电商“革命”。

不断提升的上网速度让打开的图片更清晰，观看的视频更流畅。4G让电商发展崛起，让直播兴起，势头迅猛。如今微信也开始有视频号了，可发长达1分钟的短视频，随着5G的普及，中长视频将会应运而生。笔者也收到邀请，开通了“李光斗品牌”的微信号，而5G将进一步推进电商的发展。

假货是电商的一个致命的顽疾。无论是电商巨头阿里巴巴，还是新兴的各种社交电商，这个缺陷都不可避免。由于传统电商平台是高度中心化的，既当运动员又当裁判员，对于商品的真假，无法做到一一鉴别，更多地靠卖家自觉，没有办法完全驱逐假货。

电商还有一个痛点就是数据信息泄露。当人们的衣食住行大部分在网上完成时，一定会留下印记，通过用户购买的商品，可以了解到人们的喜好，最近有没有换房子，是单身还是恋爱中等，这些个人隐私都能够被洞察到。

而区块链技术是如何解决假货问题的呢？这就要用到前面提到的区块链特征。区块链电商，可以把商品供应链的每一步都写在区块链上，同时邀请用户一起参与记账。通过去中心化的机制，进行分布式记账，再加上时间戳，区块链电商的所有信息都公开透明，并且不可修改。商家的所有行为都将被记录，生产、加工等环节都将通过图片和视频上传至区块链，每个信息都包含当时的地理位置和时间，无法作假和修改。这样，用户在购物时就可以随时查看这些信息和过程。这样很大程度上就解决了商品造假的问题。

在保护个人隐私方面，区块链技术不用频繁分享传输个人数据，仅存的数据也只用来完成服务登陆、身份验证和电商支付，这一下子就解决了数据频繁被调取招致泄露的风险，这就是区块链的独特魅力。5G提速让电商的发展更上一个台阶，而区块链技术则更加保障消费者的权益与电商的利益。因此，区块链时代就会出现一种新的应用叫DAPP——去中心化的应用，带来新的商业革命。

国内企业中，海尔在智能化数字经济技术运用上积极布局，基于新基建“海尔U+”的新平台。在2020年年初全国抗击疫情、医护物资短缺时，海尔在其工业互联网平台卡奥斯（COSMOPlat）上，将用户需求和整个智能制造体系连接起来，依托全球平台和开放生态的优势，加班加点，仅用两天时间就紧急搭建上线“新冠病毒战疫供需平台”，精准对接抗疫物资，赋能相关企业开工复工。

海尔卡奥斯与青岛啤酒2020年5月中旬达成战略合作，共建啤酒饮料行业工业互联网平台及全国首个啤酒饮料行业工业互联网示范基地，加快推进工业互联网创新发展，以期整合全国啤酒饮料产业链，通过工业互联网共享行业生态及资源，打造啤酒饮料行业新产品、新模式、新业态，并加速建设啤酒+产业生态圈，以平台资源实现价值倍增。

第三，5G+区块链推动AR/VR领域的发展。

AR就是增强现实，在真实环境中展现虚拟图像，就像科幻大片中经常出现的透明屏幕一样；VR就是虚拟现实，在虚拟环境中展现虚拟图像，需要借助一个设备。

要想AR和VR进一步发展，就需要比4G更高的带宽和更低的延迟，充分发挥其潜力，5G将彻底改变AR/VR的体验并重塑很多行业。

基于区块链技术，在加密技术支撑下，可以实现VR游戏中产生的虚拟经济和虚拟财产所有权，并且有助于建立虚拟知识产权。

第四，5G+区块链掀起媒体革命。

传统媒体到新媒体的转型，主要是用户获取信息的渠道发生重大改变，如今智媒时代的背后就是超高速率、超低时延、超大链接的网络需求，正是5G的特点。

随着5G时代的到来，媒体将全面开启视频化时代，5G所具备的超高速、低时延、大容量等特点，使得信息传播不再受时间以及地点的限制，直播速度更流畅，传送画面更高清，5G给媒体行业带来的变化是彻头彻尾的，深刻改变了人们接收信息的体验和娱乐方式。

区块链媒体时代，分布式、去中心化技术让内容的发布和分发更加公平、公正、客观，区块链技术的应用预示着一个新的媒体时代的到来。

第五，5G+区块链将推动物联网的不断创新。

通信技术带来的最大变化就是通信终端设备的不断创新。从只能打电话的大哥大，到能照相的诺基亚，再到智能手机中涵盖衣食住行的各类APP，通信终端的变化，不仅改变了运营商在行业中的地位，而且创造了更多的市场机会，尤其是智能手机，改变了人们的生活，重新定义了市场。

随着5G时代的到来，智能手机越来越智能，5G让物联网场景进一步扩大，带来新的物联网应用案例，并创造出新的行业，不断渗透到人们生活的各个方面。

自动驾驶汽车、智能机器人、可穿戴设备是我们熟悉的物联网应用成果。在此基础之上，物联网应用场景不断延伸和拓展，如大规模农作物灌溉、远程驾驶、远程控制采矿等。

5G带来的物联网世界更加智能化，但面临的问题也很突出。中心化意味着服务器承载的算力过于庞大，涉及用户生活、工作的所有隐私都可能被泄密，各个物理节点也容易受到黑客的攻击，节点之间达成数字协议进而产生的商业效益将变得错综复杂，而区块链可以很好地解决这些问题。

区块链技术可以避免中心化，能够快速、有效地建立设备之间的互信和交易网络，设备不需要通过平台中心进行数据交换，就可以对等进行信息交换或交易。由于去中心化，也能成功地躲开黑客发起的攻击。

应用区块链技术，无数物联网设备将进行自动化维护与升级，并自行开展支付、同意、交涉等操作。比如，家里的水费、电费以及燃气费，可以在确认的金额范围内自动向物业部门缴费，实现设备的自我维持和自我服务。

5G是未来网络的基础设施架构，区块链是业务开展的新框架，5G与区块链技术的紧密结合将给整个社会带来巨大的变革。

新基建作为一种硬件投资，一方面在5G基站、数据中心、工业互联网等设施的建设过程中，可以拉动经济，带动就业——尤其是在疫情给经济带来的巨大冲击之下；另一方面，新基建带来的数字经济升级智能经济，也将产生更多的商业机会，促进中国经济高质量转型。

中国的新基建投资潜力巨大，可取得显著的经济效益和社会效益，广泛布局新基建，可大力推动人工智能、工业互联网、智慧城市、数字经济、在线教育、远程医疗等，发展创新型产业，培育新的经济增长点。

41
新零售：传统商业和电商的转型之战

马云在2016年提出了“新零售”的概念：“纯电商时代很快会结束，未来的十年、二十年，没有电子商务这一说，只有新零售，也就是说线上线下和物流必须结合在一起，才能诞生真正的新零售。”

很多人都在问“新零售”到底是什么？马云解释，新零售是“大数据+线上线下融合+现代物流”，刘强东提出“无界零售”，认为供应链是零售业的核心能力。他们根据自己的理解开始进行新零售布局：马云建立了大数据支撑的线上线下融合的门店“盒马鲜生”，刘强东则开启了“百人便利店”的计划。

从互联网大佬们各自的布局可以看出，“大数据”是新零售中必不可少的一环。新零售是个人或企业以互联网为依托，通过运用大数据、人工智能等先进技术手段并运用心理学知识，对商品的生产、流通与销售过程进行升级改造，进而重塑生态圈，并对线上服务、线下体验以及现代物流进行深度融合的零售新模式。

“新零售”是对传统零售的降维打击。以京东和阿里为例的电商平台从线上的流量开始不断向线下实体店延伸；而大润发等线下门店以其广泛的营业网点和完善的物流网来建设线上渠道；小米等品牌商店则纷纷进行数字化改造来连接消费者。

在众多的“新零售”模式中阿里巴巴旗下的盒马鲜生最吸睛。盒马鲜生以生鲜类产品作为试点，打造出一个线上线下连通的“超市+餐厅”的综合体，以线上流量为中心，同时提供线下配送服务，满足附近社区线上客户的需求，而且现场加工，即食即用也可以满足用户的体验。其核心就是“供应链+现代物流”，既要保证提供的产品质量，又能满足快速送达用户。

新零售不仅在改变消费者的消费方式，而且对传统零售方式进行重塑，特别是运用大数据，使得生产方、销售方和消费者之间更加契合，使得生产方对消费者的需求定位更加精准，甚至可以通过分析消费者的喜好进行定制销售，中间流通环节的减少则使得整个销售的效率大大提升，而且可以预见将会出现需求导向的更加丰富的服务形式。

盒马鲜生成为阿里巴巴“新零售”的主要战略平台

移动互联网时代，淘宝、京东等电商平台的兴起使得许多线下的实体门店受到巨大冲击，客流量大幅减少。而电商早期借助互联网红利飞速发展的阶段也已是明日黄花，纯电商模式触到天花板，为获得更多的客流量，必须线上线下融合，盒马鲜生就是阿里巴巴向新零售转型的一个尝试。

马云在提出新零售的时候也多次提到大数据、云计算和智慧物流等新技术，并表示新零售的发展与这些技术上的创新是分不开的，特别是移动支付的快速发展为新零售提供了最基础的技术支撑。随着大数据、人工智能的加入，在5G时代，新零售的无界化、数字化、智能化将会是其最核心的竞争力。无论是单独的实体门店还是电商店铺都将迎来更大的挑战。

在阿里巴巴开设盒马鲜生、入股大润发超市的示范效应下，其他互联网公司也开始了疯狂的线上电商和线下超市结合的新布局。2019年6月苏宁易购斥资48亿元收购家乐福中国80%的股权，家乐福集团持股比例降至20%，苏宁易购成为家乐福中国控股股东。完成收购后，苏宁易购将实现在大快消类目的跨越式发展。苏宁易购的全场景零售模式和立体物流配送网络技术能够结合家乐福专业的快消品运营经验和供应链，不断完善其在大快消品类方面的O2O布局，提升自己的市场竞争力。

由于电商的挑战，传统零售业巨头沃尔玛结束了在中国的扩张期，开始联手腾讯和京东进行线上线下新零售布局。2016年沃尔玛开始大量购买京东的股权，现已持有京东12%的股份，其在国内的供应商和运输渠道中又加上了京东到家。2018年，沃尔玛又开始与腾讯合作，腾讯在其名下的各种APP平台为沃尔玛提供程序支持，为沃尔玛开通网络购物服务。沃尔玛的互联网化使得它在未来新零售的冲击下获得更大的发展空间。超市购物结账排队时间长是消费者的一大痛点，占据中国南方半壁江山的商业零售巨头步步高连锁于2018年和腾讯签署了战略合作协议——扫码购、刷脸支付等智能收银技术在步步高72家门店陆续上线。“旗舰店的扫码购渗透率达25%，单店人效提升了30%，消费者的排队时间节省比例超过了60%。”在前期的6个月，基于“扫码购+微信自助收银”的智慧收银方式，已将单店整体收银效率提升了100%。

如今，消费者的消费习惯已发生了很大的变化，懒人经济、银发经济等都催生出了许多新行业。以往是商家卖什么，消费者才能买什么；现在是消费者要什么，商家就要卖什么，厂家就产什么。随着消费者的购买力不断提升，对于优质、便捷和个性化的消费更加看重。为了迎合消费者，提升消费者的消费体验，只有整合线上线下资源，才能不断增强企业的市场竞争力。

新零售并不仅仅是“互联网+超市”的简单模式，也不局限于线上线下结合的商品销售，而是一种零售方式的彻底转变。受网络销售冲击最大的实体书店该如何玩转新零售呢？很多人说线上线下结合售书的方式早已经是过去式了，亚马逊书店也不得不推出吸引眼球的智能化实践。实体书店已经有许多成功的新零售案例，像方所书店、西西弗书店和诚品书店等，都采取了复合经营，在书店中集合了咖啡、展览和服饰等多种零售模式，具有社交化、分散盈利点等跨界特征。“书店+咖啡”或者“书店+百货”等复合型零售方式不仅满足了顾客对文化消费的需求，还使顾客有了更高层次的精神消费体验。方所书店给自己的定位是一群懂生活的人喜欢聚集的场所，要为懂得文化创意生活的所有人提供中国未来可能的美学生活方式。它不仅仅是一个书店，更是一个文化平台，甚至是给消费者一种新的生活方式——在一个晴朗的下午，捧一本自己喜爱的书籍，点一杯咖啡，一个人在书店享受安静的时光……

除了这种经营模式之外，还有很多其他发展方向。比如打造“共享书店”，就像共享单车一样，消费者通过手机APP扫描二维码就可以借书和买书，这一模式既具备线上电商的属性，又有线下体验式消费的书店场景。

移动互联网时代出现了分众化趋势，创新的零售店铺都在向小型化发展，其中便利店最受欢迎。便利店投资成本低，网点密集且非常贴近消费者。便利店成为包括京东在内的许多企业零售新模式的试验场。便利店不再像以往一样只是进货卖货，现在很多便利店都可以提供早餐、午餐，甚至可以对附近的写字楼提供配送服务，是一种连接线上线下的绝佳场景。

在新冠疫情的催化下，移动支付的应用范围将更加广泛与深入。智能零售、无人店铺悄然兴起，无人贩卖机大行其道，出现了自动咖啡机——咖啡零点吧等项目。作为无人零售终端，自动咖啡机占地不到1平米，用户在触摸屏上自助下单，可以自由调节各种原料的比例，扫码支付即可喝到一杯热气腾腾的咖啡。每杯饮品的制作时间不到1分钟，不仅效率远超咖啡店的现磨咖啡，还能够使得消费者获得个性化消费体验。而且自动咖啡机可以进驻商场、写字楼、医院和学校等公共场所，有利于市场空间最大化，在咖啡机的屏幕上还可以播放广告来获取收益，是互联网时代的新零售模式。

随着5G的到来和人脸识别等技术的进一步发展，无人零售必将成为零售的新风口，因为与传统零售相比，无人零售有着高效率、自动化和大规模的优势。而且对于消费者来说，无人结算、自动识别、拿了就走都是更加新奇有趣的消费体验。

新经济时代，中国服务业占的消费比例不断提升，许多一二线城市的服务消费甚至占到消费总额的50%以上，特别是餐饮、娱乐和教育服务的占比越来越高。不论是现在的传统零售还是电商平台，都必须在新模式的背景下尽早布局，既要维护好线上的流量，又要将实体网点的用户体验不断进行优化升级；而且要能够通过先进技术对消费者的消费喜好、消费频率和消费能力进行个性化分析，并运用丰富的营销场景和手段抓住用户的需求进行个性化商品的推荐，提升和转化流量；再加上高效优质的线下实体网点，最大化地满足消费者的不同消费需求。

42

央行数字货币来了

区块链忽如一夜春风来，中国人民银行（央行）数字货币（Digital Currency Electronic Payment，DCEP）以“超级货币”的态势引领着数字货币时代的来临，一种新的支付方式正在走入我们的日常生活，一大波新的财富机会也正在被激活。

2020年4月14日，央行数字货币在农行启动内测，在农行数字货币钱包APP中用户银行卡内的现金，可以直接兑换为等值的DCEP，10元人民币兑换10 DCEP。

据媒体报道，央行在中国农业银行的农行数字货币钱包APP（目前处于内测阶段）上，对DCEP进行内测，只有白名单[1]里的客户才可以体验。测试网点地区是深圳、雄安、成都、苏州。

而在此之前，央行数字货币在深圳、苏州等地试点，工商银行、农业银行、中国银行、建设银行四大国有商业银行和两大互联网巨头阿里、腾讯都参与了内测试点。

DCEP是基于区块链技术推出的全新加密电子货币体系，采用双层运营体系，即央行先把DCEP兑换给银行或者其他金融机构，再由这些机构兑换给公众。

DCEP作为法定货币，它的法偿性使其能够实现无网、跨行、跨支付机构支付。现阶段普通用户使用最多的电子支付，如支付宝与微信支付，也必须支持DCEP。另外，日常生活中的绝大多数场景，比如银行ATM、商业银行APP等也必然支持DCEP。

DCEP可谓“超级货币”，将成为中国对抗美元霸权进行数字金融创新的强大武器。扎克伯格2019年10月23日在美国众议院金融服务委员会关于Facebook的加密货币Libra计划质询作证时就曾说，中国的数字金融基础建设已超越美国。

---

1 与“黑名单”相对应，被设置成“白名单”的用户有优先权

央行数字货币DCEP

名称	DCEP
定义	由央行发行的具有价值特征及现金流通属性的数字支付工具
特征	1. 央行的数字货币属于法币，具有法偿性，任何中国机构和个人均不能拒绝DCEP。 2. 功能跟纸币完全一样，只不过形态是数字化的，需手机下载数字钱包使用。 3. 采取“双离线支付”，是指收支双方都离线的情况下也能进行支付。只要手机有电，哪怕整个网络都断了也可以实现支付。
DCEP的必要性	1. 保护中国的货币主权和法币地位。 2. 现在的纸钞、硬币成本较高。 3. 现在人们随身带法币的需求越来越低。 4. 满足公众匿名支付的需求。
DCEP如何运营	采取双层运营的模式，即央行对商业银行——商业银行对公众。
DCEP采取的技术路线	DCEP采取混合架构，不预设技术路线。 央行不会干预商业机构的技术路线选择，只要商业机构能够达到对开发量、客户体验及技术规范的要求，无论采取哪种技术路线都可以。 商业机构向公众兑换数字货币的时候，无论采取哪种技术路线，央行层面都能适应。
DCEP的投放方式	像纸币投放一样，商业银行在央行开户，按照百分之百全额缴纳准备金，个人和企业通过商业银行或商业机构开立数字钱包。
DCEP是否具有法偿性	公众所持有的央行数字货币依然是央行负债，由央行进行信用担保，具有法偿性。
普通民众如何使用DCEP	对于用户来说，不需要跑到商业银行去，只要下载一个APP，注册钱包就可以使用了。比如要兑换数字货币，只要用银行卡进行兑换即可。当然，像取现金一样，支取数字货币也会按照现行的现金管理规定，设置一定的限额等。
DCEP的使用是否有限额	出于反洗钱考虑，是有限额的。会有三个或者多个级别，实名认证程度越高，额度就越高。 例如，用一个手机号码注册一个钱包，级别一定是最低的，只能满足日常小额支付需求；如能上传身份证，再上传一个银行卡，就可以获得更高级别的数字钱包。
DCEP如何应对洗钱	利用大数据反洗钱。虽然普通的交易是匿名的，但用大数据可以识别出一些异常的行为特征，最后锁定这个人的真实身份。

以移动支付为例，中国在世界上处于绝对领先地位。2014年，中国人民银行就成立了发行法定数字货币的专门研究小组，论证央行发行法定数字货币的可行性。2016年10月，工信部发布了《中国区块链技术和应用发展白皮书（2016）》，总结了中国国内外区块链发展现状和典型应用场景，介绍了区块链技术发展路线图以及未来区块链技术的标准化方向和进程。2016年12月末，国务院印发了《“十三五”国家信息化规划》，首次将区块链技术列入国家级信息化规划内容。2017年1月，中国人民银行正式成立数字货币研究所……随着中国最高领导层对区块链的学习和布局，区块链应用的春天来了。

在首届“2019外滩金融峰会”上，中国国际经济交流中心副理事长黄奇帆表示，中国人民银行对DCEP的研究已经有五六年，趋于成熟，中国人民银行将是全球第一个推出数字货币的央行。不同于比特币，中国的DCEP将是世界上首个由国家央行发行的主权数字货币，初期可能只向四大行、阿里巴巴、腾讯和银联七家机构发行。

DCEP属于法币，具有无限法偿性，只要能使用电子支付的地方，就必须接受DCEP，同时支持双离线支付。即使发生天灾人祸，出现局域性或全国性断网，也能完成支付交易。随着电子支付的兴起，国际跨境支付和结算将逐渐多元化，配合中国的“一带一路”倡议，DCEP将迎来更多的应用场景和人民币的国际化机会。

有专家认为，中国加速推出数字货币是为负利率创造空间，央行在需要时可以将数字货币的利率设为负值。在未来，数字货币替代现金将从机制上解决居民提取现金对负利率政策的制约问题。

在全球新冠疫情之下，为了延缓衰退，以欧美为代表的发达国家普遍开始实施负利率。负利率其实就是储蓄税，目前只是影响债券收益，但最终必然会传导到消费金融和个人账户。在货币的组织、管理与调节上，数字现金可以发挥巨大的优势。

而区块链就像是一个数据库账本，安全记录所有的比特币交易信息，且不可篡改和删除。区块链是不同的节点共同参与的分布式数据库，是一个开放式的公共账簿。

达沃斯论坛创始人克劳斯·施瓦布说："自蒸汽机、电和计算机发明以来，以数字革命为代表的'第四次工业革命'令人兴奋，而区块链技术就是第四次工业革命的成果。"

区块链技术成为继互联网、无线通信、云计算、大数据之后计算机网络技术的又一颠覆式创新，正在引起一场新的技术变革和产业变革。

目前区块链已经成为中国的国家战略，并且中国的区块链科研成果也居世界前列。截至2019年上半年，在全球区块链企业发明专利排行榜上申请专利前十位的公司，有7家是中国公司，美国有两家，居前两位的是中国的蚂蚁金服和中国平安。

随着5G通信技术的普及，区块链将突破瓶颈。现在比特币交易每秒能实现的交易量只有六七笔，Facebook的Libra币目标是实现每秒1000笔交易。除了受带宽限制，区块链分布式记账本身也造成交易量不高。5G为解决带宽问题提供了技术基础。DCEP采用双层运营体系，可以最大限度地利用商业银行和商业机构原有的IT基础设施应用和服务体系。中国的DCEP相当于新增了一类支付媒介，在发行、兑换、支付、流通等环节都将带来新的需求，区块链基础设施、新型银行业务替代、IT公司及支付公司都将迎来新的利好。

43

当AI遇上教育：未来我们会怎样学习

随着人工智能对人类生产生活的逐步渗透，它对人们的生活和工作方式都带来了巨大的影响。特别是当AI遇上教育，一系列神奇的事情悄然发生了。通过图像识别技术，批改作业和试卷不再需要老师们劳心费力；语音识别和语义分析技术可以为学生进行英语口语测试，并教给学生最标准的英语发音；通过人机交互技术，AI可以协助教师为学生解答问题；智能导师系统则完全能够模拟人类教师一对一教学的过程。这些都是人工智能技术在教育领域落地的应用。

智能导师系统

作为一种高级形态的计算机辅助教学应用，智能导师系统能够实现自动化、智能化、协同化教学，它通常采用“三角模型”的设计，包括领域模型、导师模型和学习者模型。

一般来讲，领域模型就是学习领域基本规则和解决问题策略的汇总，主要进行知识计算和推理，是教育智能化的基础；导师模型对应导师，能够为学习者制定有针对性的学习活动和教学策略，为学习者答疑解惑；学习者模型对应学生，能够为学习者描绘立体画像，通过对学习者的学习心理与外在学习行为表现进行数字化分析，可为不同学习者的个性化学习提供精准的服务，帮助学习者更加科学合理地学习。

美国国防高级研究计划局和第三方企业合作，开发出了一套基于人工智能的数字导师系统，能够对专家和新手之间的交互进行模拟，增加学习者的知识和技能。过去教官对海军新兵的训练需要持续几年的时间，而在使用了数字导师系统后，新兵训练时间有望降低到几个月。

未来随着人工智能的进一步发展，智能导师系统可以通过对学生的面部表情、说话语气、肢体动作等数据进行分析，融入心理学、认知科学等知识，在与学习者交互的过程中感知学生的情绪，在学习者情绪不佳时帮助其进行调节，提高学习的积极性。

智能测评系统

在教学过程中，对学生进行测评是一项必不可少的环节。对于教师来说，人工出题、人工阅卷、成绩评估和试卷分析等一系列测评工作是非常繁重的，占用了许多时间。自动化测评系统的应用则完全改变现有的测评方式，不仅能够减轻教师的工作负担，而且可以实现实时反馈，提高测评的效率和测评结果的准确性。

现在，智能测评系统已经在多个教育领域进行了实践。美国教育考试服务中心（ETS）专门推出了针对学生作文的自动化测评工具E-rater。使用E-rater可以对学生写作的短文进行高效准确的测评，包括语法、结构、写作风格、整体得分等，不仅能提升测评效率，而且能提升学生的写作能力。此外，ETS还将自动化工具应用在口语测评方面，通过使用SpeechRater引擎，可以实现良好的英语口语测评效果。对学生来说，智能测评系统不仅能够给出准确的测评结果，还能提出建设性的建议。

智能游戏和机器人教育

智能游戏是人工智能发展的一个重要领域。此前，AlphaGo成为第一个战胜围棋世界冠军的人工智能机器人，其主要工作原理是“深度学习”。AlphaGo的出现让人们看到了人工智能的智慧，同时也让人们看到人工智能游戏应用在教育中的可能性。

芝加哥科学与工业博物馆网站为青少年游客设计了一款生存类游戏，该游戏涉及在极端条件下人体主要身体系统发生的各种变化，在玩游戏的过程中，玩家可以对人体结构有更加深入的了解。教育游戏能够考验玩家的耐心、专注力、专业知识和逻辑思维等，还可以为学习增加娱乐性和趣味性。

机器人教育在教学活动中有着广泛的应用，它能够提升学生的计算思维能力，提高学习积极性，解决许多复杂问题。现在，许多院校已开设机器人学方面的有关课程。利用教学用机器人，学习者可以更好地理解和掌握行为控制、人工智能、机器人学等学科领域的抽象知识，提升综合能力。

2019年6月，浙江省与日本软银集团合作的“‘AI+机器人’未来英才培育计划”在杭州启动。2000台Pepper机器人走进浙江近300所学校开展教研活动。人工智能已经进入校园，可以预见的是，将会有越来越多的教育机器人出现在小学、中学和大学中。

人工智能教育的发展

人工智能建立在海量优质的应用场景数据基础之上，可以说大数据是机器智能的基础和源泉，而算法是人工智能的核心，深度学习能够提供一种非常智能化的算法，机器也能够自动从海量数据库中进行自我学习。因此，在教育领域推动信息技术与教育融合可以促进人工智能教育的发展。

发展人工智能教育，需要建设智能环境，而物联网、大数据、人工智能以及虚拟现实等新技术和新型的教育体系都对建设智能环境有极大的促进作用。

从技术方面来说，大力推动智能校园建设，建立立体化的综合教学场所，为教师的智能化教学和学生的智能化学习提供支持；不断开发和建设基于人工智能技术的开放式学习平台，对现有的教学模式进行优化；引进先进的智能教育辅助系统，比如智能导师系统、教育机器人等，分担教师的负担，提升学生的积极性。

从制度方面来说，开展人工智能教育示范区建设，探索“教育+AI”的制度体系设计，鼓励教育机构应用人工智能技术开展组织结构和管理体系的创新；加强数据汇聚，建立合理使用数据的制度与政策体系等。为了更好地促进在线教育的发展，应对疫情的常态化需要，促进劳动者就业创业，人力资源和社会保障部特别增设了在线学习服务师（职业编码：4-13-99-02）的新职业与新工种，职业定义为运用数字化学习平台（工具），为学习者提供个性、精准、及时、有效的学习规划、学习指导、支持服务和评价反馈的人员。

在人工智能时代，教育更需要走在前列，人才培养是推动智能教育建设的重中之重，为此，必须加快完善人工智能人才培养体系，加强人工智能普及性教育，为人工智能人才的培养提供优良的社会环境。更多具有创新能力的人工智能人才出现，将会为我国经济的发展增添新动能。

44

大学创新教育：创业者的孵化平台

2020年1月21日，美国疾病预防与控制中心（CDC）公布了美国境内第一例新冠病毒感染的肺炎病例。此后确诊感染人数从1到1万，从1万到10万，从10万到100万……每日美国的疫情数据跳跃式增长，而这些数据来自美国约翰斯·霍普金斯大学新冠肺炎实时数据监测中心。该中心自2020年1月22日开始推出“全球疫情地图”，这个可视化地图系统报告了中国各省病例情况以及美国、澳大利亚、加拿大等国的疫情，实时可视化跟踪各国疫情的动态数据，包括地点、确诊人数、死亡和治愈人数等。而最让人赞叹的是这个疫情可视化地图由两名约翰斯·霍普金斯大学系统科学与工程中心一年级的中国博士生董恩盛、杜鸿儒开发，并登上了世界顶尖医学期刊《柳叶刀》。

这两位尚未毕业的博士在读生成为疫情期间美国大学生的标杆人物。

而同样，假如有学校对你说，大学毕业之后你不能去找工作，否则不仅拿不到毕业证，还会被同学歧视，你肯定认为这是《二十二条军规》里的黑色幽默。但是，在美国一些大学就有这种情况，比如美国享誉世界的私立研究型大学——斯坦福大学。

斯坦福大学真正让世界各地的学生趋之若鹜的原因在于该校的学

术声誉和创业氛围。斯坦福大学是一所创新型的开放式大学，它的首任校长在开学当天就向首批学生致辞：“斯坦福大学没有任何传统，亦不受任何传统的阻碍，里面所有的路标都直指前方。”因此斯坦福大学的校训确立为“愿学术自由之风劲吹”。得益于这一办学思想，斯坦福大学成为一个强大的创新平台，任何师生都可以在这个平台上自由发挥，无论是科技创新、制度创新还是思想的创新，都不受拘束。

在美国所有高等院校中，斯坦福大学是外界看来最具备“创业气质”的一所大学。现如今闻名世界的公司巨头创始人或名人、富豪中，很多都是斯坦福大学的师生，比如耐克的创始人菲尔·奈特，据他回忆，自己在斯坦福大学上学时，就已经有了创立耐克品牌的念头；还有美国服装巨头GAP集团的创始人杜丽斯·费舍尔、美国第31届总统赫伯特·克拉克·胡佛等。2019年年初，胡润研究院发布的《2019年胡润全球富豪榜》显示，全球共有2470位十亿美元富豪，其中来自斯坦福大学的富豪有466位，身价4040亿美元。

斯坦福大学被称为“硅谷的心脏”。首先，在地理位置上，硅谷这一全世界高新技术产业圣地，本是斯坦福大学的一个研究园区。1945年时任斯坦福大学副校长的弗雷德·特曼提出创建斯坦福研究园区，将校园的土地租给当时的高科技公司使用。直到1965年斯坦福大学研究园区正式建立时，这里已经集中了近70家高新技术企业，大都与硅晶体管和硅集成电路芯片关系密切，已经形成一个集科研、投资和创业为一体的完整生态系统，“硅谷”这一名字也被世人知晓。其次，斯坦福大学的师生每天都在思考如何进入硅谷创业，这些师生及校友在硅谷创立了很多高科技产业，包括谷歌、惠普、雅虎、思科、甲骨文等，所创造的产值占到硅谷产值的50%以上。时至今日，斯坦福大学依旧源源不断地为硅谷提供大量高新技术人才。

斯坦福大学培养的不是求职者和打工者，而是企业家和未来领袖。为此，斯坦福大学允许学校师生每周有一天到公司去兼职，甚至可以离开学校1～2年到硅谷创立公司，学校依旧保留其学籍或职位；学校还经常邀请企业家举办讲座，和学生交流经验，通过完整的创新创业教育体系让学生站上更高的起点。前沿的教育理念、创新精神以及文化氛围，成就了硅谷的神话。

除了斯坦福大学，美国大多数高校都具有成熟的创业教育理念。哈佛大学是最早开设创业教育课程的学校。哈佛大学商学院被称为创业教育的“伊甸园”，众所周知的微软、Facebook、高盛这些具有划时代意义的企业创始人都来自哈佛大学。

再比如位于美国华盛顿州西雅图市的一所常春藤盟校——华盛顿大学，2002年成立了创业孵化器和创客空间。孵化器中的公司项目十分广泛，其中包括IT、软件、医疗器械等。孵化器的主要职能是对华盛顿大学师生所创办的公司提供帮助，比如帮助这些公司接受政府的基金资助。创客空间则负责培养华盛顿大学在校学生成为新的创新创业团队，在实验设备、社会资源等方面为他们提供帮助。

2011年，重视技术商业化与成立创业公司的前犹他大学校长迈克尔·杨任华盛顿大学校长，次年提出要把基于华盛顿大学研发技术的创业公司数量提高一倍，大大提升了华盛顿大学创业教育的活跃度。

华盛顿大学负责组织和支持创业的专门机构主要有CoMotion（“共进”）和伯克创业中心。CoMotion指的是华盛顿大学的全球创新交流项目，其宗旨是带来社会的响应和变化，扩大创新创业在社区乃至全球的影响。项目除了负责华盛顿大学研发技术的商业化，即把技术推向市场，进行创新技术的转让外，还包括进行创新学习，汇聚全球顶尖创新思想、创意理念以及高等教育创新，在学习和研究模式上进行创新实践。

CoMotion针对学生的创业教育和支持主要通过伯克创业中心进行。伯克创业中心成立于1991年，设在福斯特商学院，负责全校的创业教育、创业竞赛以及其他针对学生的创业宣传和支持活动。华盛顿大学的创业教育和创业支持从入学前的宣传一直扩展到毕业后的创业实践。伯克创业中心与校外相关创业部门分工明确但又紧密合作，校内具有浓郁的创业氛围，学生以此搭建人际网络，收获实践经验，也不至于脱离社会实际。

创新创业教育的目标在于培养大学生的创新精神、创业意识和创造能力。美国高校创业教育自20世纪50年代起，经历了半个世纪的发展，已经形成了非常系统的创业教育课程体系，涵盖了本科、硕士和博士各个阶段。

美国各大高校的创新创业教育之所以能够做得有声有色，一方面是因为美国的《拜杜法案》以科技立法，以专利权为基础激励科技创新，用科技带动经济复苏，不断提升国际竞争力。这一法案对美国各大高校的创新创业教育发展和科技成果的转化给予了强大的推动力量，联邦政府和州政府还设立专项资金或成立专门机构来支持创新创业教育。另一方面也得益于各个高校“因地制宜”“量体裁衣”的战略——各个高校针对自身的发展目标、教学模式打造行之有效的创业教育模式。比如加州大学伯克利分校技术与创业中心的教学方式是组合多个专业，通过一系列的研究、教育和项目，培养出拥有领导、创新能力的工程师和科学家。

硅谷的面积正好和新加坡相当，去过硅谷的人会看到硅谷的基础设施其实非常落后，根本比不上新加坡。世界上有许多国家在模仿硅谷的发展模式，大多只学得其外表，甚至在美国也不可能复制硅谷，这不仅是因为硅谷以一流大学为依托，更是因为硅谷的核心精神是创新与颠覆。

硅谷被称为冒险家的乐园。在硅谷，不论公司大小，如果其研发的技术和生产的产品没有在世界上保持前沿，很快就会被淘汰出局。许多进入硅谷的创业者，并非只是“为创业而创业”，也并非为赚钱而创业。斯坦福大学物理系教授沈志勋说：“很多人以为斯坦福大学的教授都开公司，赚很多钱，这是不对的。在这里，每个教授都在挑战科学和技术最高层次的问题，在这个过程中，很自然会出来很多东西，比如专利、技术，然后转化成公司、财富。否则大学与企业有什么区别呢？”

另外，硅谷是一个鼓励创业，不以“失败”定义创业者的地方。在这里，创业失败的人并非“loser”，而是“有经验的人”，这激发了硅谷创业者持续创业的精神。大多数大学认为鼓励大学生从事商业活动有悖于学术精神，但在知识经济时代，专业教育的前沿性、创新性、交叉性、综合性、集成性的集中体现，才是高等学校深化专业教育和进行教学改革的方向。

如果学校的知识只停留在围墙之内，对社会是没有益处的，观念转变是重中之重。现在中国大力提倡“大众创业、万众创新”，高校的创业教育是让创业者站上更高起点的孵化平台。

45

双循环：世界离不开中国，中国也离不开世界

在新冠疫情冲击下，全球化受到前所未有的挑战，西方国家开始“重申经济主权”，表示要重建自己国家的产业链。

品牌是国家的软实力。衡量一个国家竞争力的强弱要看它有多少世界性的品牌；衡量一个地区竞争力的强弱要看它有多少全国性的品牌。危机来临，小到企业，大到国家，其生产能力和品牌价值的重要性更加凸显。中国品牌正在摆脱低质、廉价的标签向中高端化发展。品牌战略已经成为中国的国家战略，一大批中国品牌开始在国际上集体崛起，疫情冲击之下中国年轻一代的民族自豪感和对国货品牌的认同感进一步加强。

自2001年中国正式加入WTO以来，廉价劳动力、高效的生产能力让中国成为世界工厂。全球经济一体化为中国带来就业、税收等多方面的发展红利，投资、消费、出口成为拉动中国经济的三驾马车。世界上无论发达国家还是发展中国家都对中国经济高度依赖，澳大利亚、智利、韩国、巴西和日本等国尤甚。

作为澳大利亚最大的贸易伙伴，中国的贸易占澳大利亚进出口总额的24%；号称欧洲经济“火车头”的德国，从1998年到2018年，对华出口额增长了1500%。2017年，德国三大汽车品牌大众、宝马和

奔驰在华销售分别占其总销量的37.3%、24.2%和23.2%。

如今，中国已成为世界上最大的出口国、世界第二大进口国。从代工服装到制造汽车，从模仿到创新，中国早已不再是廉价的象征，既有生产能力又不断在提升研发能力，从“制造”到“智造”，将220多种产品品类做到了全球产量第一。

在这次全球新冠疫情中，当疫情在美国迅速蔓延时，医疗急需的口罩、呼吸机等物资严重不足，美敦力公司不得不将呼吸机的知识产权完全公开让其他国家包括中国生产。究竟原因，美国人虽然拥有知识产权但却生产能力严重不足，呼吸机的1400多个零件，有1100多个要在中国生产。

经济全球化的黄金时代，美国是科技迭代升级的最大受益者，中国是全球化分工体系最大的受益者。新冠疫情之后，却有可能物是人非。

奥巴马在第一届总统任期内曾踌躇满志，想把制造业重新搬回美国。2011年2月19日，经多方筹划，奥巴马在硅谷组了一个饭局，特地将晚宴设在硅谷风投资本家约翰·杜尔家中。邀请了Facebook创始人马克·扎克伯格，谷歌CEO埃里克·施密特，Twitter、雅虎、NetFlix、甲骨文公司的负责人以及斯坦福大学校长等众多美国著名科技公司的企业大佬们参加。当时苹果公司创始人兼CEO史蒂夫·乔布斯已罹患胰腺神经内分泌肿瘤，奥巴马用心良苦，将病重的乔布斯也邀请到饭局，相邻而坐。

席间，奥巴马委婉地要求乔布斯把苹果生产线搬回美国。

乔布斯告诉奥巴马，当年最新款的苹果手机要量产，当样机送达中国深圳的时候已是深夜12点。1个小时内，全部交接程序完成；1个小时内，厂长召集来的所有拉长已各自领命而去；拉长们吹响了哨声，唤醒8000余名工人，给每人分发了饮料与饼干；1个小时之内，这些工人就集合完毕投入到生产线上开始工作；1周之后，这家工厂的日产量已达到十万台。

乔布斯还告诉奥巴马，在中国，一家中国企业听闻苹果将发布玻璃屏幕切割的招标，一次会议后大老板就拍板兴建厂房改造生产线，不仅因为这家企业的生产技术主管说有51%的信心赢得苹果的招标，更因为大老板说，对这一大单生意“宁可碰过，不可错过”。苹果的一款新手机需要定制100万个新型螺丝，深圳代工厂隔壁的供应商三天就能做好送来，一个都不少，多出来的算免费赠送。

乔布斯问奥巴马，在美国上哪儿去找这样的产业工人？美国哪个州的法律允许半夜两点叫醒工人起来加班？美国哪家企业能够把苹果当皇帝般供起来伺候着，为苹果一句话就可以跑断腿？

奥巴马无言以对。当年10月5日，史蒂夫·乔布斯不幸辞世。硅谷饭局的一番对话，成为乔布斯留给奥巴马，也是留给美国制造的沉重遗言。

苹果首席执行官蒂姆·库克曾经公开表示：“在美国，你可以召开一次模具工程师会议，我不确定这些人是否能坐满整个房间。而在中国，这类工程师可以坐满多个足球场。”

苹果品牌是美国的，而苹果的手机、电脑等产品却都是中国制造的。

日本一档电视节目曾让大家猜电脑、洗衣机、冰箱、空调、汽车等覆盖社会生活各方面的产品，哪些产品在中国的生产量全世界第一？

一位熟知家电领域的嘉宾说：“怕不是全部吧！”

美国《连线》杂志，封面是小米创始人雷军

《连线》是美国一本介绍高科技产品和各种互联网信息的杂志，该杂志2015年的一期封面上醒目地写着：IT’S TIME TO COPY CHINA。

早在1999年，海尔就率先在美国南卡罗来纳州建立海尔美国工业园生产家电。那时走出国门的中国品牌屈指可数，很多人认为海尔的这种做法是在盲目扩张，企图让中国品牌占领国外市场，简直是痴心妄想。

但是经过多年坚持不懈的努力，海尔在美国逐步得到认可，站稳了脚跟。随着中国经济的繁荣，作为最早出海的企业，海尔引领着越来越多的中国品牌走出国门。

2016年，海尔又以56亿美金收购美国巨头通用电器公司。拿下这家在美国拥有百年历史和备受认可的标志性企业，是中国企业强大实力的象征，更代表着中国企业拿下了拥有研发、渠道、产品、品牌及其广阔的高端市场。这一举动既是海尔国际化进程中的里程碑标志，也是中国家电进军国际的历史性重大事件。

海尔集团董事局主席张瑞敏认为，没有成功的企业，只有时代的企业。要在时代的大海中乘风破浪，唯有抓住机遇，迎风而上。

以华为和海尔为代表的中国企业，早已走出传统中国制造道路，扎根全球，引领中国品牌走向高端化、精致化。

当然，反过来中国也离不开世界。中国是全球最大的芯片、石油、粮食、铁矿石、铜矿石进口国，像芯片、光刻机等核心高科技还牢牢掌握在西方发达国家手中。中国要建设创新驱动型国家，中国经济要转换动能，完成“中国制造向中国创造、中国速度向中国质量、中国产品向中国品牌”的“三个转变”，还有漫长的路要走。中国和世界脱轨造成的危害，与世界和中国脱钩造成的危害一样不可估量。

结 语

Conclusion

太阳照常升起，生活却已改变。

新冠疫情让人类社会经历了一次大规模的隔离、分裂和碎片化。

经过前期的恐惧和慌乱，我们意识到，人类将不得不和病毒长期共存。后疫情时代，人们的生活、生产和消费方式都已发生巨大的变化。

新冠疫情带来的是一场百年未有之大变局，将深刻影响人类社会发展的进程。不论是个人还是企业，都应顺应变化，与时俱进，抓住疫后新的机会，实现转型、突破和财富增长。

疫情改变了我们的生活方式。

我们发现，原来过去有很多社交是可有可无的，生活可以转向网上与云端服务，体验虚拟经济的快乐将是我们未来新生活方式的常态。

我们发现，居家办公也能成为高效的工作方式。随着企业和员工的距离和关系的变化，未来的工作形态会有越来越多的想象空间。

疫情改变了我们的生产方式。

新冠疫情严重影响了商业社会的活力，但也催生了商业模式的变革。小众品牌崛起；去中心化的分布式商业、隔离经济与无接触商业大行其道；金字塔式的层级管理模式迎来挑战，企业需要柔性生产与柔性管理；企业面临数字化转型，需要全面布局线上运营系统。

疫情改变了我们的发展模式。

新冠疫情冲击的不仅仅是各国的公共卫生安全，更改变了全球竞争格局。

国际环境瞬息万变，中国的经济体量和发展速度，使国内粮食安全、能源安全、金融安全都面临巨大挑战。

面对百年未有之大变局，中国提出双循环的国家战略。所谓双循环，是指以国内大循环为主体、国内国际双循环相互促进的新发展格局。双循环的主体是内循环，但必须坚持对外开放，使内、外两个循环相互促进，才能因应反全球化带来的冲击。

中国经济正开启内循环方式，在大力提倡自给自足的同时，民族自信心倍增，中国本土原创品牌将迎来新的发展契机。在注重内循环发展的同时，中国必须实现经济的转型升级，发展数字经济和线上经济，避免重返劳动密集型自然经济的“内卷化”[1]。陷入“内卷化”的经济，只能低水平自我重复，无法实现高质量跨跃式增长。

何以破局？

唯有以变图存，变则通，通则久——加快对内改革和对外开放，兼顾国内大循环和国际大循环，才能化危为机，更上一层楼。

1 “内卷化”是美国人类学家克利福德·吉尔茨最早发现的，是指当一种社会或文化模式在某一发展阶段达到一种确定的形式后，便停滞不前，无法转化为另一种高级模式的现象